班主任心法

晏光勇 著

四川大學出版社
SICHUAN UNIVERSITY PRESS

项目策划：徐丹红
责任编辑：徐丹红
责任校对：周　颖
封面设计：阿　林
责任印制：王　炜

图书在版编目（CIP）数据

班主任心法 / 晏光勇著． — 成都 ： 四川大学出版社，2022.3（2023.9 重印）
（名师教育丛书）
ISBN 978-7-5690-5380-7

Ⅰ．①班… Ⅱ．①晏… Ⅲ．①班主任工作 Ⅳ．①G451.6

中国版本图书馆 CIP 数据核字（2022）第 015537 号

书名　班主任心法
BANZHUREN XIN FA

著　　者	晏光勇
出　　版	四川大学出版社
地　　址	成都市一环路南一段 24 号（610065）
发　　行	四川大学出版社
书　　号	ISBN 978-7-5690-5380-7
印前制作	成都跨克创意文化传播有限公司
印　　刷	永清县晔盛亚胶印有限公司
成品尺寸	170mm×240mm
印　　张	18
字　　数	314 千字
版　　次	2022 年 4 月第 1 版
印　　次	2023 年 9 月第 2 次印刷
定　　价	80.00 元

◆ 读者邮购本书，请与本社发行科联系。
电话：(028)85408408/(028)85401670/
(028)86408023　邮政编码：610065
◆ 本社图书如有印装质量问题，请寄回出版社调换。
◆ 网址：http://press.scu.edu.cn

四川大学出版社
微信公众号

序言

“不要浪费一场危机”，班主任如何在教育过程的跌宕起伏里，做到宠辱不惊闲庭信步？跟我走！我告诉你答案：有些沉重无人可分担，只能自己左肩换右肩！说笑了，自打当了班主任，一切懒散颓废的毛病都不治而愈了！三年，你的班级就跟你的个性差不多了，你的朋友圈也就是这一群娃娃了！他们的一颦一笑，一举一动，逃不过你的法眼，更牵动着你原本一无所惧的心，“从此走上了被他人左右情绪的不归之路”。

有人说：人生的井然有序，来自内心的有条不紊，控制了内心，你也就控制了人生。作为班主任，连自己的内心都没法控制，那就更没法控制班级里那些躁动的心了。在《非典型班主任》那本书里，讲了不少日常教育活动中的故事，相信各位朋友已经看得出来，“治心”是笔者班级管理的重点。限于该书的篇幅，对此并没有做深入的探讨。因此，本书讲的就是班主任的治心之道，既是班主任自我调理，更是教会学生自我成长。

管理大师德鲁克说：“管理得好的工厂，总是单调乏味，没有任何激动人心的事件发生。”在棋界也有这样一个词语——“通盘无妙手”，说的是很会下棋的人，往往一整盘棋你是看不到那种神奇的一招或者力挽狂澜的一手的。这不正好契合了我们希望自己的每一届学生能够平平安安至毕业的心态吗？

我们佩服那些能够“化腐朽为神奇”的班主任，能够在危急时刻，让一个班级变成明星班级。然而，还记得杨绛的那句话吗？

“我们曾如此渴望命运的波澜，到最后才发现，人生最曼妙的风景，竟是内心的淡定和从容。我们曾如此期盼外界的认可，到最后才知道，世界是自己的，与他人毫无关系。”

“治心”，班级也应该有自己的“心”——班级氛围、班级思维方式、班级行动方式，你就是在自己熟悉的地盘上生活与工作，因此带来了更大的安全感、舒适感。本书也就是从各个角度，在娓娓道来中，让你看到一个班级如何不慌不忙，健康成长的。希望你看完本书后，告诉自己：

“原来如此！”

注：本文中的“山人”“先生”，指作者本人。

晏光勇

2021年3月25日

基本情况

内容简介：

第一部分　受人欢迎？别人家的老师

别人家的老师受人欢迎，魅力在哪里？这一组文章，让我们看到如何面对学生的“怨恨”“杂音”“反抗”，如何运用“倾听”“引导”，把学生的“麻烦”变成学生成长的教育契机，也看到作者自己的职业生涯场景。也许我们能够感受到：交流沟通、坦率真诚、有教无类是多么重要。教师拥有更多的教育技能，见识了更多学生成长的历程，也许就能够给予身边学生更多的帮助。而教师自己，也会拥有更平和的心态、更幸福的职业生涯。

第二部分　他山之石，教育素材信手拈来

“世事洞明皆学问，人情练达即文章”，生活中的感悟更易直击人心，比枯燥的一本正经的说教更容易被学生接受。本部分文章从电影、书籍文章、心理学知识等方面，从教师职业的视角，对日常思考进行总结，算是抛砖引玉的尝试。

第三部分　伴你前行，走出青春的泥淖

谁的青春不曾迷茫？自卑、胆怯、苦闷、彷徨、无所适从……总有一款适合学生。青春的泥淖，就是跪着也要爬出来，请老师给予学生更多宽容，更多耐心，尤其更多亲切陪伴与巧妙引导。本部分文章列举了学生学习目标、学习动力、时间管理、情绪管理、人际交往、团队意识等常见困惑及解惑示范，让人耳目一新。

第四部分　紧要之处，你可以“hold”住

人生紧要处往往就那么几步，倘若平时已千锤百炼，已身心合一，信风一到自然扬帆济沧海。所以，日常教育中，要有危机意识、先见之明并运筹帷幄，方能最终决胜人生于“刷题”之外。本部分文章记录了应对日常焦虑、考前心态、毕业班管理、择校、中途接班等特殊时段的指导思想。

第五部分　无牵无碍，享受班主任生涯

“享受”，来自对工作、生活的游刃有余。建立强大的内心世界，既有技术基础，也有艺术的灵魂。见多识广则可以从容自在，看透现实则能宠辱不惊。本部分文章记录了“不与学生斗”的非典型班主任内心丰富的情感，从“暴风骤雨”到润物无声，更多了一些“心灵鸡汤”，心累的时候，请读一读吧！

目 CONTENTS 录

第一部分 受人欢迎？别人家的老师

第二部分 他山之石，教育素材信手拈来

第三部分 伴你前行，走出青春的泥淖

第四部分 紧要之处，你可以“hold”住

第五部分 无牵无碍，享受班主任生涯

第一部分

受人欢迎？别人家的老师

别人家的老师受人欢迎，魅力在哪里？读了这一部分文章，也许我们能够感受到：交流沟通，坦率真诚，优生差生，有教无类。教师拥有更多的教育技能，见识了更多学生成长的历程，也许就能够给予身边学生更多的帮助。而教师自己，也会拥有更平和的心态，更幸福的职业生涯。

导读：别人家的老师和别人家的学生，采取了不一样的行动方式，所以塑造了不一样的班级形象。与其艳羡，不如从自己开始改变。珍惜眼前人，说的就是这样的情形吧？

别人家的老师

营造一种环境，“即使是坏人，为公益服务也符合他的利益。”

——读书笔记

你看看，别人班怎么那么快就到操场了？

你看看，别人班怎么考得那么好？

哎，别人班怎么什么都那么好？

哎，别人班……

不一样的开始，就是不一样的结果

是的，别的班级那么好，高智商高情商，回头看自己班，真的是气不打一处来。别的班，他们这么好，肯定有先天的因素——分班的运气，然而是不是这一短板注定了你教书生涯永远都不能愉快？有时候想想，别人的班之所以那么好，还因为——他们有别人的老师！

也许，虽同为老师，我们看待学生的眼光就不一样，我们面对学生时所使用的思维方式就不一样，导致我们对待学生问题时的方式方法就不一样——最终就是别人班和我们班形成了不一样的班级风格。

想想看：

老师，别人班的老师请他们吃汉堡了！

老师，别人班的老师作业好少哦！

老师，别人班的老师两天就把卷子改出来了！

老师，别人班的班主任天天都来……

不苛责、不苛求，淡定一点，从容一点

别人的老师！别人的班级！在你的眼中都是完美的班级，因为他们有着比你更拼的老师，有着更完美的老师！那么我们又有什么值得抱怨的呢？事实上，我们的老师常常用“别人班的学生”来要求自己的学生，而我们的学生却很少用

“别人的老师”来要求自己的老师!

“做不到可以学”啊!其实也对，学学是可以的，但是请不要苛求我们一定能够达到别人班的水平!从学生教育的个体来讲，成长于不同的家庭，先天的资质、后天的培养方式已经是千差万别，分配到你班上的学生自然“林子大了，什么鸟都有”，怎么可能每个学生在学业上都整齐划一?而如果你又没有别人班的老师那么搭调，那凭什么可能在班级上拼过别人?

所以，面对现实，首先想想，自己是不是别人班的老师——如果换作你去别人班，你能够保证一定可以做得那么好吗?

班主任，其实也是普通人，看看自己，尽管很努力，很勤奋，也爱学习，但是你会发现自己的社会地位、家庭财富、学识水平等依然和别的老师有着差异，这些我们都不可避免。既然这样，那么我们是否在看待学生的时候，改变一下自己的态度：不苛责、不苛求，淡定一点，从容一点，看到学生的努力的过程，希望他们所有的努力都能够有好的结果，但是却不强求，或许这样，我们老师和学生都可以因此而变得更快乐。与其埋怨自己的学生，不如回头看看自己做出了哪些努力，与其艳羡别的班级，不如好好营造自己班级的成长氛围——一个自己喜欢的成长氛围。

教育是文火慢熬的浓郁人生

从教的时间久了，也不免有了一些“见多识广”“见惯不惊”，面对班级中出现的问题，也不再是初出茅庐时的“惊抓抓”(四川方言：惊慌失措)的样子了。“让子弹飞一会儿”成了口头禅，甚至成了一种思维模式。特别是一些非常规事件的出现，也不再是“斩立决”般的果断，而是先把情绪平静下来，然后才决定采取的具体措施。

特别是对于学生的批评教育，更不会“火冒三丈”立即开始“镇压”，相反，倒是喜欢在平淡朴实的情境中，大家娓娓而谈各自的问题，然后谈谈人生，先解决可能带来危险的问题，然后再去探讨造成的原因以及各自的责任。

我们常常在一些教育案例中，看到各种“棒喝”之后“突然”开窍的成功例子，虽然传言甚为确凿，然而我至今仍然没有见到过，自己也没有过这样的成功故事。“棒喝”失败的情景倒是常见，并且导致各自的情绪很久都无法平静下来。

也许是别人的能量太强大了吧，也许是自己气场太小了吧，也许是所遇到的学生不一样吧，总之，我是无法走上这条康庄大道的了。在我的眼里，教育已经成了一种慢艺术，它不是你爆炒的结果，而是文火慢熬的浓郁人生。

要注意帮助其找到解决问题的方法

尤其是做班主任，总得随时准备以友好的热情来了解学生的观点、兴趣和困难，尤其是当你看到学生成绩下降的时候，你要知道学生的内心其实是很着急的。然而，班主任多数的时候，认为学生的努力不够，精力不专注，或者是太过于偷懒。是的，这些也许都是造成成绩下降的原因，然而，我始终不认为一顿指责就能够解决问题。如果我们只注意了批评，而不注意帮助其找到解决问题的方法，实际上是达不到效果的。而且，既然是要帮助学生找到提高自己成绩的方法，那么为什么一定要在开头一顿指责呢？难道仅仅是为了引起学生的重视？

学生的成绩下降，应该学生自己生气才对，成绩的波动，反映的是学生在这一阶段的学习中遇到了困难，正是需要我们帮助的时候，而不是我们劈头盖脸的指责。

我们只是学生成长道路上的陪伴者，而不是替代者。虽然，我深刻地知道，那些善于“棒喝”的老师，也取得了不俗的成绩，甚至是超常的成绩。然而，我不知道，在这些学生的心目中，学习这一行为是否曾经给自己带来过愉悦的感觉？自己成长的道路上，最富有朝气的时候，是否有过憧憬明天、笑靥花开的时刻？

其实在人生前进的道路上，我们都是懵懂者，我们老师满足于自己现有的生活吗？我们是否如我们要求学生那样，也让自己积极向上，如阳光般灿烂？既然如此，我们何不理性地看待学生的发展呢？

导读：被学生骂了，第一反应是什么？骂回去？太low（指：境界太低）；不予理睬？太窝囊。怎么办？这个世界没有无缘无故的爱，也没有无缘无故的恨。日常多一些轻松的交流，理智而不乏“柔情”地处理教育事件。别人家的孩子，需要你更多的理解、宽容与鼓励。

由一张纸条引发的思考

监考的时候，一名学生传上来一张纸条，用红笔写着：“×××，你不去死，孤寝食不安！”很惊讶现在学生的语言表达，中西结合，古今传承，融会贯通，意义明确而语气坚决，可见此人心灵一定受到了极大的伤害，愤恨难消，故采取了这样的发泄方式。

细心探询，觉得这样的事件发生，一定是有着复杂的背景，也是有着很强的教育研究必要的。在始终强调师道尊严、强调尊师重教、强调感恩教育的今天，一名学生会发出这样看似反常的呐喊，一定是有作为教师值得反省的方面。于是，我觉得这件事情有三个值得深思的地方。

事件背后，都是遗憾

第一，是教师的遗憾。教师在教育中，呕心沥血、诲人不倦，却没有得到相应的回报，良好的教育初衷却事与愿违，是教育的失败。我甚至想，这样的情况，或许正是出现在严格管理、教育事业心很强的教师身上。因为一个和学生毫无冲突的教师，多半是疏于管理教育的，毕竟无论多么优秀的学生，其一定有需要教师教育指导的地方，肯定有需要靠外在强制力去改变的地方。这是基于人性、基于人成长的客观规律的，是一种唯物主义的思想。那就说明再好的教育，都只能保证绝大多数人成为好人。因为每个人的成长，都是综合因素造就的。那么，老师在教育过程中，多半没有好好注意教育方式，甚至违背了教育规律。比如，对学生自尊心不够尊重，对学生的教育过于粗暴而不讲道理，对学生缺乏日常关注而只在违纪时严厉批评教育等等，最后让学生的怨气日积月累，最终有着如此的咒骂。

第二，是家庭教育的遗憾。俗话说，家长是孩子的第一任教师。相信每位家长都教育过孩子，要尊重老师，要尊重别人，不要咒骂人。良好的家庭教育，让人学会宽容，学会换位思考，学会对长辈、对老师的孝顺与尊重。然而，孩子在面对长期受到的可能不公正待遇时，没有找到合适的方式来疏通、缓解情绪，这是家长应该告诉孩子，在受到我们自己认为不公正的待遇时，应该采取哪些合理的方式解决。简单的咒骂肯定解决不了问题，相反，会进一步造成人际关系的紧张，最终形成恶性循环，对双方之间造成的负面影响是不可估量的。应该说，这是对孩子性格培养方面的遗憾。反过来说，人们也可以从这孩子的态度中，感受家庭教育的缺失和不严谨，是孩子素质不高的表现。就是我们常常说的“缺养”，缺乏教养。

第三，是孩子的遗憾。一个缺乏教养、缺乏感恩之心的孩子，在今后的人生道路上，一定会遇到比普通人更多的困难和挫折。在学校的时候，或许老师不会因为你一时的语言侵犯而做什么对你不利的事情，再说和小孩子怄气也是一种愚蠢的不理智的表现。但是，在现实社会生活中，你的这些表现很可能成为被别人所暗算的理由。我们常常说的一不小心“祸从口出”就是这样来的，对上司、对别人的不尊重，随意的发泄私愤，往往也会成为别人斗争的牺牲品。从个人品德培养来说，也是心理不成熟、品德不完善的表现，显然对自己的成长不利。

多一些日常的轻松的真诚热情的交流

于是想说些教育的题外话，也算是对老师的一点建议吧。

第一，教育中即使抱着良好的初衷，也应该采用恰当的方式来表达，不要浪费这宝贵的真诚。学《邹忌讽齐王纳谏》一文，让我们知道忠言顺耳更利于听，糖衣炮弹更适合搞定对手。所以，那些在处理上容易引起学生情感发生负面变化的教育手段，尽量考虑不用，即使要用也要把这种感情的伤害尽量减少到可控的范围内。不要以为你的好意最终会得到学生理解的，与其二十年或者三十年后才能够被理解，那为什么不采用现在别人就能够理解的方式呢？融洽的情感关系，从开始就建立不更好吗？

第二，在必须批评教育的时候，一定要考虑学生自尊心的承受程度，考虑学生应该有的尊严。你不尊重学生的面子，就别指望学生能够给你面子。合适的表达方式也是作为专业教育工作者应该对自身提出的要求，是自身应该具有的能力、应该达到的水平。学生也是人，是成长中的人，是不断纠正错误、不断完善自己的人，生命的成长需要等待。教育中应该保持的是耐心、细心和恒心，在教师身上应该很明确地表现出来。

第三，让学生感受到你对他的关心和帮助，不仅仅是在他违纪而需要矫正的时候，教师应该在平时多关心学生，建立良好的交流沟通渠道。为什么我们的学生在和老师交流的时候，总是很紧张，有着强烈防备心理呢？其实就在于，我们在平时的接触中，往往都是学生需要接受批评的时候，每次和老师见面或者接触，都是负面情绪的积蓄，久而久之，学生对老师当然就没有好的情感了。虽然，从理智上来讲，学生知道老师对自己好，但是在情感上也很难融洽，结果当然是敬而远之了。那么，我们平时的接触就应该做更多的改变，要从建立良好的情感关系开始。比如，不要永远一副严厉的面孔出现在学生面前，适当的自信的微笑，既展示了教师的风度，也表明对学生的一种悦纳；在和学生谈话的时机，可以是随意的时间，而不是在需要“教育”的时候；谈话的内容可以是除学习成绩之外的，师生共同感兴趣的内容。要让学生感受到，老师也是生活中的人，还有着除了教师的严肃之外的和蔼可亲的一面。这种日常的轻松的交流多了，很自然地就建立起互相尊重、互相信任的关系了。

理智而不乏“柔情”地处理教育事件

我常常想起这些学生，他们是我教育生涯中鲜活的例子。

小C是一个很不错的学生，英语老师常常称赞她是个有思想、有目标、聪明美丽的女孩，平时看上去也是很阳光的，但是在和班主任谈话的时候，却总是一脸严肃，于是双方之间的表情都很难看。起因可能就是，当年小C要求老师给她换座位的时候，老师认为她自己也爱说话，坚决不换，并且通过家长教育其“管理好自己才是第一步”，始终没有如愿的她，于是对老师就开始有一种不和谐的心态了。然而，确实该生自尊心很强，在随后的学习中，努力奋进，并且加强了对自身的约束，一定要做给老师看看，她是一位优秀的学生。

在初二的时候，我就发现她的改变，作业完成非常认真，成绩进步显著，各项工作都非常积极并能很好地完成了。于是，逐步地让她做科代表、班干部，在随后许多的班级事务上，都非常好地完成了工作。如今作为一位优秀的班干部，她成绩好，工作能力也强，得到了老师和同学的一致好评。然而，在前一段时间，她对班主任的召见，还是露出很紧张和不自然的表情。一次，我特意找她谈话，她以为又是批评，很紧张。我直接告诉她，其实，这次真的不是批评，而是表扬。我在对她的成长进步真诚地表示欣慰之后，也谈到了自己在教育管理上存在的不足，并为自己曾经没有认真听取学生的心声表达了歉意，还说到了今后双方之间交流沟通的方式，以及处理意见不同的事情时的心态和情绪。通过这样的交流，双方的“积怨”得到了较好的释放，后来的交流就能够比较轻松地进行了，常常能够看到笑脸了。

双方沟通最基本要做到真诚坦率。即使是错误，也坦诚说出来，获得谅解，而不是隐瞒，免得被批评。因为如果事后发现不真诚，往往会招致更激烈的批评教育，造成双方关系的恶化。对教师来说，在批评教育之前，首先是相信学生的真诚，然后指出错误，或者提出诚恳的建议。有了信任的基础，就能够控制情绪，做到理智而不乏“柔情”地处理教育事件。

要改变别人，首先要改变自己

南风效应在教育中应该得到广泛的应用。我也从自己的改变中，感受到了学生的变化，感受到了师生关系改善带来的心情的变化、班级氛围的变化。

回到开始的话题，那个写纸条的学生，据了解，是个聪明伶俐的学生，有着灵活的头脑、善辩的口才、不错的成绩。在课堂上发言积极，很多时候都比别人快半拍，其实很有发展前途。应该说，这么聪明的学生是容易得到同学们喜欢的，但是实际上，在班级却不太受欢迎。原因是自恃聪明而不太注意别人的感受，常常有小看别人的意味，聪明外露带来的后果就是成了孤家寡人。总是在别人面前显示自己的聪明，其实就是对别人的贬低；加上说话不留情面，还要讥讽别人，当然就没有好朋友了。而这样封闭的人际关系，直接的后果就是生活幸福指数的降低。对于他来说，我的建议就是改变自己，低调一点，谦逊一点。

导读：与一个学生的“交锋”，让人联想很多。想要不断地帮助学生，就要更多地“懂得”学生、了解学生，也要有“气量”有“格局”，容得下不同类型的学生。

致学生

改变你想法的唯一方法，就是去做与之前不一样的事情。

——读书笔记

灵魂拷问：你怎么能这样

“你作为一个老师，怎么能这样不思进取呢？”这一声质问，振聋发聩！

山人被自己的学生这么鄙视是一种什么样的体验？这“酸爽”，不可名状！

想想也是，这么多年来，山人还没有为人类的繁衍添丁加口，实在是愧对家人。

你一语惊醒梦中人啊！

山人从金像寺出走到两河村，确实不曾有过豪言壮语，默默耕耘两亩三分地，虽风里来雨里去，也还逍遥自在。是不是这样的日子很快就要被轰轰烈烈的奋斗所替代了？

其实，山人也是一个很积极的人啊！小时候父母教导山人五字真言：“特别能吃苦！”时至今日，山人已经做到了前四个字啊！你这样说山人没有理想，只埋头做一个因循守旧的老师，山人有一种“蓝瘦香菇”（难受想哭）的“赶脚”（感觉）！

是的，山人肯定不能反唇相讥：你给自己的定位是什么？！你是最优秀的学生吗？

当然，山人也有自己的杀手锏：是的，你说得对，但是你自己强调了这是一个“建议”，那么，山人也有不采纳建议的权利啊！今天就直言相告：你的建议被否决了！

哈哈！

作为教师，怎么样才能让学生看得起你？

一般认为，教师的影响力，来源于以下三点：

一是专业能力——让人佩服。回想一下，山人读书以来最好的科目当然就是语文了，虽然有时候普通话露馅成椒盐味，有时候提笔忘字，有时候也思维短路忘词忘句，但总的来说，还是可以胜任的嘛！山人虽然不大肯定茴香豆的“茴”

字有几种写法，但还是知道这个课本中的某些注释某些诗句有了多少个版本嘛！温故而知新，可以为师矣！谢谢岁月的馈赠！

二是人格魅力——让人喜欢。如果你们只喜欢美的和帅的，山人是做不到了。但是，如果你们也喜欢那些鼓励你们、喜欢你们的老师，那山人就明明白白坦率大方向你告白：我真心喜欢你们！

三是威慑力——让人害怕。嗯，这一招，极其凶险，慎用慎用。不过别忘了，山人也常常读书，翻书的速度极快，而翻脸的速度又比翻书略胜一筹。所以，当“建议”“探讨”不被接受就是“不思进取”，那么也只好祭出这一招了。

作为教师，一定要善于运用自己对学生的影响力，我们给自己的定位、目标就是对学生起作用，产生影响，至少以此为主。所以有的老师总结说：“我管你喜欢不喜欢，只要我说的话起作用就行。”其实也不无道理。

人对人的影响有哪几个规律

教师就是人，而人无完人，你这么要求山人，虽然是看好山人的未来发展，但是也不能一步到位啊！我们来好好聊聊，人对人的影响有哪几个规律？

一是认知的规律，也就是我们被影响而发生改变是由于观念发生变化。山人久居山村，不问世事，确实陷入“卷心菜”的困境，看似在成长，实则已经被局限。所以还需要到广阔的世界去走走，爬爬山，高瞻远瞩广视野；下下海，擒擒蛟龙练臂力。

二是情绪的规律，因为情绪体验的变化而发生改变。换一种说法就是，心情好就一往无前，好好学习，天天向上。从而体验到成功的喜悦，体验到成长的快乐，那么当然也会更加乐学善学。

三是社会互动规律，因为受人情世故、社会压力等原因而发生改变。看在你这么瞧得起山人的份上，山人就努力一把，改变自己，作为你的老师还是要有点榜样的作用嘛！

四是行为习惯规律，因为习惯的变化而产生改变。实际上，我们在对学生进行教育管理的时候，不一定是事事都先讲道理，而是想先做通学生的思想工作，然后让其养成习惯。还有一条捷径，那就是先按照山人的意思去做，养成习惯，然后学生的思维方式也就改变了，思想工作不用去做，人家已经尝到了改变的甜头了。

改变想法的唯一办法就是要做一些之前没有做过的事

同学啊，其实山人也是很想改变自己的，也是对自己恨铁不成钢啊！不是常说“人是铁饭是钢”吗？山人就是铁啊，忙得饭都没有吃，哪里能够成钢呢？今天算你太不识相了，找人聊天吵架也要找一个别人心情好的时候嘍！

山人也在一直求变，然而深刻地知道，一个人的思维方式是很难改变的，因为改变需要外在的经历，改变就意味着要离开自己目前的舒适区，去到一个尚不确定的未来。改变的矛盾在于，改变想法的唯一办法就是要做一些之前没有做过的事，而这些事正是之前的想法所不认同的事。

久居山野，耕种收割，闲时读书以自娱，何曾奢望！“你忙于做你喜欢的以及你认为重要的事，这就是问题所在。”诚哉斯言！

学生中亦有如此的思想存在，就是只关注成绩，而不关心其他能力的提升，尤其是人际关系能力——通俗点，情商不够。就如，你可能是学习成绩优秀，但是未必见得在班级中就是被公认的“优秀”人物。如果想成为未来社会的人才，那还需要不断改变自己，提升自己，而不能局限于考试得高分。

“你的思考方式来源于你过去的经历”

某些同学，可能在既往的学习中，受到了分数至上的影响，有可能是家庭的观念的影响，也有可能是学校教育中教师的要求。怎么改变？说服教育当然是一种方式，但是还可以给学生提供更多的锻炼平台，让学生通过自己新的经历，来促进思维方式的改变。

那些看似“额外”的事情，正是全面锻炼和提升学生的方式。所以，我们常常看到一些“懒得有道理”的老师，培养出了能力超强的学生群体；事必躬亲的老师，最终感叹“万马齐喑究可哀”。山人的“懒”，那是出了名的哦！

所以，你会看到我们的评优申报表上，好多学生的职务都是“班长”，没错，我们的班干部每学月换一次，不断地锻炼和尝试，让越来越多的学生有过这段经历，具备这项能力！

其实也不是山人的创举，那只不过是多年前学长的建议，学弟坚持这样实践罢了！那时，山人第一次做班主任，闻此法甚好，于是勤而行之。

同学，山人也是有信仰的哦！只是你忙于成绩，不了解山人的成长过程，不了解那些塑造山人性格的经历。那些需要山人从容应对的挑战时刻以及给山人重要教训的失败经历，正是山人信仰形成的过程。

所以，山人原谅你了！

导读：热情、出色、分享、合作，善于提建议、接受建议，这些都有助于你成为一个受人欢迎的人。不仅仅是对教师而言，更是对学生而言，越早懂得这些道理，越好！

最不受欢迎的人

别急，办法来自对事件产生的原因、过程、结果的充分思考和衡量

欢欢一直说我是个不受欢迎的人，于是我就认真地反思，还努力地查找如何做一个受欢迎的人的资料。

说真的哈，我也觉得自己不太受欢迎，因为在班级里太强势了，不太喜欢别人顶嘴、争辩、反抗、借口一大堆，喜欢直截了当地处置问题，绝对不拖堂、不拖沓！

因此，往往是别人的意见还没有说完，我就打断人家的话，直接问：怎么办？尤其是某个问题出现的时候，我是不太喜欢听解释的，而是要求直接说解决的措施。这种心态常常让有些简单的事情变得复杂，“欲速则不达”，确实是我应该改正的地方。

其实想想，听完意见也花不了多少时间，为什么不认真倾听呢？让当事人有一个解释的机会，也是一个情绪释放的机会，这之后，大家可以心平气和地商量解决的办法，其实并不耽误事情的解决。然而我的性格总是太急了，总是希望三下五除二搞定，然后自己悠闲。其实，我知道，每个人都希望自己受到重视，所以一定要给别人表达的机会。办法来自对事件产生的原因、过程、结果的充分思考和衡量，需要知道这些之后，作为班主任才知道学生提出的方法是否可行、是否合理。后来，我开始逐渐学会耐心再耐心。

改变你所能改变的，成为受欢迎的人

要成为受别人欢迎的人，其实只要做到这些就可以了。

热情。热情的人就如冬天里的火，带来的是温暖，首先是给人甜美的微笑吧！微笑是全世界最好的通行证！记得和人说话的时候，有着微笑能够让你显得自信而乐观，也带给人快乐。同时，和人打招呼的时候声音响亮一点，不要羞涩，既然鼓足勇气打招呼，为什么不用别人能够听到的声音让别人感受到你对他

的尊重和喜爱呢？即使再熟悉不过的人，在路上遇到，也可以热情打招呼，表达你的热情态度。

出色。这里既包括我们常常说的“长相”问题，更包括自己在某个方面的“绝活”。长相天生的，改变不可能太大。然而，对于绝活，却是可以训练出来的。也许我们的学业并不优异，我们的专业才华也不突出。但我们还是可以训练一些日常生活中的绝活，比如唱歌、写字、摄影、做饭，甚至像俞敏洪那样烧开水都可以，简单的一招练习到了极致就是绝活。有些东西，我们完全可以多关注、多学习一下，不要觉得自己学得够多了，其实生活中我们有很多的东西可以并且需要学习的。技多不压身，有些东西目前看很无用，但在某些时候可能就是你表现的时候。比如我大学的时候，曾经很有兴趣地研究过摄影的技巧，其实那个时候我根本就没有自己的相机，只是看了不少理论的东西。现在和朋友们出去的时候，我基本上就成了“专业”的摄影师。当然“杯具”是：自己上镜的机会就少了，但是心里其实是很乐意的，在别人的表扬下，就晕乎乎地表现去了。

分享。学会和人分享是一个众所周知的成功秘诀。好心情好事情可以分享，你的经验教训可以分享，你的坏事情其实也可以在一定程度上进行分享。别以为你比别人高多少，静下心来，那些有着缺点的人更让我们喜欢。就如《西游记》中的有着诸多毛病的猪八戒，其实是最讨人喜欢的。独乐乐，众乐乐，孰乐？学生之间，学习方法、学习资料都是可以分享的。尤其是在毕业前的复习中，一定要多探讨、多分享、多交流，共同进步，大家好才是真的好！那个分享苹果与分享思想的经典论述，我们都知道，就不用多说了。

合作。一个篱笆三个桩，一个好汉三个帮，刘关张还三人结拜打天下呢。在我们的班级工作中，尤其是班干部之间就需要很好的合作，自认为自己是“孤胆英雄”，各自为政，互相不服气，而结果一定是工作一团糟。人与人之间的能力是有差异的，但是只要大家能够很好地合作，精诚团结，克服团队的弱点，发挥团队的优势，那么就能够无往而不胜，众人拾柴火焰高嘛！或者说叫作优势互补，共同创造美好未来。

善于给别人提出解决问题的建议。这一点，需要我们有着善于观察、善于思考的习惯。在合适的场合、用合适的方式给别人提出有意义的建议，是为帮助别人成功，是一种大度宽容的表现，而不仅仅是一种智慧的表现。提出建议，是为朋友成就大业，不是在朋友的面前显摆，因此一定要注意方式方法和时间场合，充分给朋友面子，维护朋友的自尊。

善于接受别人的合理的建议。朋友的建议也许并不适合你，但是你不要因此而讽刺别人，更不要粗暴拒绝别人的好意。否则，以后在你想得到建议的时候，你也得不到了。朋友的真心，你要体会得到。耐心地听完，然后说谢谢，说自己将认真地斟酌。即使后来你没有采用别人的建议，但你也要表达你真诚的谢意。这不仅是对朋友的一种鼓励，也是对自己虚心听取意见的反馈。

对待友谊，不能以一时的远近来匆忙评价

我可能就缺乏以上的这些东西吧？

最后告诫同学们，也许你觉得在这一段时间，你的好朋友都不理你了，请不要责怪他们。升学考试临近了，都在忙碌着自己的复习啊，八卦的时间真的少了，多理解吧。考试完了，一切都会好的。对待友谊，不能以一时的远近来匆忙评价，真的友谊，敢于面对困难和挫折，敢于直面这漫长的岁月与复杂的社会！

导读：冒杂音的人，虽然动机目的各有别，但其从不同角度观察、思考问题的行为还是值得肯定的。班级有杂音，是发现、解决问题的又一契机。

杂音

惟其痛苦，才有快乐。

——贝多芬

“陛下，微臣有句话不知当讲不当讲？”

“但说无妨！”好的君王，面对臣子的询问，一定要这样回答。

“朕不治你罪！”甚至应该加上这么一句。

当然，电视剧里面，你就会看到剧情的逆转。

杂音是常态，多见才不怪

习惯了班级管理的一言堂，总是不习惯那些杂音。这是不是一种大一统的观念在作怪呢？在我们的教育中，常常是容不得学生的杂音的，也容不下学生有一点点思考和质疑的眼光——我们习惯了自己的绝对正确，习惯了我就是真理的化身……

毛主席说，要从群众中来，到群众中去。不了解当前学生的心理，没有深入了解学生的想法，总是习惯于既往的教育教学经验，习惯于行政命令式的管理方式，自然很怕学生的反抗，怕学生的独立思考挑战了我们老师的权威。于是在我们的威严之下，自然是“令行禁止”，然而，难保没有口服心不服之事发生，往往班级的稳定也仅仅是表面现象，确是“猫走的时候，老鼠就开始自娱自乐了”。

杂音，有时候何尝不是一种幸运？那些一言堂而造成的悲剧，从古至今反复翻拍出演了多少次，而有杂音的年代，总是能够让我们从一己之私利中，从主观主义之中，猛然醒来。唐朝的魏徵就是常常给李世民冒杂音的典型人物，而李世民从中也获益多多。李世民不专权吗？然而，贞观之治，确实是封建王朝中少有的政治清明时代。

杂音让世界更全面展现

杂音，总是不和谐的。然而，如果这个世界只有一种声音，即使是最美妙的声音，也会显得单调和乏味，时间长了甚至也会成为噪音。其实，最美妙的声音，何尝不是宫商角徵羽五音巧妙搭配共鸣而来？

我们的教育中，总是为了要“正面”，不自觉地拒绝让学生了解一些现实的东西。学生终究有一天会看到现实的真相，那时候，会不会感到一种迷茫，一种震撼，一种对任何宣传教育的“不相信”？如果那时候，选择了永远不再相信，会不会是一种教育的悲哀？

其实，任何宣传教育，都有一个客观规律在里面的，那就是“边际效应递减”。过度的“正能量”，就是一种“过犹不及”，超量部分的效果是会打折扣，甚至成为副作用的。让人噤声很容易，堵不如疏，不如允许这些杂音冒出来，让其情绪得到宣泄，让其观点为我们所参考。

杂音是学生独立观察和思考的表现，要主动收集

班级中的杂音，往往是学生从不同角度来思考的结果，当然，也有些是不勤奋的人为一己私利而发出的。然而，如果没有思考的机会，那么学生的创新意识就得不到展现。这恐怕也不是我们需要培养的新时代人才，不是我们教育的目的。

交流，是我们教育中最重要的手段之一。交流，自然就需要双方把自己的观点都说说，都摆出来聊一聊。交流，绝对不是单向的信息传达，绝对不是只有一种声音。当然，最终我们需要从这些声音中，找到一种班级的最强音，成为班级的主旋律。

收集班级的杂音，有很多的方法，比如通过班干部会议来了解班级动态。一般来说，班干部是很愿意把真实情况向你反映的，何况这也关系着他们自身的利益。当然，这是一种渠道，不是唯一渠道。我们还可以通过“到群众中去”，利用课间、晚自习等等时间，找些学生来聊聊，了解对某些班级管理决策的看法，了解班级最近发生的事情；也可以通过科任老师了解班级的动态。言论自由，是一个班级是否有活力和发展潜力的衡量指标。

当然，这里的言论对象，是对班级管理方面而言的。要让学生敢于说，并且培养学生独立思考的能力，说得有道理，面对问题能够初步想出解决的方法，成为一个善于思考、善于表达、善于提出积极建议的人。

杂音是学生关心班级的表现，择其“便民”而行之

敢不敢让反对的声音通过正当途径表达出来？是考验班主任的管理能力，更

是考验班主任的胸襟和度量。能够自由表达不满意，我们才会感到生活的满意。能够畅快地表达心中的疑惑、心中的思考、对班级发展的忧虑，才不会产生流言蜚语，也就是才不会有“谣传”。那时候，又何须大谈“不传谣，不信谣”？班级自然人人乐于奋进，自然人人关心班级，“班级荣辱，人人有责”。

其实，只有真正关心班级发展的学生，才会有观察与思考，才会发表自己的看法。那些随大流的，或者根本就不关心班级荣誉的人，何尝有心情来谈论这些问题？一个不想说出自己的想法、个人自顾自己利益的班级，最终只是一盘散沙，不可能一荣俱荣，倒是很可能一损俱损。

管理，其实就是“择其便民而行之”，有指引，有要求，更把这些要求和学生的发展、学生的客观现状联系起来，激发其创造力，推动学生进步。教师本身就不是个全知全能的人，为什么要把自己看成是真理的化身或者天道的代言人？那不就是自取灭亡吗？

有了学生的底层推动，其实班级管理工作做起来就顺手多了，班级的最强音和学生的声音得到了融合，一定会化成美妙的音乐。

引导家长用探讨式、建议式的方法表达杂音

班级管理，当然不应该是教师和学生的对阵，而应该是把他们变成同一战壕的战友，为同一个目标在战斗。家长也是这个战壕里的同盟军，所以说，我们不是一个人在战斗。

有时候，我们确实需要统一思想，需要家长的大力支持。在某些问题上，不见得和个别家长的看法一致，这就会产生一些小小的分歧。周总理的“求同存异”，在这里大有用武之地。

家长对班级管理提出自己的看法，对我们来说，也是从另一个角度来思考自己教育方法的机会。起初，我也是很反感这一点的，觉得多事，还是多事，就是多事。

当然，这和有些家长提出意见的方式有关。我想，如果我们用探讨的方式，用积极建议的方式，而不是采用对班级管理的抱怨、对班主任管理指手画脚的方式，那么一定可以“好说好商量”。

教育，需要合力，就一定离不开家长的理解与支持。我们班级的很多事情，就得到了家长的直接帮助，从而能够为班级管理带来方便。有些时候，班级存在的问题，通过老师的眼睛是看不到的，而家长却可以从不同的渠道获得信息，从

而为班主任了解班级全貌提供方便。

当然，就山人而言，需要消息，但是很不喜欢那种夸大了的消息，客观传达就可以了，无需为达到目的而夸大或者缩小。至于，怎么来找到解决问题的办法，尚需综合更多的信息，再做决定。

不同的声音，最开始的时候，总是显得不和谐，我们天生有抗拒心理，是可以理解的。但作为一个理智的人，一个对班级管理起着重要影响的班主任，就不能也不该拒绝班级中出现的“杂音”。

没有了杂音，表面上风平浪静了，事实上也许正是暴风雨之前的宁静，是一种更为可怕的征兆。消灭了杂音，也许不是结束，而是另一场新风暴的开始。

让杂音喜闻而乐见

“晓雾将歇，猿鸟乱鸣”，看似无序，实则蕴含着勃勃生机。想想，“百家争鸣”的时候，何尝不是我们中华伟大历史里，最富有思想生机的时候？

我们的主题班会上，在两位组织者的共同努力下，她们自主地研究问题，联系同学，了解同学们的想法，并且总是根据自己的思考，来提出不同的建议，让班主任在思考的时候，也更有深度，更能够做出比较合理的决定。最终，我们成功地完成了此次活动。

冒杂音，我们能否对之喜闻而乐见？那也许正是我们班级振兴之机。

导语：倾听的内容，是“问题（现象）+建议”，善于倾听，才懂得学生，才能成为学生的“同谋”，带领学生走上班级美好未来的阳光大道。

倾听

世界是你们的，也是我们的，归根结底是你们的。

——毛泽东

“踢猫效应”，负面情绪导致的“七拱八翘”

班级荣誉是谁的？是老师们的，也是学生们的，但是归根结底还是学生们的。一个班级建设得好，自然有着班主任、科任老师、家长等方方面面的功劳，但是，最终的功劳，应该是学生们的。因为，只有学生们自己行动起来了，才会有老师们的诸多功绩，才会有老师们的表扬与自我表扬的机会。而最后对自己班级念念不忘的，仍然是学生们自己。因为，老师会不断地接手新的班级，更新自己的内存！

有时候，我们会看到，班级中总是有学生在“七拱八翘”，总是有接连不断的麻烦出现，有些自然是学生本身的毛病，但更多时候，是由于老师没有把问题解决好造成的。

心理学上有个“踢猫效应”，就是一个人的坏情绪，会沿着社会等级关系链条，依次传递，最后就是最底层、最弱小、最无处发泄的那只猫成了最终的牺牲品。这是一种心理疾病的传染，其实有时候就是因为其中的某个问题没有处理好，甚至是老师本身的坏情绪带入了对学生问题的处理中，从而导致坏情绪在不断地传递，就产生了连续不断的负面事件。

良性循环，来自有效地进行适当的意见交流

相反，如果一件事情处理好了，同时把这种好的情绪发散开来，你会发现生活中，班级中不断地产生好的事情，整个集体就容易形成融洽和谐的氛围。

如何才能化解矛盾，形成一种良性循环呢？那就是学会倾听，尤其是心平气和，坦诚地倾听学生的诉苦，接受学生的意见和建议。美国管理学家小克劳德·乔治提出：有效地进行适当的意见交流，对一个组织的气氛会产生积极的影响。这就是著名的乔治定理。

首先，我们可以采取班级意见收集制度。比如，每学期我们定期举行两次班级意见收集活动，在开学和半期的时候进行，每个学生都要写出自己目前对班级情况的意见和建议。尤其是，不能只摆问题，而是要以“问题（现象）+建议”的形式，至少提出三条。这样，既锻炼了学生的观察事物、思考现象的能力，又培养了学生解决问题的能力。班主任收集到这些意见后，可以分类别进行思考和集中解答。但是，切记不能因为提出的问题尖锐，就采取批评和责难的方式来应对。收集的问题可能很多，也请淡定，发现问题了，就有了解决问题的机会。“没有问题就是最大的问题”，相信出现了问题，总是有方法可以应对的，只是时间问题而已。

其次，对于一些需要解决的特殊问题，也可以采取收集建议的方式，来了解学生的想法，找到解决问题的途径。收集的范围，可以是全体学生，也可以是班干部，甚至是当事人及其好朋友。这样，可以更有效地解决具体的问题。学生通过书面方式反馈意见和建议的过程，其实也是一种反思，一种自我教育。

最后，当面倾听学生的意见和建议。这种方式，学生的范围就比较有限，不可能采取全班七嘴八舌地说的方式。那样是不会有好的效果，反而可能被坏情绪传染了，把原本可以私下有面子解决的问题公开化，激化了矛盾。在你圈定的范围内（当然，尽量多层次多侧面地挑选人员），你耐心地倾听学生的话，那么好多不满和怨气，在他的倾诉中，其实已经得到适当的宣泄，要解决起来就容易了。学生的矛盾，很多时候就是赌一口气，事后想想，自己都觉得可笑。

倾听，让学生学会自己解决生活学习中的矛盾

一个班集体要变得融洽，教师会倾听，很多时候解决问题就事半功倍了。当然，这种倾听，不是仅仅局限于事件发生之后，其实在事情发生之前，也是可以预防一部分的。

建立常规的倾听制度，是非常好的方式。除了前面谈到的之外，我们还可以采取学生之间的互相倾听，互相达到理解和宽容，让他们学会自己解决生活学习中的矛盾。这就是一个班主任最应该教会学生的东西，这也是一个学生、一个人真正成熟的标志。

让学生参与管理，在措施实施之前得以发表自己的看法

学生积极参与到班级的管理中，就是一种很好的方式。学生自己能够处理的

问题，自己以正确的方式处理了，不来麻烦老师，那才是班主任的高明之处。

适当放权，让学生参与决策，参与管理，是调动学生积极性的很好方法。这种方式，肯定很多老师都在采用，在这里想唠叨的是营造一种参与的氛围是很重要的。有参与，有行动，那么行动产生的结果，自然也要大家来承受，要有荣辱感、责任感。

特别是行动之前，在班级下达要求之前，能够适当地找些同学来交流，了解这些决定可能对学生产生的心理反应，是非常有必要的。不仅可以通过交流，化解一些矛盾和误会，更可以根据可能产生的问题，提前做好学生的思想工作，以更合理化的方式来实施班级管理策略。

定期的班干部工作分析会、室长会、课代表会，等等，都可以针对班级的某方面问题，开展调查研究，无论他们说得如何，都要对畅所欲言的学生进行表扬。让学生参与班级的决策，并不是说就是让学生做出决策。最终决定的做出肯定是班主任，即使是班干部来宣布，也是贯彻老师的要求而已。但是在这样的氛围中，学生感觉到了被尊重，也因为有了心理预期，所以宣布相关措施的时候，就减少了心理压力。而作为班主任来说，也因为学生的意见反馈，做好了相应的心理准备，拓展了视野，更全面客观地审视决策，那么做出的决定也一定更为科学合理了。

学生干部在这样的训练之中，也逐渐地学会了多交流、多听取意见，那么他们的工作也容易开展起来。学生之间有了更多的互相体谅的意识，各自的矛盾也容易在无形之中得以化解。这自然就减少了班主任、科任老师的麻烦。

这就是倾听的魅力。

设定目标，经常想象自己的未来

班级是学生们自己的，意味着，我们应该给予学生更多的自主设计班级美好未来的机会。“好学不倦，与人为善”，是我们所共同建设的班级模样，时常在心中想象一下，为了达到这样的状态，我们该做些什么？我们现在已经做了什么？我们还可以做些什么？我们目前做的是不是符合这一理想呢？

经常想象自己的未来，想象自己成功那一刻的心境，就会激发我们前进的信心和决心，会成为我们不断奋斗的动力。人，具有一种超强的模仿力量，而美好的未来，也会在潜意识中成为我们模仿的对象，我们模仿自己心目中最完美的形象，就是在打造一个真正的自己。

当一个班集体有着共同形象的时候，也就在打造我们班集体最完美的形象。每天那么多的时间，我们相处在一起，只有和谐与快乐，才能够让我们的人生真正幸福起来。幸福没有过渡，只有现在进行时，那么就应该把握好大家共享的时刻。一个人做自己的事情都不用心，那可真的没有救了！

班级，自己的事情，就得依靠我们大家来建设！我们，听你们的！

导读：优生的烦恼，承受的压力，也许比普通学生更不容忽视。和优生交流，他获得的是老师对他的关注与耐心倾听，而老师获得的，也许还有“原来优生是这么炼成的”的成功经验。很幸运的是，我见证了很多优生的成长，积累了大量的“培优”故事，鲜活而生动，历久而弥新。

原来做一个优生也有烦恼

学生小练笔中的真情实感

“不知何时，当我看到老师批评其他同学时我会十分羡慕，羡慕他能因为做错了事而被责骂，羡慕他能得到老师的关注而进步。可我，没有，从小学到初中，我一直处在‘优秀’这个字眼中……当我还小时，认为这是老师对我的赞扬和鼓励，可我看到别的同学的本子上，写着‘期待你的进步’时，我的心被猛地刺痛……”

读到这一句时，我的心也被猛地刺痛。我的内心涌起了很多想说的话。

班主任界流传着这样的话：做班主任，天天批评责骂那些“差生”，天天宠溺那些优生，结果多年之后记得我们的，大多数还是那些“不争气”的“差生”！

甚至，得出一个也许歪打正着的结论：一定要好好关爱“差生”！因为他们才是将来懂得“感恩”的孩子。

山人很幸运，这些年来陪学生一起走过青葱岁月，一起品尝生活的酸甜苦辣，一起经历青春校园的成长，在这短短的三年里，我们没有期待“将来”。

在我们“善学”的理念下，我们享受的是成长的快乐，所以，无需遗憾。

那为什么部分“优生”会遗忘老师？

人与人之间的感情是在一次次“交锋”中，逐步加深

其实人与人之间的感情是在一次次“交锋”中，逐步加深的。也就是说，那些挨批评的学生，是在和老师一次次的“战斗”中，反而成了和老师感情交流最深刻的学生，从此结下了深厚的“战斗情谊”。在这些斗争中，学生深刻地感受到了老师对自己的期待与关爱，感受到老师在用心地帮助自己。

而有的优生，除了成为“老师的得力助手”做事情之外，有的老师很少与其

进行深刻的交流谈话，甚至就把让学生做事情作为一种“赏赐”，而不是看作对学生的锻炼。至少说，这些老师没有耐心地给这些优生交代过做那些事情的意义，以为学生“理所当然”应该明白老师的“用心良苦”。而事实上，学生有时候会曲解老师的原意，这也是为什么那些班干部，那些我们宠溺的学生，到了高年级之后，越来越不愿意做班级事务的原因。

我们自然而然的爱，或者有意无意的重心偏移，让这些优生感觉到自己的被冷落。往事随风，当然感情就会越来越淡了。

即使说的是同样的话，在学生心里，都是你对他一个人说的

山人幸运地遇到很多积极向上的学生，他们在用心体会老师关爱的同时，也真诚地表达着自己的谢意——用他们“与人为善”的本质、“好学不倦”的精神，一起营造着班级大家庭的融洽温馨氛围。这，已经足够。

这一切，只因为，我们的交流谈话，不只在批评的时刻，更多的是在日常学习过程中。教师、学生、家长三方当面交流，更多的是鼓励与支持，对“差生”、对“优生”，都会如此。

在培养班干部方面，我们更坚持了“有教无类”，所有学生都会参与到这一活动中来。在每一次新组建班干部之前，我都会分别与班干部进行交流，讲清楚为什么要让他来参与班级管理，希望他在相应岗位上得到哪一方面的锻炼，还会指点班级管理的方法。在这一锻炼的时间里，同样会不定时地找来交流、指点、帮助抑或是批评指正。

人，一旦明了自己所做事情的意义，那么就会理性地看待任务，并用自己的热情去推动工作的开展。

交流，才是我们情感不断深入发展的有效途径，而不是所谓的简单“奖励”“表扬”。而我们的日常教育，习惯的是“集体教育”，缺少的是个别交流。

我们常以为，“全班讲了的”，所以不用个别交流了。实际上对学生来说是不一样的，个别交流，学生更能够感受到老师对自己的关心与帮助。即使说的是同样的话，在学生心里，都是你对他一个人说的。这一份感觉，是轰轰烈烈的“运动式教育”无法替代的。

智慧果敢就是在明白困境的情况下，也愿意去尝试

“你说说，做劳动委员这份工作，你为什么接受？对了，不是给我一个满意的答案，而是说说你心里想表达的情绪。”

“我觉得前两年都没有机会锻炼，要毕业了，能够锻炼一下，也是我愿意的。”

“是吗？挺好的想法，不过，你要知道做这一份事情，是很辛苦的，可能还要接受老师的批评、同学的埋怨，你必须努力解决好各种相关的问题，才能够胜任这个岗位哦。”

是的，这位H同学做劳动委员，是因为他曾经在清洁问题方面和劳动委员怼了一次。山人发现了他的情绪，课下找了来。

“你肯定不满意劳动委员的做法，对吧？”

H说了很多原因。

“对。我觉得你很有观察能力，也善于思考，要不，就给自己一个机会，你来做一下特别助理，把你想到的班级清洁管理的措施，我帮助你实施下去。‘己所不欲勿施于人’，按照你认为的最好的做事方法来做，这也是展示你能力的机会哦。”

一个成绩平平的学生，也可能是一个善于观察思考、有自己独立看法的学生，他缺少的是一个展示自己的机会。

山人愿意让他去试一试。

在一次学生纠纷中，选拔了一个学生，只因为总希望看到有魄力、有勇气、敢于自我挑战、自我成长的学生。告诉学生如果你觉得别人管理得不好，那么在你的管理中，你就尽量去避免这一缺点，你展示给别人看看，什么才是劳动委员的“正确打开方式”。

我们面对抱怨，一定要稳住，如果能够静下心来聆听，也许还真有我们没有发现的问题存在，而这些抱怨刚好反映出了这一点，并且抱怨者很可能已经想到了最佳的解决方法。“对事不对人”，从事情需要解决这一角度来思考，而不是因为这个问题是“差生”提出来的就拒绝。

并不奢求学生的感谢，只是喜欢看学生这一股执著的劲儿。

每个人都有“被关注”的需求，优生也需要关注

回到优生的问题上来，为什么他们感觉被冷落了？只因为我们对他们的评价太单一了。我们出于“素质教育”“关爱学生”，总是努力去从“差生”那里找优点来鼓励，却常常忽视了优生也有“被关注”的心理需求。

实际上，对“差生”过度关注，才是我们应该反思的问题。成长中的有些问题，随着时间的流逝，其实都不是问题，而我们老师有时候是小题大做，长期的负面评价和打击，才是让差生放弃成长的罪魁祸首。如果我们细心审视，完全可以从另一个角度来帮助学生成长。想一想，假如领导天天盯着你工作，你舒服吗？

优生呢？我们其实有时候是忽略了的，因为成绩好，所以不用随时指点敲打。其实，优生也需要多方面学习，如果一个班主任觉得学生已经“完美”了，应该感谢的是学生家长的教育，应该感叹的是自己的眼界太低了。

话不多说。

山人又想，是不是真的忽略了学生的感受呢？好吧，山人也不是完美的人，也有很多的缺点和不足，谢谢你们这些年来的包容与理解。

很幸运，山人身边有很多优秀的同事，可以随时向他们学习。只要“吾日三省吾身”，就算是别人没有提出来，山人也会努力修正自己，增益其所不能。

“没有批评就是最好的表扬”，我们共勉吧！

导语：班主任会不会得到学生的真心喜欢？这是一个无解的答案，但你确实可以多为班级发展着想，多为学生的长远发展着想，能够合情合理、因地制宜地处理班级事务，就能得到学生的理解和信任。

主见

班长，你看我的眼神多坚定！

——懒羊羊

面对这些现象，你会怎么做

案例1，“如果今天你们不把东西拿出来，那我就一个个搜身！”一位科任老师出离愤怒了。

事出有因，其实就是课堂上，教师没收了学生的违禁物品，然后放在讲台上，在下课的混乱中，东西瞬间不见了。那自然是被偷拿回去了呗。老师觉得自己的威信被灭，一定要揪出肇事者。班主任刚巧来了，出于全力支持科任老师的主观愿望，自然就只有强令学生配合了。当然，也引来了不同的看法，甚至反对之声。最终遗留了很多的麻烦事，还是得由班主任自己来承担。

案例2，科任老师特别敬业，晚自习常常占用自己的休息时间来辅导自己那科，而在辅导的过程中，往往又自顾不暇，有些学生趁机贪耍去了，常常导致其他作业没有办法完成。教师追问的时候，学生振振有词：某某老师叫去了的！班主任没有及时与科任老师协调，因为觉得会打击科任老师的热情，于是就这样拖延下来了。有时候，班主任对此也感到很无奈。

案例3，面对学习成绩不怎么理想的学生，科任老师有些怨气：学生不努力，家长不给力，班主任不积极！我们常常听到的是：“这里不适合你成长！”多优雅的语言啊！如果班主任坚持认为，每个孩子其实都很不容易，需要老师的关爱，这又会让科任老师觉得配合不好、科目考不好就是这些人拖后腿，就是班主任没有积极配合。

三年缘分，我们一起共享的生命历程

在这里，倒不是批评我们的搭档，而是有些时候，总是会遇到这样的问题。

班主任也不是神，很多事情也无能为力，所以，常常无法达到让每个人都满意的地步。

然而，“班长”，你必须有坚定的眼神啊！

对那些年没有陪完你们三年的小伙伴，如今想起来，觉得不仅仅是一种遗憾，更是一种悲伤，一种愧疚。

人生说漫长吧，也漫长，这三年在你的生命中仅仅是短短的一千多天；说短暂吧，虽然是三年，却是你人生中金灿灿的、闪耀着青春光芒的三年。我们相逢在这样一个美丽的季节，应该有着一样的美好憧憬，一样不遗余力地奋斗。

所以，让我们，慢慢地坚定起来，坚强起来。

这些年来，我常常想，我读书的时候，也是同样的充满幻想、充满热情，也随处暴露自身的缺点而不自知。走过的青春岁月，就是一个不断改变自己、不断完善自己的过程，需要时间，需要耐心，更需要失败来磨炼。

两年来，我们一起经历了很多，无论是失败的泪水，还是欢乐的笑颜，都是我们一起共享的生命历程。看到你们奋笔疾书，也看到你们满腹牢骚。其实都还好啦！

人生，需要一种信念。

崇尚简单生活，也就只有简单的信念。小伙伴们还记得我们的班训吗？“好学不倦，与人为善。”记住，五湖四海，这班训就是你们曾经有一个共同的大伙伴的证明。

因为，我相信其实每个人都在追求着进步，都在期望着有一个友善的生活学习环境。所以，我们在努力着，我们一起去创造这样的环境。

被信任的班主任，要掌好班级航船的舵

回归正题。班级管理中，一定得有一种理念，有一种持之以恒的教育法则。

在案例1中，如果班主任能够在当时控制好自己的情绪，冷静地处理，那么就可以避免后来的种种麻烦。事实上，班主任是最需要在危机处理中保持清醒的，因为安排你为班主任，自然是看重或者是需要你的经验和能力，更需要你能够正确地处理这些问题。特别是关乎学生的心理成长，关乎班级的班风和学风，关乎班级的发展方向时，作为班主任更需要坚定，并且能够在适当的时候，帮助科任老师完善教育理念。

案例2中，班主任的协调能力是很重要的，如果因为要照顾科任老师的“热

情”，而忽略了学生合理的时间安排，忽略了学生的全面发展，这种照顾就显得有些得不偿失了。事实上，最终的结果是，没有谁是赢家。反过来说，如果班主任帮助科任老师完善教学规划，对学生是好事情，对科任老师来说，何尝不是一种获得进步的机会呢？提高效率，获得的将是共赢的局面。

案例3中，当老师“自豪”地说自己班级又走了一个学生的时候，是不是有许多人在默默地悲伤？有时候，说真心话，班主任是很无奈的，也是无力的。然而，有些事情我们是可以做的，那就是，给我们的小伙伴们传递一种积极向上的信念，如果学生在努力，在改善，在进步，为什么不能给他们机会呢？把学生当成雇员，对我们有什么好处？我们应该是他们成长道路上的守护者，我们看着他们成长，看着他们从失败中站起来，继续奔跑；我们为他们鼓掌，为他们骄傲，即使还没有获得更大的成功。

班主任要经常帮助科任老师和学生看到光明，找到希望

一个团队，不仅仅怕那些没完没了的抱怨，更怕我们的将军们自己都泄气了，自己都承认失败了。不仅不能让学生对班级产生过多的抱怨，我们自己也不能经常采用激将法。我们以为说狠话能够促进大家的反省，但是如果负面批评过多，那么班级学生很自然地就会认为“班级很差”，这样的批评教育带来的就是负能量。连班主任都觉得大家没有希望，那谁还会肯定我们自己呢？

再者，如果科任老师也常常抱怨，那这种情绪之下，谁还会更尽心尽力地寻找方法来提高学习效率？成功的人找方法，失败的人找借口。借口，掩饰的就是自己的无能而已（山人这话太直率了）。所以，班主任要经常帮助科任老师看到光明，找到希望。从人的潜意识来说，就如乔布斯所说的“现实扭曲立场”，能够化无为有，坚信一定会实现，就会不断地寻找方法，屡战屡败，提升自我。

我们期望每个学生的每科学业都优等，其实是不科学的。根据智能多元理论，每个人都有自己擅长的方面，也有自己的短板，所以才会有“上帝给你关上了一扇门，一定会为你打开一扇窗”的说法。

班主任作为“班长”，必须有坚定的眼神。我们的理解、支持，应该是科学的、合理的，不是纵容，不是成为别人计划的执行者，而应该是别人建议的聆听者，综合分析之后的决策者。

“兼听则明，偏信则暗”，不仅仅是听，更重要的是居中斟酌衡量，择其善者而从之。

导读： 专业能力过硬的教师，在课堂上是能够应付自如的，才能够赢得所有学生的认可。毕竟，吃专业饭的教师必须要有几把刷子，能够把学科课程玩转，这就是本事，谁不敬仰有本事的人呢？更何况，你是善于帮助他解决问题的老师！

妥妥的

未来的挑战不再是威胁，而成了机遇。

选择任何道路，都会遇到相应的问题

人生总是会遇到很多问题，让我们痛苦、迷茫、纠结、流泪，我们辗转反侧，寝食难安；然而，一幅问题地图，也许正是一幅机会的指示图，只要我们把当前的事情都做得妥妥的，那么等待我们的就应该是：快乐、安心、脱衣、关灯，一觉醒来，我嘞个去，天又黑了！

校园沉寂的两个月，不见得是我们的头脑沉默的两个月，如果我们依然在阅读、在旅行的话。还是很喜欢这句话：如果你知道目标在前边的话，就不要纠结路途有多遥远，也不要担忧是否走了弯路。谁也不知道自己探索的道路，是否是最明智的、距离最近的。有时候，人生的目标其实都相同，然而，因每个人的自身背景因素，以及自我评价不一样，你所选择的道路就不同，是距离优先、高速优先，还是不收过路费优先都是我们自身的选择。

你可以选择，但是在选择之后，如果不停地变换，那么很有可能是最后达到目的地的。原来，人生的每一个选择，其实都是有着机会成本的，高昂的人生代价，自然不是我们的首选；然而那一次次的错失，却总是让我们不得不接受现实的残酷。不怨谁，只因为当初的迷茫与贪恋，走不出过往，就看不到未来。

善于变化的课堂，才是魅力老师的奉献

未来的路，我们实在很难知道结果。当我们变得焦虑起来的时候，何不淡定起来，别在意昨日与明朝，而只在意这当下的生活？那就是，把我们身边的事情，都做得妥妥的，不留遗憾予明天！年轻，我们需要尝试，尝试得越多，发现就越多，学习得就越快，前进得就越远。

教师在课堂中的优秀表现，是指在实际讲课过程中，对教学计划进行明智的调整，因为教师在备课的过程中，不可能对课堂中的实际情况做完全而彻底的

准备。如果没有变化，那就是课堂最最危险的地方，也是最失败的地方。随机应变，才使得课堂变得生动起来。教师把自己对知识的热爱、自己的热情投入课堂，转化为一股巨大的感染力，一次改变一部分学生，最终能够让整个班集体都为之而改变。

有些时候，我们总觉得要备一个完美的教程，能够带动所有的学生，讲完所有的知识，且不知道短短的40分钟并不能够承受如此重的课堂。因材施教，其实讲的就是差异化的教育。而大班级的授课模式，很明显不可能照顾到所有学生的需求，但是至少可以努力营造出一种学习的氛围，可以示范出一种学习的方法，可以激发出一定的学习积极性。课堂完不成的，留下思索的空间，让学生继续去探索；课堂听不懂的，但是感受到学习的乐趣，下来会继续请教询问，直至能够举一反三。

鼓舞、激励与充满激情的学习生活，就在于我们明白世界上没有完美的教育，只有适合的教育，充满爱心的教育，严肃的教育。

找到学习的激发点，解决问题

在生活中你遇到种种问题后，找出造成问题的原因，并试图努力去解决它，这其实就是一种创新。问题，就是我们改变生活的指南针。有些问题，我们熟视无睹，形成了习惯，只有具有慧眼才能识别，具有独立思考的习惯才能够找到症结所在。

我们一直都想设计出一个教案，能够适用于所有的学生，结果就是，浪费了时间与精力！对于部分学生来说，是“功能过剩”——提供了很多他已经知道的东西；对另一部分学生来说，又是“功能缺乏”——忽视了他们真正需要的东西；甚至是我们纯粹的错误——只是依据我们的猜想和从前学生的近似性来选择功能需求，而不是根据目前学生的实际作为基础来进行思考和组合。

要想把事情做得妥妥的，最基础的是，教师高屋建瓴，但又有着学生那种虚心求学的态度。多和学生交流，了解学生目前的状态，以及对哪些知识比较感兴趣，对提高或培养什么样的能力比较有渴望等，这样才能找到学生学习的激发点。

“问题学生”，其实是学生的问题需要热心帮助

“想当然哦！”这就是我们做了多年教师的习惯。改变思维，不是一件容易的事情；改变我们的教育方法，更不是一蹴而就的事情。但是我们可以一点一滴地改变自己、完善自己。每当遇到了问题学生，就不要觉得他给你添了麻烦，而是应该感受到这是他遇到了困难！就算只是出于一种同情心，我们也应该努力帮助他去解决这问题。而在共同思考、行动、解决问题的过程中，你就收获了经验，你也获得了学生对你的信任与感激——不感激又何妨？反正你流自己的汗，吃自己的饭，助人为乐嘛！一切都会过去的！解决问题，就是提升自己的过程，犹如游戏中的通关一样。要升级总是必须积累经验，培养信心，提高能力，攒够时间，备好资金，那么通关就是一定能成功的！

有句话是这样说的，一个人越成熟，就越不容易责备别人，因为他知道每个人都有自己的难处。从学生时代走过来的山人，也曾经有着自己的“2B”岁月，有着青葱的美丽时光，那时候的问题是不是也一样的多？我们是否也曾经埋怨过老师，埋怨过家长？而今，我们走入了教师的阵营，难道仅仅只因恨铁不成钢吗？

想太多，反而不好，那就把自己身边的小事情做得妥妥的吧！一个微笑，一次举手之劳，都是可以的。

导读：选择自己的战场，去对付那些自己可以战胜的敌人。每个班级都会有一些“特别”的同学，让他们在班级中获得一定的地位、一定的成就感，才能够满足他们的自尊需求。教会他们去做正确的事，正确地做事，也能够减轻班主任的工作。

特别的人

始知郊田之外未始无春，而城居者未之知也。

——《满井游记》

为生活增添一份色彩

人生的意义不在于马不停蹄

哐哐当当地跑到终点了事

而应该是丰富多彩的

既要做人生的数学题

也要看窗外的风景

教育往往是一座围城，在城里的教育者，总以为自己的一切教导都是正确的；在教育之外的人，又常常对教育中的种种现象嗤之以鼻，多加诟病。教育，本身就是仁者见仁智者见智的行当，谁也不敢说自己就是最了不得的。

我们是否苛求学生的完美？是否厌倦了学生的种种表现？回头想想，我们自己是否就是完美的呢？对于成长中的人，我们何不宽容一点，何不乐观一点，静静等待其成长呢？学生成长不易，又何必让其远离？

“如果人们不改变其对现有行为的思考模式，那么通常就不会改变其习惯性的行为模式。”教师如此，学生亦如此。如果教师忘却了教育的根本目的，而把好成绩作为唯一证明自己能力的标准，那么很难说对教育有着深刻的理解。有时候，总觉得遇到什么样的学生，其实就是缘分，就是运气。山人看到，那些对教育有着更为深刻理解的教师，对学生总是抱着期许的态度，总是在不断地帮助学生成长。这样的班主任，也许很严格，甚至严厉，但是其对学生的关爱，总是伴随着一系列的教育实践活动。而这样的班主任，很少抱怨自己的运气，很少抱怨学生，更多的是用自己的努力，去改变班级的氛围，改变整体的发展趋势，让班级朝着自己设想的方向稳步前进。

班级学生呢？在教师的循循善导之下，逐渐地发现自我，逐渐地明白事理，懂得通过自己的努力来获取成功。特别是，学生改变了对自己的看法，改变了其原有的不完善的思维模式，从而确立了新的奋斗目标，找到了新的正确行为方式，最终换来了不断地进步。

这就是我们所说的，思想有多深刻，成功就有多伟大；心有多大，舞台就有多宽。

让学生懂得如何解决和老师的争执

多次遇到学生和教师在课堂或者自习课上对立的纷争状况，谁都想以“声高”来证明自己有理，结果是僵持不下，两败俱伤。批评？唾沫横飞？其实，对学生来说，你各种说教了，他的负罪感就小了。我都让你教育了，你还要把我怎么样？面对这种情形，最重要的是让学生懂得如何解决与老师的争执。无论何种状况下，对立，都会给学生带来压力。在生活中，每个学生都会遇到各种压力，如果我们没有好好地教导他们如何解决生活中遇到的压力，那么，他们在面对压力的时候，就只能用自己能够想到的，也许非常拙劣但习惯性的解决方式，来解决问题。

想想，除了斗争，他们还有没有其他的选择呢？我们是否教会了他们从不同的角度思考，找到合适的解决问题的方法呢？对教师的不敬、不服从，也许在学生看来是有着正当理由的。我们在没有帮助其自主分析找到正当与否的前提下，就一顿狂轰滥炸，结果是让学生晕头转向，找不到北。

最好的解决办法就是，帮助学生，让其意识到自己行为的不当，并让他有一丝丝的自责感，这将有助于学生行为的改善。每个人都有自尊心，你总是不尊重学生的自尊心，那么，学生也就只好降低自己的自尊意识水平，来适应你的行为了。

帮助学生，做问题的解决者，而不是问题的制造者

有时候，教师自以为见多识广，于是乎，总是以自己的方式，以成年人的方式，来解决学生们的问题。却不知道，强压之下，表面的问题解决了，遗留下来的问题会更多。这就是很多老师感到困惑的地方，有些班主任常常感叹：按下葫芦瓢又起，忙死了！

是的，大家都很忙，那些被你批评的学生，其实也有自己忙碌的事情，只是有的教师不屑了解，于是乎就不知道而已。比如，没有指引正确的事情是做什

么，没有创造条件给其做正确的事情，那么某些“特别的人”，就自然自己找事情来做了。而这些事情呢？却是教师所反对的。但是最重要的是，这些教师也不知道该给这些“特别的人”做点什么，让其在成绩之外，找到些许的自信，找到些许的自尊。

我们帮助学生，做问题的解决者，而不是问题的制造者，那么教师首先自己也要做到这一点。有些教师，只管教书，不管怎么帮助学生改变错误思维习惯和思想观念，只想通过教学训练，得到教学成绩。结果是，学生越来越找不到人生的乐趣，找不到学习的动力，于是乎总想在生活中找点乐子。这点“乐子”，就忙坏了班主任。

选择自己的战场，去追求自己可以战胜的敌人

学生在成长中，肯定会有层出不穷的问题出现，有些是成长中的偶然失误，忽略就好了；有些属于原则问题，则必须引起重视。而重视，不是说，只要你帮助其解决了这次问题，就万事大吉了。更重要的是，我们要使用一些方法，来提高学生自己解决问题的能力。以后，如果有类似的问题，作为教师就不用亲自出马了，那不就轻松多了吗？

“忙死了”，有效果还说得过去，如果忙碌了半天，累得半死，还成不了“英雄”，那就亏大了。

教师，不见得是全能的教师，所以我们只选择自己的战场，去对付那些自己可以战胜的敌人，并且避免那些无谓的战争，避免那些不可能取胜的战争。

导读： 把学生与老师“斗争”的焦点，转移到学生与自己的不足的“较量”上去，你就不再是学生的敌人，而是与学生一起战胜缺点的同盟军。教师有足够强大的内心，就能不在意自己的“面子”，而在意学生是否从这件事情中得到成长。

傻傻分不清楚

军争之难者，以迂为直，以患为利。

——《孙子兵法》

交往，首要的在于自己的态度

老虎，老鼠，傻傻分不清楚。

传说，老师中最不好打交道的，是语文老师，因为他们个个“才气纵横”，而又个性突出，如果你没有两把刷子在身，是很难得到他们认同的，交往起来就各说各话，没有交流，最后互觉不知所云；而最好打交道的呢？是数学老师，因为他们踏实严谨，耐心细致，不虚言，不妄言，一就是一，二就是二，故只要用通常的语言即可交流。至于这个段子是怎么传出来的，山人就不知晓了。

傻傻分不清楚。当然这样的评论自然有些夸张。人与人之间好不好交往，对方的性格脾气是一个很重要的方面，远之则怨，近之则轻，是有这种人的。但是，交往毕竟是双方的事情，不是有“精诚所至，金石为开”的说法吗？与人交往，你自己的态度、方式，也是不可忽视的，有时候也会成为最关键的因素。想想，刘备三顾茅庐不正是这样的状况吗？

山人以为，交往，首要的在于自己的态度。人非草木，孰能无情，我们友善真诚的态度，最终能够感染他人。若交往失利，一味地责怪对方、抬高自己，那么交往一定会继续受挫。

什么样的学生，培养什么样的老师

山人迂腐。迂者，言行守旧、不合时宜；腐者，行将就木而麻木不仁者也。有时想想，与学生之间的交往，不也正是如此吗？

我们习惯了居高临下，习惯了命令式的教育方式，少了平等交流，少了成绩之外的关注。你习惯性的质问，也会引发不满式的回应；你时不时地咆哮，学生也学会了不间断地大呼小叫。

反过来，有个老师说得很有哲理：什么样的学生，培养什么样的老师，特别是培养什么样的班主任。班级氛围，特别是课堂氛围，其实是师生互动的结果。教师有什么样的期望，学生就有什么样的状态，综合起来就是我们的课堂。但是，从教师的角度来讲，肯定是希望有一个融洽而又活跃的课堂，闹于所当闹，静于所当静。现实情况是，学生们的刹车一般都是不好的，一个能够提起学生兴趣的问题，可能带来活跃的讨论，但这个讨论引发学生注意力的转移，可能一时半会还转不回来，不能在教师所期望的时刻，立即回到正轨。

有样学样，貌似这就是我们教育的优势，也是我们教育中应该注意的地方。

如何来正确地表达我们的爱

一个学生敢于当面辱骂老师，你怎么看？怎么做？怎么批评教育？

第一届做班主任的时候，我就有这样的优待：一个学生在教室里当面骂我“瓜娃子”；一个女生在家里和家长一起说老师的坏话；一个学生因为自觉不公平于是在我自行车后座上倒了一瓶饮料；一个学生“不小心”把我的自行车后胎气门芯拔了。

那时候，我是多么尽职尽责，多么严格认真，也多么善于挖苦讽刺，不留情面。那时候，我疾恶如仇，明察秋毫，眼中容不得半粒沙子，追求完美是我的人生目标。可惜，处处挑刺，处处树敌；过度的关注，换来的不是感激涕零，而是民怨沸腾。

不是我们的内心缺少爱，而是我们不知道如何来正确地表达我们的爱。

当你把周围的人看成天使时，你就生活在天堂

新一届班主任工作开始，我看到了新的气象：

开学第一天报名，当我把登记表给学生时，一个学生很礼貌地说一声“谢谢”；运动会不期遇雨，淋得半湿，一个学生用茶杯从食堂打来姜汤递给我喝；一个成绩长期在末尾的同学，每天认真地为班级饮水机换水，做清洁……还有很多很多。

回忆起来，我的第一届学生，在刚刚入校的时候，何尝没有进行这样的尝试呢？可惜，那时候我装作没有看到，也没有及时地给予鼓励，于是，在他们的眼中，我永远只有成绩，没有感情，后来，也就无需做这方面的努力了。

是的，这就是，当你把周围的人看成天使时，你就生活在天堂；你把周围的

人都看成魔鬼时，你就生活在地狱之中。这个地狱，就是我们的心魔。我们忽略了爱，我们忽略了别人的善意，那么他们也就没有必要用善意来表达自己了。我感激这些学生，给了我某些启示，也教会了我该怎么做老师。

学生不尊重我们，是不是真心讨厌我们，这个常常傻傻的分不清楚。但是，尊师重道这样的道理，家长一定也是教过的，在学生的心中，对老师也是有一定敬畏的，没有无缘无故的爱，也没有无缘无故的恨。那是什么让他们如此的激动，如此口不择言呢?

要给学生面子，维护学生的自尊

每一个老师，也许都有这样的一段历史吧?这就是教师的成长，这是我们必须经历的。领会教育，学会教育，不是书本教给我们的，是我们的亲身经历啊!

曾经谈过多次，要给学生面子，维护学生的自尊；当你把学生的自尊贬低到无以复加的地步时，他也就只有用同样的行为来让自己的心理得到平衡了。反正我就是这样了，你能够把我怎么样? “送德育处?送校长都无所谓，我正想去拜访一下呢!”亲，这时候的你是不是有一种出离愤怒的感觉?

为了纠正学生的坐姿，而导致学生对老师恶语相向，这究竟是为什么?如果还让整个课堂因此而陷入混乱，那么我们就真的有些得不偿失了。这是我们没有抓住重点的表现，有些东西，暂时可以忽略，下来再慢慢聊。

而如果这样的事情已然发生，教师严厉处理的大话已经发出了呢?接下来，是真的暴风骤雨，还是和风细雨?如果我们温言软语，会不会让其他的人觉得老师特别好欺负?如果我们严厉处理，换个战场，在办公室再次咆哮一番，让其臣服，是不是我们在其他学生面前，就一定有面子了呢?

傻傻分不清楚。

对这次教育的根本目的不明确，找错了敌人

军争之难者，以迂为直，以患为利。

危机，在汉语里，既有危险的成分，也有机遇的成分。利用得好，这也许就是一个很好的教育契机。矛盾，让我们双方有了接触的机会，有了进一步互相了解对方心理性格的机会。

前面提到的问题，不是我们有没有面子、有没有威信的问题，实质在于我们对这次教育的根本目的不明确，找错了敌人，找错了学生身上的毛病，头痛医头

脚痛医脚，看似对症，实则治标不治本。

老师在处理学生的问题时，出发点只想着自己的面子、老师的威信，那么我们所说的话、我们所采取的措施，都是在维护我们自己的利益而已，是很难到达学生心灵的，因为你的目的不是教育学生，不是出于对学生缺点的指出和改正，而仅仅是让学生屈服。

以迂为直，转移学生的注意力

我们的教育，其实质应该是，让学生发现自身的缺点和不足，所以和我们自身的荣誉没有太大的关系。学生怎么才能够做得好一些？从这点出发，帮学生想办法，让学生把对老师的怨气转移到对自身缺点的关注上，这样，对立的矛头已然改变，学生很可能就开始软化了，不再和老师斗情绪了。

不再和老师斗情绪了，双方也就能冷静下来理性思考。学生课堂坐姿不端正，如果没有影响到课堂纪律，其实是一个非常小的问题。首先，我们应该多和学生探讨这个行为本身；其次，既然行为本身已经讨论清楚了，我们接着应该探讨的是，老师这样的提醒，是不是在帮助学生，而不是探讨学生的道德问题；最后，我们探讨学生的这种报复行为，会不会对学生自身今后的成长、今后的人生之路产生负面影响。这样下来，我们发现，我们在转移学生的注意力，但是我们并没有放弃让学生认错。

这就是：以迂为直，以患为利。通过这次探讨，即使我们没有声色俱厉，但是我们教育帮助学生的目的已经达到。接下来，我们继续热切关注学生的学习，对学生的良好表现给予适时的表扬，向其他人展现我们之间已经和解，并且这个同学已经取得了进步，那么对于其他学生来说，是不是一种鼓舞和激励呢？其他人看到老师如此地帮助一个这样学生，对学生如此宽容，对老师会不会多一份敬重呢？

导读：“请家长”你内心是拒绝的吗？家校交流，就是合力营造帮助孩子成长的氛围，虽然很消耗时间和精力，但是对孩子来讲，却是不可或缺的成长助推器。试着去行动，改变一下自己的教育教学方式，而不要以先入为主拒绝一个可能改变的机会。

你是不是傻啊？

在选择之后，还需要奋力拼搏

我们常常说选择比努力更重要，这当然没错，但是选择之后呢？是不是就万事大吉，坐等成功了？当然不是！

两年前，你们选择了这里，不小心就成了山人的学生，于是你们也就走上了在选择之后，还需要奋力拼搏的道路。记得当年刚刚到学校的时候，也有学生家长，面对自己孩子成绩差，说过这样的话：“我就觉得在这里至少孩子不会变坏。”是的，他们把这里当成了“电冰箱”，可以“保鲜”咯。话糙理不糙，实际上我们对学生三观的教育，肯定不是PPT教学法，而是在实实在在的学习生活中，让这些孩子感受到拼搏总是比混日子要快乐得多。

作为学校，哪里敢放弃哪怕是一个学生？每一个学生就是一张流动的名片，在不断地向周围传递着学校的信息——无论是正面的还是负面的。而学生在这里学有所获，感受到学校的教育教学氛围，是最直观的，也是最情绪化的，所以他们的“宣传”可能带来的效应总是在不断地变化着。

和家长交流，原本就是为了取得共识

我们不能保证让每一个人都满意，但是我们一直在努力去了解每个学生内心的渴望，激发他们向上的斗志。有时候，频繁地“请家长”，就是期待在家校双方的交流中，更深入了解孩子，然后形成合力，帮助孩子成长。

有人说，你是不是傻啊？花这么大的力气，去做这些吃力不讨好的事情（指积极主动跟家长交流）。是的啊，跟家长聊这些，他们会理解吗？为什么不把时间用来好好跟上级聊聊，说不定前程远大呢！

有人喜欢自己前程远大，有人却喜欢让学生前程远大。山人就属于后者吧，也许家长目前并不理解，也可能家长比你更理解教育的本质，做老师的和家长交流，原本就是为了取得共识，又不是为了比拼谁更牛掰，所以尽管敞开来聊。

攻其一点，不及其余，渐进地用一个好习惯来代替坏习惯

当然，就算是交流，不同的老师，说话的方式还是不同的。有些老师习惯了直言不讳地指出孩子有诸多缺点，然后请家长严格约束孩子。山人每次交流常常只说一两个可以改进的地方，也就是预估可以在一定时期内，通过合力可以改正的方面。对于其他缺点，山人采取的方式是暂时忽略。一个被指责得一无是处的学生，是很难提起兴趣来改变的，其内心已经充满了怨恨和不满，聪明一点的已经在寻找诸多的借口了。

攻其一点，不及其余，是想让学生真真正正得到改变，哪怕是一个点。实际上，改正缺点的最佳办法，不是天天盯着自己的缺点，告诫自己“不要……”而是努力发挥自己的特长，告诉自己“我要……”试想，一个人脑海里充满的都是“去做正确的事”这一概念，哪里还会下意识地重复以前的坏习惯？这就是用一个好习惯来代替坏习惯的方式。

很多家长在教育孩子的时候，使用否定式语句成为标配，使用肯定句、祈使句的时候特别少。所以孩子总是觉得很唠叨，而家长又觉得自己说了那么多遍，为什么孩子还是改不了？实际上，你常常念叨什么，自己就不由自主地、下意识地做什么，这就是我们“潜意识的力量”。如果你老是认为孩子在偷懒，你的语言多半都是充满指责与哀怨的；如果你觉得孩子越来越好了，你就会拿出一种赞赏与欣慰的态度来对待。

尝试新的东西，去发现自己的潜能

山人很傻，总是觉得学生可以做得更好，做得越来越好。甚至觉得，每个人都期待着自己更美好，都愿意去尝试新的东西，去发现自己的潜能。可惜，现实却总是会给山人一堵冷冰冰的墙，然后山人睁着眼睛就撞上去了。

不是每个人都理解你的善意、你提供的机遇；因为在有些人看来，你提供的不是馅饼，而是陷阱，是一个大坑。所以，每个人的思维角度不一样，理解起来也就不一样。再说了，山人也不是完美主义者，还有很多方面技不如人呢！

导读：教育需要的是真诚，而不是虚伪，教师对学生可以有职业的关爱，但并不妨碍真心帮助学生的初衷。接受“喜欢”和“尊敬”的不同，一视同仁的教育就更容易实现，也能够理解学生敬而远之的心态。

钢铁之恨

“你知道《钢铁是怎样炼成的》吗？”

“对不起，我对物理化学之类的知识不感兴趣。”

“这是一部有名的小说。”

“对不起，我只知道恨铁不成钢，还不晓得钢铁是炼成的。”

职业的关爱和私人的友谊是有区别的

这一次，让我感到最欣慰的，是那些即使成绩不怎么好的学生，都喜欢和我瞎掰，喜欢到办公室来讨零食吃，喜欢为班集体做点自己力所能及的事情。

我知道，并不是每个学生都会喜欢我，当然也不是每个学生都让我喜欢，因为职业的关爱和私人的友谊是有区别的。我坚信，那些敢于同我争抢巧克力和樱桃的学生，都是可爱的学生。然而，我常常强调的是，因为职业，所以每个学生我都会努力公平地对待，都会尽量给予帮助，让学生更健康地发展，但是请不要奢求，我同样也会从心底里喜欢事事顺从的学生。因为职业，即使是平时很喜欢的那些同学，在对待学业和教育时，我都会一视同仁地严格要求，没有商量的余地。

我也知道，作为学科老师和班主任，有着不同的角色，但有着相同的教育目的，那就是让学生健康成长。我也曾经习惯了咆哮，习惯了冷冷地面对着教室里那些稚嫩的面孔，如今，我更喜欢用自己的笑容去改变自己的心情，改变自己的生活。

成绩优秀的学生，也许在争夺高分的压力下，正压抑着自己善良的个性，所以在紧张之中，也许会忽略和老师私人的感情吧！而那些天天被“关照”的所谓后进学生，也许因为多了几分坦然，多了几分人性的东西吧？

以前，我也曾经最喜欢那些成绩优秀的学生，眼睛里只有那些为自己可以争得荣誉的学生。不可否认，他们同样的也很善良也很善解人意。而那些落在后面的孩子们，是否也曾经失落过，愤怒过？请原谅当年我的年轻与无知，那时的我是如此的片面与浅薄。

善意换来善意，多几分真诚

恨铁不成钢，使我们忘却了这是个充满人性的育人环境，让我们忘却了身边拥有的美好，而淹没在成绩的洪流之中。想想，那些在被暴雨淋湿后还给我端来姜汤的孩子，那些到办公室给老师送棒棒糖的孩子，那些把自家院子里的几支枇杷送给老师品尝的孩子，一颗真挚的心，是不被世俗所蒙蔽的，是如此的坦然、如此的澄澈明净。

就如，我来不及准备正式的奖状，而随手找到的那块巧克力，算作我真心的赞赏一样。我们真心的教育，为什么在每时每刻都必须以最理智最正式的方式来表达呢？为什么，我们的教育不是让孩子在真诚帮助的氛围中，自觉主动地去创造、去奋斗？学生，不是教师成名的工具，即使是班主任对班级进行管理，也绝对不可以为了所谓的优秀，而用管理成人的方式来要求学生。成长中的学生，就是在错误中、在不完美中前进的。每迈出一步，都有着挣脱过去的痛苦、创造未来的欣喜。

我们是否埋怨过学生不懂得感恩，没有感情？是否，我们一直在用理智来与学生交流，却要求学生用感情来报答这份付出？学生也许尊敬你，但是不一定喜欢你，其实这是有着多种原因的。其中有一种，恐怕就是你也没有用心去和他交往！

从内心喜欢某个人，这个是无法用理智来作出决定的。不喜欢我的讽刺，不喜欢我的面孔，都可以是理由，但是也可能找不到理由。其实，我们作为老师又何尝不是呢？

钢是炼出来的，不是恨出来的

学生生涯，是在学习知识的过程中，学会了人与人之间的交流和沟通；教师生涯，也是在通过培养和矫正人与人之间的关系，来促进学生对知识的学习。

感情，是一种互动，是一种油然而生的情感。你真心的付出，才会有自然而然的回馈。恨铁不成钢，是因为光顾着恨，而没有努力去“炼”，那么铁永远是铁，不可能变成钢的。

希望在我们的生活中，少一些钢铁之恨吧！

导读：和老师一样，学生有时候真的不是不努力，而是没有找对方向，不明白自己拼命吃苦的意义何在。让人看到希望，让人发现自身的潜质，让人不断地找到成就感，也许是师生“职业倦怠”的一剂解药。

与未来有约

只要你还有办法，每天应该空出一些时间帮自己做些长期地改变。

——读书笔记

师生都有“职业倦怠”

“没有什么比知道我们怎么努力也不能使情况改变这件事更使一个人的处境变得令其难以忍受的了；即使我们从来没有勇气下定决心去做出必要的牺牲，但我们知道只要努力奋斗就能够摆脱这种处境，单单这一点就会使许多令人难以忍受的处境成为可以容忍的了。”读到这一句话的时候，我想的倒不是自己对于职业的厌倦与无奈——事实上也没有到达这样的境地。

做好一件事，做对一件事，坚持一件事，都不是容易的事情。职业倦怠的前提就是在日复一日的工作中，找不到成就感，感受不到努力的意义。对于学生来讲，学习的倦怠感、挫败感、厌学症是不是也一样呢？

我们看不到自己的职业前景，会在工作时间“读秒”等待下班；学生看不到自己学习前景，会不会“读秒”等待下课，等待放学，等待“快乐的童年”？做教师，不仅仅是“传道授业解惑”，新时代里是否还包含有让学生发现自我、发展自我的责任？你有没有让学生看到自己努力学习的美好前景？你有没有赞赏过学生的美妙梦想？你有没有尝试过让自己也置身于创新生活之中？

解药：看到希望，坚持做好对未来长远发展有意义的事

让学生看到希望，与未来有约！这才是做教师最核心的责任。特别是在现代社会，单纯的知识，百度一下什么都有，还用得着老师喋喋不休吗？但是，营造的这种成长氛围，却不是网络可以立即做到的。学习本来是一件艰苦的事，但也有着快乐，只不过在分数题海中挣扎的学子，很难体会到这是“成长的快乐”——也是成长的必经之路，常常在这样的环境中苦苦挣扎，而不得要领。那么，我们有责任让他们看到希望，看到未来的美好。这样，“单单这一点就会使

许多令人难以忍受的处境成为可以容忍的了”。

对于我们自己又何尝不是这样的呢？与其抱怨环境，无所作为，不如从现在开始学习，为自己做些积累——自身筹码的累积，找个更能够展现我们天赋的工作，找个真正能让我们产生成就感并乐在其中的工作，这才是我们痛苦的真正的根源之解！

导读：你教给学生的东西，保质期有多久呢？如果我们仅仅局限于照本宣科，局限于管而不理，那么学生在成长的过程中，一定会与你渐行渐远的。

我

时间是衡量一切的标准。

——《超体》

“不要送昂贵的日用品，而要送廉价的奢侈品。”

每一堂课下来，我们感觉到自己送出了什么？是我们声嘶力竭、绞尽脑汁然后疏通了段落、讲了中心思想然后把字词都搞定了？是的，我们太辛苦了，用好不容易整理出来的东西，付出了昂贵的时间成本，不过我们送出的似乎只是语文的日用品而已——无论它多么昂贵，然而就跟牙膏牙刷一样而已。

在这个年龄段，我们渴望的更多，我们不是要那些可以百度可以Google的东西，我们希望知道的是比书本上更生动的东西，我们想知道当一种观点流行的时候，老师的真实态度是什么，老师的真实想法是什么，或者，就是老师如何把教参上那些枯燥的知识，用更生动形象的方式传达给我们——虽然也是照本宣科，然而也是一种难得的奢侈。把知识性的东西艺术性地表达出来，或者调动大家熟知的知识去“创造”出来，然后获得老师的首肯，这是何等的荣耀。我们要的就是这份自豪，这种感觉！

世事洞明皆学问，人情练达即文章。语文课堂不只有字词句段，更有着一种对人生的体验——从别人的经历中去感受世界，从别人的视角去看待社会，而这些隐藏在文字背后的价值观，被文字的表象淹没的情感，你是否已经读出来了？

告密的不一定是小人

那天班级上主题班会课，其中有一个环节就是，有个学生找借口不想接受班级交给的任务，被同学告诉了班委，然后大家来评价这件事情。大家除了批评不想为班级付出这种思想之外，还有一种观点就是“不能告密做小人”，后来我主动举手发言，及时表达了自己的观点：

“告密是不是小人，其实应该一分为二来看。如果反映的问题是为了公共利益，是针对不法行为的检举揭发，那就是正义的事情，就是值得肯定的行为。如果一个人连面对坏人坏事站起来斗争的勇气都没有了，那还能够说自己是高尚的吗？‘事不关己高高挂起’，殊不知这种旁观者的心态，最终可能受损的还包括自己！如果一个社会连正义感都无法生存，那就是个病态的社会，就是这个社会的悲哀。想想在《猫》那一课中，我们有一个问题没有来得及讲，那就是周家丫头既然看到有人把作者家的猫抓走了，明明知道是作者家的却没有阻止，算不算这个悲剧的助推者之一呢？这种无动于衷，这种不仗义，难道是一种高尚的行为吗？不，是这个社会的冷漠！是一种自私的行为！”

教给学生生命力足够长的东西

事实上，这种观念是人人知道的，是“廉价”的，但是，你能够从课文中延伸到生活中，能够在发现学生的片面思维后，及时地退回到课堂中去反思，去提升，那就让文字和生活有了热络的联系！课本所描写的，与我们并不遥远，它所反映的社会现实问题，总是在不知不觉中出现在我们的身边。这就比那些专门的说教，显得更加的朴实无华却又让人醍醐灌顶、豁然开朗。

当然，有人说，课文中的有些观点也许已经过时，不适合现代社会的主流看法了。是的，时光流逝，社会在发展，总是大浪淘沙。但是，伟大的智力产品的标志，是它的生命力足够长，而不是它的观点一定正确。想想亚里士多德的许多观点，现在还可以用吗？但是这并不妨碍他的伟大。我们研究这些古代智者的著作，不是为了全盘接受食古不化，而是梳理我们人类发展历程，了解我们人类思维发展的历史。

要善于研究，有独到的见解

千万不要以为我们现在科技发达了，我们的思维也高度进化了，实际上我们仍然时不时地陷入如古人般的“幼稚”中，仍然时不时地开着历史的倒车。“古为今用，洋为中用”。

世界上不只有中国人才聪明，从地中海地区发源而来的西方文化，从中国发源而来的东方文化，各自有着自己的特点，却又必然需要相互启发参悟。拒绝文明，实际上就是把自己退回到蛮荒时代，最终的结局一定是被世界所抛弃。钳制思想从而导致倒退，一直被历史所证明。

我们在日常工作中形成我们的思想，我们对事物或我们所看到的事物的各方面和我们每个人可以支配的社会活动范围，是由我们在生产过程中所处的地位决定的。当然，我们可以通过阅读来扩展视野，我们可以通过出去走走，看看世界来形成我们的世界观。世界那么大，我们不能固执己见，事不目见耳闻，不能臆断其有无。王安石在《游褒禅山记》中就说：“夫夷以近，则游者众；险以远，则至者少。”如果我们只是安于浅水，只能得鱼虾而已，只有涉深水才能够得蛟龙。

你的认识，将影响你所采取的教育行动

最近很多的家长都在关注即将到来的“初二现象”，是的，这确实是值得关注的，而且有这样的提前思考和行动，才能够较好地缓解“逆反心理”带来的教育困难。同一个问题的不同表达方式，会对行为人的决策产生巨大的影响，这个现象被称为“框架效应”。说白了，就是你认为它将怎样发展，那么就会影响你所采取的教育行动。

化繁为简，其实就是“适当放权”，因为“逆反”实际上是学生成长中走向独立的过程，是我们家长和老师自己还想控制他，舍不得那份控制感！班级管理中，如果我们提前开始培养学生的自主管理能力，逐渐地习惯了让学生去实现自我管理，那么学生管理能力得到了一定的提高，而且自我控制能力也有了长足发展的时候，愉快地放出一部分权力给他们——实际上原本就属于他们，让自己解放，不亦乐乎？不亦皆大欢喜乎？

逆反不可怕，可怕的是你还想处处控制他们的言行，不给他们一个适度发展的空间。越挣扎，越痛苦，这就是我们那些不信任学生发展的家长和老师的处境。在我们平时的教育管理中，是不是已经开始学会坦然面对自己管理权限的“失去”？要知道，这原本就不属于你，你“垂帘听政”这么多年，是时候逐步归还孩子的自我成长管理权了。

相反，你试着改变自己，却发现他们会时不时地回归，向你倾诉成长的烦恼，向你讨教成长的经验和教训。我们应该提供的当然不仅仅是衣食住行，也应该提供这些必不可少的精神食粮——我们对现实社会的深刻认识和对未来的模糊预测。世易时移，我们的经验和预测无法百分百正确，但是我们也可以一起探讨，不要自诩为神人，因为这时候的孩子已经不是三岁小孩那么容易哄了！

如果，我们以前就一直有意识地培养孩子的独立能力，那么，现在我们应该正欣喜地看到他们走上独立之路了。

导读：不必犹豫！有时候的“雷霆手法”，比如果断解散一组班干部，给予其相应的警示，并不是全盘否定，而是给一个反思与成长的机会。既满足学生自尊和自我实现的需要，又最能激发力量，要善于运用各种方式来实现这一目的。

半毛钱

凡事太用力都应该反省。

——读书笔记

学生的向上之心是必然存在的

这些年来，我一方面感叹家长对教育越来越重视，另一方面，我也越来越担心那些对教育太“给力”的家长——揠苗助长和越俎代庖成为他们教育的主要方式，而精神胜利法又是他们面对教育失败时的自我安慰良方。

教育是需要氛围的，成长是需要至少正常的土壤的。作为班主任，与其天天喊破喉咙劝导，不如安安静静地营造一种学习的氛围，让他们的成长有肥沃的土壤。

任何一种管理实践都是以一定的人性假设为前提的。作为班主任，他的管理方式体现了他对学生的人性假设，他认为自己的学生是什么样的人，就会采取什么样的管理方式。其实作为家长也是如此，如果你认为自己的孩子天生就是偷懒的，那么你将成为一个不折不扣的监工；如果你认为你的孩子将像你一样的勤奋努力，那么你也会潜移默化地影响孩子，你是在和孩子一起为明天的美好而努力。

学生的向上之心是必然存在的，因为，人性最深刻的一面就是对受到尊重的强烈渴望，那么在一个班级团队中得到认可、得到尊重就是他们的努力目标。由于认知能力的阶段性限制，他们可能在选择表现自己“才干”的方式上，不同学生就会有不同的选择：当选择了正确方式的时候，他们就容易得到老师和家长的认可，得到同学们的认可；而一旦选择了不恰当的方式，那么首先就会受到来自教育者的批评和压力，但是这并不意味着同样会受到来自同伴的压力——有时候这种离经叛道甚至会得到同伴们的佩服。

解散了第三组班干部，让所有努力者胜利

作为教师，不是在创造新的方向，而是在引导他们沿着他们适合的方式成长，在他们需要帮助的时候，给予适可而止的指点，让他们自己去解决问题，获得成长的经验，从而健康成长。即使我们进行批评教育，我们的真正目的并不是将对方批得体无完肤，而是纠正他们的错误。

我们潜移默化中带给他们的，将是如何去面对未来，如何去寻找适合自己的方式来获得成功，让他们发现自己。在班级中，满足学生自尊和自我实现的需要，最能激发力量，可以提高学生对班级、对生活、对学习的满意度，从而更积极地参与到各种学习活动中来，这些都是内在的激励因素，具有长远的深刻的影响。

我们的教育中，即使有评比，也不应该是“一个人的胜利”，而应该是“所有努力者的胜利”，有教无类，我们不是通过教育来淘汰一部分人，而是通过教育，让那些还没有找到自己方向的人，看到希望，找到通往幸福生活的大门。勤奋学习的目的不是得到谁的表扬，而是孩子用自己的行动，去完成自己的一个梦想，无论现在的状态有多单纯——这就是真实的他。

我们一直都在呼吁着创新，但是我们却连犯错误的机会都不给学生，我们创新的目的如何能够实现！这就引申到在班级管理中，让学生参与班级管理，如果没有达到我们预想的目的，该如何来处理？我们解散了第三组班干部，既有对他们两次管理实践的不满意，也是给他们一个深刻反思的机会，但是对于我们的管理来讲，我们还是会一如既往地创造机会让学生参与到班级的成长当中来——学生成长了，班级也就成长了。我们始终在成长的道路上！

我们营造一种“让所有努力者都胜利”的氛围，就是想要在班级中形成互相信任、团结协作、坦诚互助的班风。那么每一组班干部，都是一个团队，都在每一次的管理实践中不断地带领班级前进。

面对青春期的孩子，我们说话需要谨慎，这些思考与总结，仅仅是个人成长的体会。

导读：拥有梦想的人，即使被称为“2B”[1]，也不要放弃自己的追求。正确估计自己的能力范围，给班级的发展确定一个方向，营造一起努力、一起进步的氛围，持之以恒去实现自己的价值。

梦想

每个人都有一定的安全区，你想超越自己目前的成就，就不要画地自限，要勇于接受挑战充实自我，这样你就一定会发展得比想象中的更好。

——读书笔记

积极变化的梦想，一直在路上

“今日倍感乏力，恐是昨夜梦魇，扰了心神。加上新学期开学后，认真整理了点试题，不想身子越发疲累，连续休息两天也未能恢复。今儿个早上看错了时间，半路上方才明白，当真是春困至极。若能睡个回笼觉，那必是极好的！春困甚为难得，岂能辜负？”

“说人话！”

“今儿真的不想上班！”

人生会有一个大的变化吗？其实也在怀疑，深入骨髓的某些陈旧的思维模式，是很难一下子改变的。当然，积极变化的梦想，一直在路上。

最好的营造氛围的方式就是：一起学习，一起进步

学生的转变同样如此，我们不能期望某一次谈话就能够一劳永逸地解决问题，更不能期望某个老师开的“药方”就一定能够解决学生的顽疾。记得某一次谈话，老师很诚恳地说：我们没有化腐朽为神奇的能力！家长很不服气地说：“我孩子不是腐朽。”哎，这么个好好的比喻就被玩坏了！其实吧，山人是想说，不要对老师抱太高的期望，以免当老师没有去做你认为应该做的教育措施时，你会感到失望！

营造一种良好的氛围，也许胜过对一个好老师的依赖——当然好老师一般都

1 “2B”：流行语，傻子的意思。

是善于营造积极向上的氛围的。每个时期，我们的教育关注重点还是有那么一些小小的变化，这是为了适应孩子不断地进步，同时也是教育阶段性目标的要求。无论哪个阶段，都有一个不可缺少的核心：培养孩子的学习习惯，激发学生的学习热情。把学生的学习积极性调动起来了，胜过老师在课堂上喋喋不休的灌输——你直接教育的时间始终是有限的，学生自己想学习的时间却是由他自己来确定的。

我们其实是在传授一种学习精神——你的热爱会传递给学生。最好的营造氛围方式就是：一起学习，一起进步。教育管理，就是要抓住重点，突出重点，不能因为学习期间的某些非常规任务而打断我们始终如一的坚持。否则，我们会发现生活中处处充满着各种“乱入”，如果你分不清自己的主次，那就很可能陷于俗务而迷失了方向。回想自己的人生，是不是也是如此？过去的几十年，我们曾经的美好梦想，有多少是因为“身不由己”，从而永远成为束之高阁的梦想了？

将模糊不清的困难变成精确具体的形式

所以，山人崇尚简单。大道至简，何必被眼花缭乱的万象所迷惑？能将模糊不清的困难变成精确具体的形式，这是一种很重要的思考能力。当你不知道一个问题的答案时，很多情况下是因为你没有将这个问题表述清楚。你应该去研究，并尝试用各种不同的方法去表达它；或者，面临一个结构复杂的问题时，把这个复杂的问题分成若干简单的问题，直到解决这些问题为止。

有些问题就是在这种宁静的时刻慢慢地醒悟的。你要认清自己的方向，努力去发现自己潜藏的能量，而不能画地为牢。

正确认可自己的价值，非常不容易

《百喻经》里有这样一个故事：

有一个人，在海里捞沉香木，花费了一年多的时间，才得到了一车，回家之后到集市上去卖，因为价格高昂而没有买主。好多天，生意都差得很，卖不出去。后来自己就懈怠了，心里非常纠结。看看旁边有人卖炭，常常都能够很快就卖完了，于是就想，不如把这些沉香木烧成炭，那就可以很快卖出去了。于是马上就烧成炭，然后到集市上去卖，所得的收入还不到半车炭的价值。

（昔有长者子，入海取沉水。积有年载，方得一车，持来归家。诣市卖之，以其贵故，卒无买者。经历多日，不能得售。心生疲厌，以为苦恼。见人卖炭，时得速售。便生念言：不如烧之作炭，可得速售。即烧为炭，诣市卖之，不得半车炭之价直。）

想想那些沉香，如此的昂贵，却因一个青年的短视，化为木炭！这就是对价值的认识和坚持不够！身边能找到很多“速售”的东西，比如靠力气干活的人，总是认为到处都可以找到工作，但是你的价值毕竟有限；而依靠脑力劳动，尤其是那些技术要求比较高的，则总是因工作的岗位或者说机会比较少，就立即改变主意。注意，这里不是贬低那些收入较少的，而是说，你的价值在哪里，你应该有自己的定位——为了生存可以降格，但是梦想始终不能放弃！

就这么做一个“2B”青年吗？永远不要埋怨已经发生的事情，要么就改变它，要么就安静地接受它。你生命中的回报，是由你帮别人解决的问题来决定的。你未来的秘密，隐藏在你的日常生活和习惯当中。

导读： 你的执行力在什么样的层次？有没有积极主动的发现问题并找到解决问题的能力？是不是眼中有事，心中有目标，脚下有行动？

你是什么样的人，才会抓住什么样的机会

别人考核你的经验，我们挖掘你的潜力。

——麦当劳招聘广告

用结果来回答，而不是用借口来敷衍

“没有什么借口和理由，你需要的就是立即行动，把这个事情做好。”山人语气坚定地说。

是的，这个世界不缺乏借口，只缺乏行动坚决的人。有些时候，和颜悦色不见得能够起到作用，如果你稍微仁慈一点，既定的目标就得不到彻底的实现。每个人都是有责任的，完成这些事情就是你的责任，你就得想方设法地去完成——调动你的智慧和各种资源去完成，用结果来回答，而不是用借口来敷衍。

这就是山人培养班干部的要求。

执行力的三个层次，你在哪一层次？

有人说，富人从来不找穷人给什么建议，富人甚至愿意花钱找比自己更富有的人给自己建议。现实就是，你跟什么样的人在一起，就会成为什么样的人。

同样的一件事，不同层次的人理解的角度是不一样的，提出解决问题的办法，往往也局限于自己的经验和见识。因此，敢于超越自我的人，总是在不断地寻求比自己更优秀的人的帮助，不怕被嘲笑，不怕求教过程中可能遇到的残忍拒绝。

在学校生活中，学生有时候被布置工作，有的人是按部就班，你说啥就做啥，不会超越要求，也不会把工作打折扣，这种人的执行力还算比较可以的了。但是也有人能够在你的要求之下做得更好。所以说执行力，才是一个人更宝贵的财富。

通常一个人的执行力可以分为三个层次：第一个层次，是不折不扣地完成要求；第二个层次，是想方设法实现工作意图；第三个层次，是能够提前想到并完成。有的人只能达到第一层，这就是芸芸众生。有的人能够做到第二层，这就是

管理者，他们能够理解工作的意图，并结合自己的经验和资源调度能力，去完成工作，而且做得不错。能够做到第三层的，基本上可以称之为“领导者”了，他们眼中有事，心中有目标，脚下有行动。

帮助学生不断超越自己

山人的任务，就是作为教师去帮助学生不断地超越过去的自己，对自己的行为负责，养成独立思考问题的习惯，并积极主动采取行动坚决执行下去。

很幸运的是，山人培养班级干部的方法，确实有利于发现更多具有责任心的学生。有些学生是因为没有这样的机会来展示，有些学生是责任心不足，需要班主任更多的关注和严格的督促来养成。

一方面，实际观察当中，我们发现有些学生确实比较懒散，意志力不够强，对于目标的完成意识不够强烈。有些学生很想做班干部，但是你会发现，他的才华不足以撑起他的“雄心壮志”，最重要的就是责任心不够强。

另一方面，就是如果责任心足够，能够在做工作的过程中，不断地学习，不断积累经验，积累信心，最终是能够胜任工作的。这样的孩子可以说是“孺子可教也”。也正是山人很喜欢培养的对象，这样的孩子能够培养出来，也是蛮有成就感的。

有些孩子，在家庭教育中就注重培养责任感，因此学习工作都体现出了这种责任感，各方面都比较优秀。这些孩子如果稍加指点，很容易成为第二层次的管理者。比如说，班级管理能得到优胜红旗，可以作为目标，但是更重要的是班级能够有良好的学习氛围，有优良的班级风气。那么按照班主任的要求，这些孩子能够起到组织管理的作用，做好日常管理的监督工作，是执行力强的班干部。

打开思维，改变方法，才能够让一个班级得到更充分的发展

作为班主任，如果仅仅局限于自己的经验和见识，几十年如一日地运用老方法管理班级，最终是会落伍的。“老革命”也会遇到新问题嘛！“老革命”也会跟不上新时代对于执行力的要求，“拖后腿”也是有可能的。

怎么办？把管理理念教给学生，让学生去思考去体验，去创造新的机会。学生在有责任心、有执行力的前提下，如果能够理解老师对于未来的规划，尤其是相信自己对未来的渴望，那么班级的管理是可以在老师的要求下，得到创新性的发展的。

那么，这就是麦当劳说的，别人是利用你原有的经验和能力，而我们是挖掘你的潜力，发展你的未来。山人以为，“野无遗贤”可能做不到，但是尽最大的努力，创造更宽广的平台，来发现和锻炼人才，是可以做到让更多的马和驴子都出来遛遛的。

一月一换班干部队伍，就是一个淬炼的绝佳机会。山人不会因为缺少人才而焦虑，反而会因为时不时发现了新人才而欣喜。有人说，学生会不会因为随时都面临“下课”而不尽心尽力？怎么可能，如果责任心不强，下一次别的班干部就不会“拉你入伙”，组成团队。这一次你是班长，下一次你可能就是普通成员，但是你还是要遵规守纪，因为每个人都面临多次的“组阁”与“被组阁”的可能。在博弈论中，这就是重复博弈，你得一直表现好，才有机会，因此达到一种均衡状态。学生心理也会是平衡的，因为每个人都会有机会，而这一切都在于自己的“责任心”。

能够得到同伴的认可，不断地被邀请“入阁”，是一种荣幸；能够众望所归，“组阁”更是一种能力提升的标志。打开思维，改变方法，才能够让一个班级得到更充分的发展——每一个学生都充分发展了，班级就会产生一种蓬勃向上的动力，才会有一种积极向上的氛围，无论是学习还是其他方面，都是如此。因此，当学生适应了这样的环境，自然而然愿意在这样的良性循环中走出自己的舒适区，从完成到突破，跨向卓越，带来持久的幸福感和成就感。

善于激发出下属的干劲和热情，做个大格局的班主任

班级管理如此，学生干部终身制应该得到适当的调整才对。没有培养人才理念的班主任，最终是无法激发出学生的干劲和热情的，班级也不可能得到更好的发展。

有些人是怕自己的位置被抢了，其实大可不必。身边的人优秀了，你也不会差到哪里去，尤其是在你的帮助下，别人更优秀了，其实谁都知道你的格局更大。

山人其实很喜欢做小兵，小兵有小兵的快乐哦！当然，小兵也有小兵的责任，敢于冲锋陷阵的小兵、有智慧的小兵就是成龙电影里面的“大兵小将”。

你有什么样的能力，决定你能不能抓住那稍纵即逝的机会。

导读：学生毕业前夕，守着晚自习的老师，心中涌起了难以平息的感情浪潮。这是对学生的深情告白，也是谆谆告诫。其实到这个时候，对老师来讲，学生喜不喜欢班主任，已经不重要，重要的是，你们健康成长。

思念的片断（节选）

大家好，才是真的好

毕业季，也是思念泛滥的时节。一届一届的学生，在固定的季节里，从这个驿站出发，开始追寻着下一个梦想。

于是，常常让人想起那些故事，那些心中的忧郁、快乐、遗憾，都从记忆的某个角落，溢满这伤感而骄傲的眼神。

伤感，因为别离。

我们常常微笑着说，后会有期，是的，我们都期待着在某一天再见面。然而这一天究竟是什么时候呢？刚出校门教的那一拨学生，好多都已经忘记我了吧？而我还有着深刻印象的，也只有屈指可数的几位，有的在网络上常常看见，却不怎么联系，也不知道该如何交谈。只是，我们都知道，大家都过得好就是了。

十年，改变了你，也改变了我。而我们依然一样的，应该是对生活的热爱、对未来的希望，依然一样的是对那一年美好校园生活的回忆。

教育，就是充满遗憾的艺术

我常常想，做老师的人，尤其是做班主任的人，内心是多么的纠结啊！想让你们有着优异的成绩，于是就严格管理，但是，不见得能够被理解，于是有的人抱怨很多，有的人的负面情绪在一点点累积。而一旦放松了管理吧，看到那些很有希望更上一层楼的学生，因为各种原因放弃了继续进步的可能，最终遗憾地离开学校，心中就有一种酸楚，一种莫大的失望，是为自己责任心的缺失感到后悔。

有的同学，在毕业前的那段时间，温柔的劝导与激励没有作用，而在那些激烈的争论、声色俱厉的教训中，依然找不到合适的突破口。也许，是性格决定发展的方向吗？常常说，谦虚是让一个人受益的，不满足是向上的车轮，而我们在自满自足中，终于验证了这个真理。而今，我依然面临着这样的困境，而你，我希望已经有着更高的境界了吧？

这个世界，总是有人不相信我们这些老人们的话语的，总是有人对自己信心满满的。易中天教授说，人生最怕两种人，一种是踌躇满志，一种是万念俱灰。也许，人生的那些因为不听老人言而走的弯路，正是一道美丽的风景线吧？把这些珍贵的用生命与时间换取的教训，好好品味，作为人生的宝贵财富吧！

岁月流逝，留下的是感激

平心静气地想，即使曾经当面骂我的同学，我也在思念着，在猜想着你走到人生哪一段美丽的风景中了。教师职业没有想象中的崇高与伟大，教师更是生活中的普通人，三年的相处，即使是那些不愉快的教育过程，也经过岁月的洗礼，铅华尽去，留下真心相对的赤诚。岁月让我们成熟，岁月让我们懂得在这纷繁复杂的世界中，曾经有与我们毫无血缘关系、毫无利益纠葛的人，在关注着我们，曾经真心地帮助过我们，教会我们生存的知识和技能，让我们找到生活的信心，陪伴我们走过人生中那一段充满激情、充满希望而又蒙昧无知的岁月。

想到此，我很想对曾经教过我的每一位老师说："感谢您，我的恩师！也许我们相处的时间并不长，也许在这不长的时间里，快乐的回忆也不多，但是，今天，我感受到了您曾经给我的爱，让我的生活一直走在幸福快乐的路上！谢谢您！"

合理的是锻炼，不合理的是磨炼

我自认为，自己有着太多不完美的教育方式，有着太多个人的缺点与不足，也许不经意间的玩笑，把内向而敏感的你伤害了；也许那些自认为高明的帮助，结果使你失去了独自锻炼的机会；也许自认为是褒扬的话语，在你的心中却是一种嘲讽；也许，是我的强势作风，让你的才能没有机会发挥，你的真知灼见无法畅快地表达；也许，我"揠苗助长"的方式，其实很不适合你，也没有关注到你的心情、你的梦想……

无论如何，我对此都感到深深的抱歉。我想，对于坚强的你，对于对生活有着渴望的你，面对着我这样不完美的老师，只有接受了，只有牢记那句话：合理的是锻炼，不合理的是磨炼。无论是谁，都无法阻挡你对梦想的追求，无法压抑你对未来的渴望！

而我，每当从书页中探出头来，都希望看到一双双热望的眼睛，看到一张张充满阳光的笑脸！我知道，自己不完美，所以我努力着，我也不断地磨炼着自己。诚如今天我说的那样，如果你觉得自己没有被老师关注，没有老师来鼓励你，那你就好好地自我鼓励吧！其实，走出社会，你将感受到更多的自我奋斗的孤独。这个世界没有那么多的伯乐，没有那么多的所谓贵人，你就是自己的伯乐，你坚强的心就是你的贵人。

当我们向班主任翻出白眼的时候，也许我们双方的心灵都在颤抖。当我们在老师面前背过身的时候，也许正在和成功说拜拜。这是我当年学生生涯的错误，现在才感受到、领悟到。

别以为班主任就是那婆婆妈妈的个性，也许正好相反，原本老师是个沉默寡言的人，只是因职业的需要，打破了沉默是金的规矩，开始散尽千金了。

狠狠努力，做出杰出的成绩

我中学时的班主任，都是男的，给了我很深的感受：我很喜欢他们那种大气、那种自信、那种运筹帷幄的智慧。鲁迅说，他每当在深夜看到藤野先生的像时，都感受到一种激励。以前我常常表示怀疑，现在，每当我疲惫懒惰的时候，也会想想某人的身影，想想某人的话，然后告诉自己，追寻梦想的脚步可以缓慢，却不能停下。梦想就是我们在黑暗中跋涉的明灯，指引着我们不畏艰险地前进。

追寻自己的梦想，别惧怕，别在意别人的评论。其实，追寻梦想的时候，也没有必要征询别人的意见，也许别人认为达不到的高度，只是因为他自己没有那个能力或者没有那个眼光，一点也不意味着你也达不到，不意味着你没有那样的潜能。相信自己，相信努力可以渐渐改变自己从而接近梦想。就算是老师的某些评价，也不意味着给你的人生做了最终的总结，你的人生之路走得怎么样，最终是你们自己决定的。用自己的脚步，走自己的路，让别人去说吧！如果老师小瞧了你，狠狠努力，做出杰出的成绩给他看看！就如曾被北大处分的俞敏洪，而今大度地说其实正是北大给了他最好的锻炼。

易中天说，人都是逼出来的。我们为什么不给自己一个大大的梦想的压力呢？逼上梁山，破釜沉舟，都是一种生存的智慧。人生的路很漫长，但是关键处往往只有几步。别看错路，也别放慢脚步。

给自己一个微笑，让快乐传递，让信心蔓延

对2011级的同学们说，感谢你们三年来对我的理解和支持。而今，也是你们毕业前夕了，我常常在自习的时候，想起三年前，甚至六年前的那些故事，那些人的行为所产生的结果，是不是有着相同的结局？是不是可以走出某些魔咒？无论你把目标定在什么档次，都别忘记，竭尽所能地付出努力吧！志在山顶，就决不半坡停下！

这三年，我也在成长中，也在不断地进步中（自我感觉是进步了的哈）。我觉察到自己对生活有了更多了解，也就懂得了放弃是一种智慧，缺点是一种恩惠。于是，在忙碌工作之余，懂得了游山玩水，懂得了静静地在咖啡的氤氲中感受阅读的乐趣，更懂得了给他人一个微笑所蕴含的快乐。

也许曾经心急火燎，也许曾经声色俱厉，也许曾经无言以对，这些都已经成为过往了。始终别忘记给自己一个微笑，让快乐传递，让信心蔓延，让美好充满每个人的心间！

第二部分

他山之石，教育素材信手拈来

“世事洞明皆学问，人情练达即文章”，生活中的感悟，更易直击人心，比枯燥的一本正经的说教更容易被学生接受。本组文章从电影、书籍、文章、心理学知识等方面，对日常思考做了总结，算是一种抛砖引玉的尝试。

导读：让学生看到未来的希望，激发学生的进取心，更是作为教师必须要去做的。人只有自己愿意学习了，他的受教育时间才是随手可得的，他会自我教育，会抓住任何时间来提升自己。

嗝嗝老师，人生的北极星

在有限的人生，活出多样的自己。

——山人笔记

《嗝嗝老师》应该是比较煽情的影片，其实类似的电影还可以给大家推荐《叫我第一名》《放牛班的春天》《地球上的星星》《死亡诗社》《年度街舞大战》《音乐之声》等，当然还有连续剧《麻辣教师》《极道鲜师》《麻辣鲜师》等等。

《嗝嗝老师》里面，有几个情节让人印象深刻。第一个就是那些学生如此叛逆，是不是天生的？当然不是，他们也曾经努力过，也曾经想通过拼搏融入学校生活当中，可惜被戴着有色眼镜的老师和同学所“diss”（不尊重），最终他们放弃了。他们承认自己就是贫民窟的孩子，将来面对的生活就是每天在菜市场卖菜、在修车厂补胎，每天在渔船上无聊地度过，或者在路边设置赌局骗钱……

嗝嗝老师通过家访，看到了这一切，同时也看到了家长内心深处的期盼。有孩子期待成为飞行员，然而他们怕自己的梦想被人知道，怕自己没有实现梦想而被人嘲笑，因为他们从来没有体验过成就感，没有发现自身的潜力，没有被人正视过。

嗝嗝老师抱着不放弃的精神，热情地期待孩子们的改变，她鼓励孩子们去追求梦想，而追求梦想的第一步就是走出自己过去的阴影，重新面对自己的未来，直面人生。一只纸飞机，飞向天空，代表着与过去的自己决裂，也代表着自己即将走向不同的未来。

没有尝试过，没有拼搏过，你就这么认命了吗？孩子们原来选择的是，处处捣乱，打架抽烟喝酒，这样与众不同，这样让老师们感到无奈与绝望。不，应该是他们自己对自己的未来感到绝望，是他们在糟蹋自己美好的青春年华，但是他们自己不知道，他们以让老师生气、让老师崩溃为荣。

他们活成了别人认为的那样：贫民窟的孩子就是这么不值得教！他们活成了自己讨厌的样子，用极端的叛逆来“印证”别人的预言！这就是很多人的悲哀，被别人左右了自己的人生！

嗝嗝老师教导他们，你们应该活成自己憧憬的美好模样！你们可以改变自己！人生最大的悲哀就是放弃了自己。这群孩子，在嗝嗝老师的引导下，慢慢地找到了自己的方向，他们想通过努力，去看一看自己是否真的可以不一样。

最让人揪心的，是期末考试前的“漏题”事件，真的很担心这群孩子掉进坑里。然而，更多的孩子不再寄希望于投机取巧，而是愿意用真实的成绩来证明自己——在他们看来，投机取巧是老师不允许的。两兄弟被伙伴们“diss”了，他们没有想到这群伙伴已经不是当年的伙伴了，已经有了是非观念，有了自己的人生底线。当然，漏题本身真的是一个大坑，幸好最后真相大白，孩子们通过努力，都及格了，并且还有同学获得了年级级长的优秀称号。急功近利、不相信自己，都是处于底层的人常常有的观念，也是我们应该坚决摒弃的观念。

老师能做什么？独特的教育方法固然重要，信任也不可或缺，但是，让学生看到未来的希望，激发学生的进取心，更是作为教师必须要去做的。人只有自己愿意学习了，他的受教育时间才是随手可得的，他会自我教育，会抓住任何时间来提升自己。

在有限的人生里，活出多样的自己

总结起来：①每个人应该有自己的梦想，并用实际的行动去追求，活成自己喜欢的模样。②踏实与勤奋、执著与坚定，是你成就自己美好人生的重要基石。

山人不想去评价一个老师要做什么，更希望学生能够从这部电影里面，感悟到自己应该面对的人生、应该选择的道路。在有限的人生里，活出多样的自己。

导读： 麻辣教师，就是运用非常规的手段，却始终遵循着关爱学生、理解学生、善于激发学生心中的善愿的教育原则，来进行教育的一类教师。他们看似荒诞不经的行为，却直击教育的核心要素，最终获得成功是必然的了。

“麻辣”教师

管理是一门艺术，它是要引发人们心中最好的方面，以便于人们愿意将自己的知识和技能贡献给手头的工作。

——读书笔记

即使你可以去责备，问题还在那

“我知道，做什么事都很难。责怪你爸爸、你妈妈，责怪环境、政府、贫困很容易。但是即使你可以去责备，问题还在那！”

“如果你们16岁的女儿，强壮安全并且自信，她怎能让白痴占便宜？如果你们的儿子，学会尊重地接触女孩，他会怎样在一生中对待女人？”

“这就是我在这学校做的，我教跳舞，这里面，有很多规则。教会你们的孩子尊重、团队合作，还有尊严，这会帮他们对未来有个认识，那是他们可以拥有的未来。”

以上几段话，是《舞动天地》里面，杜彼雅——一个拥有天赋的舞蹈家对一群家长所讲的，他要教一群因为违纪而关在“悔过室”的学生舞蹈，送他们去参加舞蹈比赛。他在尝试一些新的东西，避免空洞的说教，来引导这些迷途的羔羊。

我想改变这个特殊群体的命运，这是我知道的唯一方法

“你真的需要好好考虑，你给这些孩子的信息，这些信息就像我们教给以前运动员的一样，他们可以超越法律。现在我正试图教这些孩子遵守纪律，这可以影响他们的一生，提供给他们选择。如果你认可这样的事实：15、16、17岁的孩子，没有必要尊重篮球合同上的这么简单的规则，你认为他们离犯法还有多长的时间？”

“30年前，我在Richmond打篮球，那时也是这样，我有一些队友，最后进了监狱，还有一些死了。我担任这个工作，因为我想改变这个特殊群体的命运。

这是我知道的唯一方法。”

“如果你们投票恢复训练，不需要你们撤我的职，我自己退出。”

倔强的卡特教练在家长会上，面对家长对停赛的质疑，最后说道。为了让队员都能够通过毕业考试，获得优良的成绩，卡特教练停止了篮球训练，全体队员放弃了参加篮球比赛。

你们表现得像冠军一样

“哦，不是你们想要的结果，是吗？毕竟，不是我们赢，但是你们表现得像冠军一样，你们从没有放弃。冠军高昂着他们的头，你们今天得到的远远超出输赢所代表的，超出写入明天体育专栏的头条所代表的。你们已经得到了有人用一生去寻找的东西，你们得到了胜利中的精髓。先生们，我为你们感到骄傲！”

“四个月前，我当上了Richmond教练，我有个计划，后来计划失败了，我来教篮球队，你们却成了学生；我来教孩子们，你们却成了男子汉。就为这个，我感谢你们！”

这是《卡特教练》里，Ken Carter走进更衣室，对刚刚在全加州篮球比赛中以2分之差失利的队员说的。经过奋力拼搏而来的队员，满怀希望，倾尽全力，失败了，作为教练的卡特，不仅没有责怪队员，反而满怀信心鼓励队员，深情地感激队员！

“生活即教育”，其实“活动即教育”

引用了这几个片段之后，其实我很不愿意来进行分析评论，因为每个人对这些片段的理解和领悟是不一样的。若作为班主任，从职业习惯出发，我习惯于思考他带给我们管理上的启发，带给我们未来对学生如何提供帮助的思考。

一直以来，作为班主任最怕的就是学校的各种活动。我一直以来对这种活动持有比较消极的心态，对于“勇夺第一”一直没有兴趣——更不用说信心了，反正我的班级也拿不到第一，何苦自己为难自己？于是总是有着应付的心态，不反对，可是也不全力以赴支持。

难道这些活动，仅仅是为了评选出第一、第二？仅仅是为了在颁奖的时候，让班级精神为之一振？或者，仅仅是为了表现我们班主任的能干，以受到领导的赏识？可能有太多的疑惑、有太多的理由让自己“淡定”下来。

“生活即教育”，其实“活动即教育”。我们往往重视了结果，忽略了过程，或者说，班主任怕麻烦，故意忽视了过程。班主任从个人角度出发，省略了过程教育对学生的巨大影响，也就放弃了给学生一次很好的教育机会。

应该在行动中形成良好习惯

前面提到的两位性格独特的老师，其教育方法也是非常规的，但最终都取得了完美的效果。如果用日本电视剧《麻辣教师》里面的鬼冢来比较，这两位也应该是美版麻辣教师了。其实我还看过台湾版的《麻辣鲜师》、韩国版的《我是老师》，对于中学教育中的“问题学生”，常规的言传作用是微乎其微的，而身教和活动中的帮助对其影响可能是无法估量、意义深刻的。

以往我们的班级教育，更多的是班会的喋喋不休。唠叨不如着重提醒有效的原因在于，不停地重复信息、很快就会失去应有的刺激感，因为那其中都是一些老生常谈。我们教导他们“面对困难”，教导他们“遵规守纪”，其实是我们自己的回忆和复述，不是学生在行动中形成的良好习惯反应。哈佛大学心理学教授杰罗姆·卡甘认为，孩子所遇到的需要自己去解决的难题，对他们的影响是最为巨大的。解决问题的过程，就是一个人成长的过程。

甚至从开发人类大脑功能的角度来说，各种活动是最有效的。英国伦敦大学的心理学家马克·约翰逊说：“这些方法……显示了脑部在孩子出生后发育是一个动态的、适应环境变化的过程，在这个过程中许多新出现的功能，都是通过正处于发育阶段的孩子所处的自然和社会环境而得以构建的。确实，通过积极地从所处的环境中寻找新鲜的和重要的信息，随后孩子的脑部便会进一步发育。”

校园里的游戏规则，就是社会上的生存规则。校园里的各种活动，就是社会活动的缩影或者测试版。活动锻炼了学生，也提高了他们的认知能力，构建了他们新的脑部功能。所谓的开发潜质，其实就是从活动中来的。缺少了活动，造成的就是“才美不外见”，我们只能哀叹“天下无马”。

积极引导学生心中最好的方面，那么一个班级也会激发出正能量

再者，中学时期正是思维最活跃、创新活动最多的时候，也是做事情激情澎湃的时候。如果只有一味地闷头苦读，不仅仅压抑了心灵，更可能由于这种压抑而导致激烈的反弹，做出更多难以想象的事情来释放其自身的活力。

开展各种活动，让学生得以在活动中展示自我，在活动中释放自己的热情，回过头来更有利于课堂学习的进行。非常高兴的是，我们学校的德育教育更注重

人文教育，更注重通过活动来陶冶学生，来释放学生的能量，来凝聚学生的学习热情，从而也减少了不少青春期容易产生的问题。运动会、艺术节、科技节、元旦晚会等等，都是学生的盛会，都是“他们自己的节日”。现在看来，也正是因为这些活动，让整个校园充满了浓浓的学习氛围，充满了蓬勃的朝气，也让学生的笑脸更加灿烂！

这是一个学习型、开放型的领导团队带来的新气象，也是更符合学生成长规律的有效管理。这种管理，释放了学生的正能量，让学生八仙过海，各显神通，愿意将自己的知识和技能都贡献出来，既为学校争光，又让自己在这个平台上得以更好地提升。活动，就不再是麻烦，反而是帮助我们更好管理的方式。如果班主任能够抓住这样的契机，积极引导学生心中最好的方面，那么一个班级也会激发出正能量的。

也许我们班主任不是那么全能，但只要善于发现学生中的人才，同样可以在原有的“懒惰”的基础上，变得积极起来，让班级得以找到自己的最佳位置。接手初2014级以来，我们班级在纪念一二·九运动歌咏比赛中，就两次获得二等奖。我这个五音不全的班主任做了什么？就是鼓励、严格要求，激发斗志而已。如今，小班会唱歌就成了这三年来的传统了。这就是学生的力量，学生自己做自己最擅长最喜欢的事情，并且只要我们鼓励得当，他们就会乐此不疲，继续前进。

从学生长远发展来思考教育的步骤和方法

麻辣教师也深刻明白，有些学生的问题独特，不是常规手段可以治疗的。核心的问题，不在于哪个老师有特殊的本领，而在于老师是否从学生长远发展来思考教育的步骤和方法，是否有一种“以人为本”的核心理念。学生是发展中的人，是成长中的人，需要帮助，需要关心。我们在面对他们的时候，给予稳定的感情期待，包容、宽厚、给予理解，不是嫌弃，不是抛弃，那么向善之心就能够被找回来。感情方面的安全，而不仅仅是环境的安全，才是孩子成长中安逸感和自信心的重要源泉。

你看看卡特教练，在队员们失利的悲伤中，看到了他们的成长，反而感受到一种欣慰、一种鼓励。这就是一种胸怀、一种眼界，不仅仅以成绩来衡量一个学生的价值。

麻辣老师，这翻译太安逸了，川味十足！我喜欢！

导读：班级管理要经过这三个阶段，首先短时间的强权管理，建立威信，然后导之以规则，让学生感受到公平治理下的班级特色，最后再强化以梦想，让学生感受到未来的美好并愿意追逐梦想。

从《一出好戏》看班级管理

黄渤电影《一出好戏》，想必很多人都看过，里面确实有很多心理学、领导学内容的应用场景。山人以为，其中很明显有三种领导方式，可以作为典型方法进行思考。

强权型

王宝强一身好武艺，野外生存能力强，在初期只需要满足生存需求的时候，成了老大。强权型领导只需要拳头硬、简单粗暴就可以解决问题，尤其是在事发突然、毫无头绪的时候。大家在生存压力之下，在暴力威胁之下，只要能够苟活就可以了，敢怒而不敢言。然而强权型的人，只能是弱肉强食中的暂时王者，因为其思想境界不过如此，最终实力下降而太过于残暴的时候，总是会被推翻的。

班级管理也是如此，简单粗暴型的管理只能让人害怕，无法唤起人性的美好。在班级管理中唯分数论，不注重与学生的交流，不注重与家长的交流，过于强调自己曾经的辉煌，都只能暂时忽悠学生，不能真正征服学生。强权暴力型最终只能是非理智的体力征服，很多时候下属学到了这些招数，也会模仿，所以强权型的人常常也死于强权之下。

规则型

张总毕竟曾经是即将上市的公司老总，因此对于“科学管理”烂熟于心，在看透了小王的外强中干之后，找准机会，分化瓦解了队伍，最终代替了王氏帝国，用纸牌建立了新的货币帝国。都有规则，似乎是更好的社会了，但是在这个荒岛上，一切井然有序下，渗透着无尽的绝望。张口闭口就是规则，看似公平，实则让人画地为牢，只想了此残生。

只知道用规则来管理班级，同样的道理，一切虽有章可循，但是人们只是照章行事，并没有什么创新的想法。因为，规则就是用来打破的，而强制性的不可逾越的规矩，也就限制了想象力的发挥。如果学习生涯就是按部就班，当然可以按时毕业，但是能不能充分发掘自身潜力，能否成为性格健全的人，是难以判定的。

班级管理需要规则，但规则的制定只是为了促进班级的发展，而不是给班级发展设置一个天花板。要防止规则太多太死板，使团队缺乏凝聚力，因为我们每天都在和规则作斗争，哪里还有精神去体会工作的乐趣？最终大家貌合神离，一盘散沙。因此，我们需要规则，但是更重要的是如何在发展中让规则与班级一同成长。班主任在规则之外，还应该有温情的一面，在原则之内要有灵活性。

梦想型

黄渤饰演的马进，一开始如此猥琐与不堪，最终却成了人生赢家。他又是依靠什么取得最后胜利的？那就是“希望”。只想获得短暂的安宁和平，就依靠欺骗来驾驭众人，始终有被揭穿的可能。而人生的希望，经历了残酷的生存竞争和短暂的安宁和平，最终如钱塘江潮汹涌而来。有人说，作为团队的领导者，不仅要让团队有序运作，更重要的是给予团队共同的希望和目标。最终的胜利，不是依靠武力，更不是依赖权谋，而是来自人心中善良的愿望、追求自由的渴望。

班级管理也是如此，与其绞尽脑汁与学生斗，不如坦诚地与学生交往，激励他们向着各自的梦想前进。所有的正能量汇聚在一起，一个班级就会焕发出不一样的生机和活力。我们是在不断努力的过程中，体会成就感和幸福感。班级有自己的梦想，学生也会努力地为梦想拼搏。

班主任不一定要特别能干，只要你善于把学生的梦想点燃，让他们自愿自发地努力，形成自主管理的班级，就算他们说你很“弱”又怎么样？班主任的底气就是，善于调配各种资源，为班级的发展注入动力。正所谓“功成身退天之道”，何必在意别人对自己的评价？

关注梦想，支持别人去实现梦想，你就是强者。从学生的内心需求出发，尊重学生的人性，激发调动大家一起实现一个目标，这正是我们班级管理需要的。当然，前提是我们自己要有梦想，才可能懂得对于别人来说梦想的重要性。

看一部电影，或许我们只关注了情节的曲折离奇，或许只关注了帅哥美女，缺少了理性的思考。希望我们的教育人生也能够演出一幕幕的好戏。

山人以为，班级管理也要经过这三个阶段，首先短时间的强权管理建立威信，然后导之以规则，让学生感受到公平治理下的班级特色，最后再强化以梦想，让学生感受到未来的美好并愿意追逐梦想。

导读：三年一轮换，你是老了三岁，还是享受了三年生活？营造良好的班级氛围，让学生建立起自信，形成师生的互尊互重，这样的职业生涯、学生生涯才是双赢的。

时间重置

老师，在三年一轮回的重置中，是不是“战斗力”也在加强呢

在汤姆克鲁斯的新片《明日边缘》里，“凯奇”不小心拥有了重置时间的能力，总是不断地进入战场战死，又不断地回到从前。于是想问：如果拥有了重置时间的能力，是否也愿意被这残酷的战场虐杀千百遍？不幸的是，我们班主任就是这样，刚刚被一届学生“虐”三年，又不得不回到初一状态，进入新一轮的被“虐”状态。我想，一定不是每个班主任都对自己的班级感到满意，总是有班主任认为“上一届”“遇人不淑”，感到了厌倦。

到了初三的最后阶段，我们仍然看到有的班主任需要通过“镇压”来解决班级纠纷，仍然看到有的科任老师在声色俱厉地批评学生来求得课堂安宁，这是一种负责任的表现，不过显得比较悲壮——三年的朝夕相处，最后竟然仍然没有达成师生的默契，没有为了共同目标而同心协力的那种愉悦。

事实上，《明日边缘》里的凯奇，并不是简单的“轮回”，而是每一次重置时间，都在进行新一轮的淬炼，最后被训练成有着丰富经验与超人直觉的战斗力极强的战士，最终摧毁欧米茄，成了英雄。而我们的老师，在三年一轮回的重置中，是不是有着新的提升呢？是不是“战斗力”也在加强呢？

对于教师而言，参与教育的时间越长，应该通过自己的思考，做到化繁为简，对教育工作能够举重若轻，对于班级各种事件的处理有四两拨千斤的巧力。

三年一届，绝对不是简单的重复，因为时代在发展，学生群体不一样，自然班级学生特点是不一样的。如果班主任仍然墨守成规，不顺应时代变化，那么班级管理就不可避免陷入越忙越乱的怪圈。

文化，以一种不可言传但却不可抗拒的方式，影响班级发展

人的思维常常出现两大定势：一是直线型，即不会拐弯抹角，不会逆向思维和发散思维；二是复制型，即常常以过去的经验作为参照，不容易接受新生事物。受到这些定势思维的影响，我们常常无法应对新形势下的种种变化。看到有

些老师从初一到初三，一直抱怨班级，真觉得让人同情。然而，更让人同情的是学生，是不是这三年来都在这种抱怨声中长大？事实上，班级管理中当然有常态的东西，但有时我们也可以另辟蹊径——不必必须沿着事物发展的正方向去思考问题并寻求解决的方法。

比如那些习惯于说教、习惯于直接给学生答案的老师，可不可以试着教会学生如何去思考，然后让他自己去找到正确的答案？有时候娓娓道来一个“以前学生”的故事，就能给学生一些思考和启示。若以成年人的思维，以为学生应该一次就懂得了所有知识，总想用自己的方式来解决学生的问题，而不是使用一些方法来提高学生自己解决问题的能力，那么必然会成为“背猴子的人”。

比如说有没有用心建立独特的班级文化氛围？也许有的老师自己观念中就没有这一条，而只有分数、分数、分数。文化，以一种不可言传但却不可抗拒的方式，决定着那些已经证实的、被接受的行为方式，而组织成员正是通过这些方式来应对经常出现的问题的。教师就是通过某种方式的熏陶与训练，让学生通过做困难的事情并学习怎样做才有效，培养了班级文化氛围，强化了班级理念，也增强了学生的自尊。

学生真正自信的时候，他才可能谦卑起来

抱怨无法帮助学生成长，更无法减轻老师自己的心理负担和教育责任。只有热情地帮助，积极地思考解决问题，才有助于我们提升自己工作的愉悦程度。对学生来讲，关心是一种有形的保护，信心是一种无形的保佑。班主任有着什么样的心态，往往就决定着这个班级三年的表现。如果说对于成年人来讲，与家人的亲密和睦的关系，是快乐的最强有力的也是最持久的源泉，那么对于学生来讲，班级的融洽氛围——包含着老师对于学生的评价、学生之间的互评以及师生对班级整体的评价，也是快乐学习的源泉。

为什么有的老师总觉得学生桀骜不驯，不够谦虚？那是学生没有找到自信，只能通过这种表象来建立一种强大的“气势”，也是他们在环境中没有学会尊重他人。谦逊不等于自我贬低或自我嘲弄，而是一种你对他人的尊重。只有学生真正自信的时候，他才可能谦卑起来。那么，我们就要努力去让学生建立自尊。有了这点，那么学生也会对老师表现出足够的尊重，因为尊重老师就是尊重他自己。

总之，年年岁岁老师相似，届届班班学生不同！世事如棋局局新，老师也要积极地更新自己，有“清零”的心态，热情地迎接新学生到来，和他们一起成长！就如“凯奇”，每一次进入战场，都比上次更有战斗力！

导读：一个人的成长，关键是要能够独立去认识和应对这个世界。当教师面临“罗密欧与朱丽叶”时，该怎么做？最好的是冰冻这一段美好，等到最适合的某一天，再一起解冻。珍爱自己，是永恒的主题。

热爱

我们微笑的时候，并不仅仅是因为我们自己高兴，更多的时候是为了让别人知道我们很高兴。

——读书笔记

孤独的旅程，不放弃治疗

对你微笑，纯属礼貌？那对自己微笑，有没有？

学会对自己发自内心地微笑，是多么的不容易！学会对自己说，你可以的，更是多么的不容易。如果，身处众生中的我们，在熙熙攘攘的人群中，或者在大众眼光之下，不得不“装”出我们的坚强，“装”出我们的高兴，那在独自一人的时候，是否也有不同的表现？

为师十四年，不曾逃脱，倒有些心甘情愿了！

奋斗为什么不能是快乐的？

一个人的成长，关键的是能够独立去认识和应对这个世界，当然这也是我们教育的重要任务。是不是做了教师后，常常去教导别人，而忘记了自己的成长？我们看《卡特教练》，看《舞动天地》《年度街舞大战》，这些教练也是另一种“老师”，让学生理解了礼貌，理解了“我们”，理解了奋斗，理解了人生的意义。而在最后，教师们也重新认识了自己的人生，燃起了对生活更炽热的爱。

我们常常以为，教师就是奉献，就是蜡烛，我们只顾着燃烧自己，“忘我”工作。我们找不到自己的位置，因此感受不到成就感——也就无从教导学生去感受成长中的快乐，我们只告诉他们，奋斗就是痛苦的，我们就是要战胜痛苦——这一辈子都在痛苦之中？

奋斗为什么不能是快乐的？trouble is a friend！是这样的吗？

“罗密欧与朱丽叶效应”

热爱学习？我们有没有本事，给学生一个安安静静坐在教室里的理由——除了那些空话，那些大道理之外的理由？

山人找不到，虽然正在找——还在找，只能给自己一个安静坐下来的理由——因为你喜欢，所以你愿意。

有时候，我们真的会强烈地怀疑，自己是不是做出了正确的决定，是不是正在做正确的事情。无论如何，当我们不得不采取一些行动的时候，我们总是受到自己观念的约束，我们总是在自己的认知条件下，在自己的综合判断能力之下，以自己最常见的行为模式，做出了这样的决定。

就如面对热恋中的人，要让他们“消停”下来，是何等的不易——我们总是善于“禁止”。从心理学的角度来讲，当出现干扰恋爱双方爱情关系的外在力量时，恋爱双方的情感反而会加强，恋爱关系也会因此而更加牢固。这就是所谓的“罗密欧与朱丽叶效应”。怎么劝导？

而劝导之后，一方出现异常状况呢？比如，因为被批评、被对方拒绝，而喝酒呢？山人不知道，但是理智告诉我们，必须有所行动。山人只能说，如果一个人拒绝了你，你千万不要做出伤害自己的事情，因为那样得到的不会是同情，只会是鄙视，不会是接纳，只会是远离。不爱自己，遇到问题就失去理智，那今后的生活中，会不会成为别人的负担？因为你的人生不可能一帆风顺，需要同舟共济迎接风雨的“机遇”还很多啊！

冰冻这一段美好，等到最适合的某一天，再一起解冻

也许初涉感情问题的小伙伴们，还无法感受到这爱情的真谛。不过请看看金大侠的武侠小说《神雕侠侣》，郭芙特别喜欢杨过，为了引起杨过的注意，或者说关心，处处惹麻烦，处处与杨过作对，而脾气还算好的杨过，总是不得不去帮助这位刁蛮妹子——但是不是出于爱情，而是性格与责任，最后还被这位妹子砍掉了一条胳膊。再看看《天龙八部》里面的阿紫，喜欢自己的姐夫，于是也“为了爱情”，不择手段，最终只不过得到的是同情而不是爱情。

相反，小龙女、阿朱的真心付出，而不是“真心索取”，才始终有心心相印的那个人。郭芙与阿紫，都是极度渴望爱情，却又没有找到正确方法的可怜人，费尽心思伤人害己，最终还是失去。舒婷说，要做一棵独立的树，并肩站立，那

才是真正的爱情。

小伙伴们，人生的路很长，但是关键处往往只有几步，而今正是前途最最关键的时候，你懂的。“冰冻爱情”，不是拆散，不是拒绝，而是冰冻这一段美好，等到最适合的某一天，再一起解冻，如今肯定不是最适合的时候。

要的不是廉价的关心，而是真诚的敬佩。通过那些幼稚的行为，去引起对方的关心，让对方“看到”自己的“真心”，其实是让对方陷入一种麻烦之中，陷入一种困境，这不仅无法起到共同成长的作用，相反是阻碍了双方的成长，让各自都感到是负担——对方甚至觉得是累赘，觉得远离才是最明智的选择。

明明想靠近，却选择了让对方远离的方式，这是何等的悲凉。只有让你自己成熟起来，让你自己走上正确的提升自己魅力的道路，真爱你自己，展现自己笑对生活的那种自信，以创造一个更美好明天的姿态，才能聚集起正能量，让人喜欢你。

小伙伴们，为师就只能帮到这里了，以后的路，就看你们自己怎么走了。

对生活的热爱，也是对自己的热爱

学生管理，是规范行为，但要激发他们的成长热情，激励他们努力提升自己；不是“统治”学生，“统治”最怕的就是“反抗”，无论别人的反抗是不是有道理。俗话说，没有紧箍咒，孙悟空不会乖乖听话；只有紧箍咒，孙悟空就会逐渐呆傻。

班级里，可以有“进击的初三”的硝烟，可以有欢声笑语，也可以有短暂的沉默。这是一个团队，一起在努力，一起在分享成长的快乐。

三年的学习生活，绝对不能总是在打骂中前行，而应该在严格的要求、善意的劝导、积极的协助中，让他们看到前方的鲜花与掌声。聆听自己前行的脚步声，感受自己内心对于成长的渴望，并用行动来完善自我。

我们一直在努力，我们一直被模仿，但是从未被超越，这就是一种自信。我们不担心别人更优秀，因为那是别人应该得到的——他们也在努力；我们也不担心自己不会进步，因为我们从未放弃自己，我们也在努力——三年来，我们一直珍爱自己。于是，我们也可以拥有那些荣誉，那些应该属于我们的鲜花和掌声，更是我们自己灿烂的笑靥。

这是对生活的热爱，也是对自己的热爱。即使没有观众，我们也要在舞台上，展现最好的我们！那是对自己青春的最好纪念！

多年之后，当我们回味起这一段故事，我们会不会会心一笑呢?

导读：从“清静悠闲”的阅读开始，我们实践了“微习惯”，同时也通过这样的直接行动，巩固了我们自我提升的信念，甚至纠正了原有的错误观念。

也说“微习惯”养成

先有一些新的经历，才能够让我们的反思不会总是停留在过去

最近阅读了两本书，影响了自己的选择，一本叫作《先行动后思考》，一本叫作《微习惯》。

《先行动后思考》中印象最深刻的一句话是：“以行动作为起点，而后进行思考，最后便能重新认识自己。”这种西方式的思维方式与东方哲学的注重“内省”，形成了一种强烈的反差。虽然不容易一下子接受这种思考方式，但是对于被“三思而不行”束缚惯了的我来说，不啻一剂良药。

“我们之所以不敢试着朝不同的方向发展自己，是因为害怕失败，害怕我们的表现遭到质疑。”这种对自我形象的固化，对我们在别人心目中形象的担忧，常常会阻碍我们学习一些新的或是不熟悉的东西。其实我们都是在不断发展变化着的人，如果我们一直保持一种好奇心、一种积极进取的状态，向外拓展而不是做“卷心菜”，那么我们就发现很多条通向优秀发展的道路。我们必须先有一些新的经历，才能够让我们的反思不会总是停留在过去。

于是，进入新的领域，也就是对自己全新认识的开始。没有什么惧怕的，只有勇敢地应对遇到的新问题，把这些挑战视作带来的新机遇。

微习惯用一种感觉安全、给你力量的方式让你直面怀疑和恐惧

《微习惯》则告诉我们：习惯，在人类拥有的行为基础中是最强大的。塑造我们生活的不是我们偶尔做的一两件事，而是我们一贯坚持做的事。而只有先养成习惯，才能将其培养得更强，目标更高。

微习惯策略就是强迫我们自己，每天实施1～4个“小得不可思议”的计划好的行动。这些行动小到不会失败，小到不会因为特殊情况就被我们轻易放弃。它带来的双重作用是——激励我们继续做下去，并会成为（微）习惯。我们都知道，消除坏习惯和培养好习惯其实有着共同的目标——用更好的行为方式取代原有的行为方式。而微习惯就是帮我们培养好习惯，给我们的生活增添积极行为，

持续丰富我们的生活。

微习惯虽然小，但是由于每天都在重复，所以就能够改变我们的大脑。“重复就是（潜意识）大脑使用的语言。”这些好习惯，不会引发我们强烈的情绪，也不会让我们兴奋地行动起来，但是我们就是不由自主地在重复，我们的心趋于平静，我们的大脑不会产生抵触情绪。从小任务做起，然后接受做这件事的事实，我们会发现小小的一步并没有刚开始想的那么难，也会发现继续下去也并不难。

一小步＋想做的事＝较高的进一步行动的可能性

在我们遭遇了太多的失败打击之后，在我们想偃旗息鼓就此一生的时候，微习惯正是我们重新开始的完美方法。我们不会再被巨大的目标吓破了胆，我们也不会再受到目标未实现所带来的内疚感和缺憾感的煎熬了，这一次后我们每一天都可以获得成功，虽然这些胜利看起来微不足道。但它是一种慰藉，让我们的自我效能感得到评估，得到提升，让我们为小小的成功充满欢欣愉悦。“微习惯用一种感觉安全、给你力量的方式让你直面怀疑和恐惧。”

从“清静悠闲”的阅读开始

只要我们开始行动，我们便有机会做得更多，当行动成为习惯时，你会在不知不觉中达到曾经觉得可望而不可即的目标。行动起来，就是一种力量。“微习惯策略的核心是一个很简单的大脑错觉，但同时也是一种重视开始的生活哲理，一种认为行动优于动力的生活哲理，一种相信将每一小步积累起来，便能让量变转为质变的生活哲理。”

我们班级在培养学生阅读习惯的时候，就是无意之中采用了这样的方式。我们没有喋喋不休地强调阅读的重要性，而是采用了简单有效的方式：每学期指定阅读书目中的两本，自选书目不限。阅读课每周3节，翻开书，阅读起来，下课登记页码。中途，我们不讨论，不说话，不准做其他的事情，桌面上只摆放书。连所谓的勾画圈点用的笔都没有！

没事的，不要搞得太复杂了，什么做摘抄，什么勾画圈点，想想就麻烦。现在一切简单了，看书，看书，看书。反正又不用来考试，大家安心看课外书就是了！没有任何压力！

两年，就这么过来的。“享受了近两年的清静悠闲的阅读课堂，书籍也渐渐融进我骨子里，成了生活中不可或缺的重要部分。哪怕是在学业愈发紧张繁重的今天，每周我还是会有那么断断续续的三四个小时花费在阅读上。”学生在积累本上这样写道。“积累本”，就是我们写日记、做摘抄的本子，初二才开始一步步养成的习惯。

从“清静悠闲”的阅读开始，实在是不需要耗费我们宝贵的意志力的，只需要给予时间、给予自由就可以了。阅读的“信念”并不能提升我们完成任务的能力，只是提升了我们不断努力的意愿，而意愿和行动还是有很大的差别的。

微习惯，每天只做一点点，最终我们会获得意想不到的大成功！

导读：在班级教育中，每个班主任都有自己的妙招，本文用《孙子兵法》的理念，来治理班级。根据学生的基本素质，班主任积极运用自己的教育优势，坚持自己的教育风格，明确科学的教育目标，在教育中就一定会有自己的所得！

带班如带兵，班主任是将军

每一届学生来到我的麾下，应该怎么来教育，让他们成为能征善战的战士，让新班级成为进退有度的团体，都是我研究的重点。

在班集体的建设中，我主要采取了以下的方法。

择人任势，因敌变化

一个班级最终的特点，和该班学生本身的特点密切相关的。每次我们抓阄的时候，都希望自己的手气特别好。但是，实际上不仅仅靠手气，还有许多不确定因素在内。所以当最终名单到手时，我们除了坦然面对以外，任何抱怨都是徒劳的。既然学生必须教导，我们只有好好研究他们的特点，根据学生的组合情况，采取相应的管理办法。

《兵势第五》曰："故善战者，求之于势，不责于人故能择人而任势。"一个班的基础生员情况，对这个班的后续发展有着直接关系，这就是"势"，如果有着良好的基础，三年的教育管理应该说是很轻松的。但是，也并不是说只有靠基础好才能够取胜，如果班主任通过自己的努力，择人而任势，就是通过对学生的不断的引导教育，营造一种良好的态势，也可以部分弥补先天人员素质不足之处。

《虚实第六》曰："夫兵形象水，水之行避高而趋下，兵之形避实而击虚；水因地而制流，兵因敌而制胜。故兵无常势，水无常形。能因敌变化而取胜者，谓之神。"班主任的成功，并不在于让学生获得整齐划一的学科成绩，而在于引导本班学生积极向上，不断开拓进取。"夫兵形象水，水之行避高而趋下"，学生就是你手下的兵，你要懂得他们现在的想法和需求，要因势利导。就像水一样很自然的避高而趋下，那就如我校的学生一样，绝大多数是希望自己能够学习进步的。他们之所以出现分化，出现懒人，是因为对自己失去了信心，对班级失去了信心。把握学生心理变化，"因地而制流"，就是对不同学生有不同的学习要求，但是大方向是一致的。"兵之形避实而击虚"，就是抓住学生的优点，尽量扩大化，让他具有信心，看到前进的希望，尽量避免学生只看到自己的弱点，丧失了前进的勇气。

“兵无常势，水无常形。”学生的情况是不断变化的，一个班级的氛围也是在不断变化之中的。所以我们要经常注意造势，要让学生一直都感到自己有依靠、有希望，前进的路上会有荆棘，但是更有鲜花和掌声！一个班主任实际上是没有办法选择自己中意的学生的，只有根据手中的实际“材料”具体操作。

上下同欲者胜

《始计第一》曰：“道者，令民与上同意，可与之死，可与之生，而不危。”这是说，如果学生和班主任能够做到有共同认识，有共同理想，那就能够团结一心，战胜困难，取得胜利。就像红军长征一样，只要统一了认识，认准了目标，再大的困难也能够克服。

这个目标，就是我们和家长、和学生讨论，并一起制定出来的。激发学生自己的志向，激发学生的好胜心理，就在于班主任的管理艺术。引导家长的意见，提升家长对教育的认识，并得到家长的全力配合，也是班主任工作艺术之一。

我自己也有对教育的认识，觉得重要的是培养学生的学习热情、对未来的信心，绝对不是靠用“未来的艰辛和人生的挑战”来威胁学生学习，而是让学生以对自身发展的渴望来鼓舞斗志。经过自己多年来的总结，我提出的班训是：好学不倦，与人为善。好学，不仅仅是学科的学习，也包括了能力的提高。为善，就是要好好对待身边的人和事物，也包括对自然的善。

当然，在生活中，不是让学生能够背诵就行了，教师还要身体力行，做出表率，经常教导学生如何才是好学、如何做到好学，还要教育学生如何做一个对人友善的人。通过大小班会和平时的教育，让学生真正体会到融洽的学校生活、快乐的集体生活。

《谋攻第三》曰：“上下同欲者胜。”所以，作为班主任，一定要让学生同心同德，才会使班级工作如火如荼地开展起来。

令之以文，齐之以武

《军争第七》曰：“民既专一，则勇者不得独进，怯者不得独退，此用众之法也。”要教育一个班的学生进退有度，需要很长的时间。在培养的过程中，我逐步贯彻了如下的教育方法。

《行军第九》曰：“卒未亲附而罚之，则不服，不服则难用。卒已亲附而罚不行，则不可用。故合之以文，齐之以武，是谓必取。令素行以教其民，则民服；令素不行以教其民，则民不服。令素行者，与众相得也。”此句告诉我们，赏罚分明非常重要。赏罚也要把握时机，要有恩威之间的转换。在学生还没有认同你的时候，你多用罚，你树立的是威，学生只是口服心不服；而学生已经认同你了，你还不树立威信，则学生就会不听号令，也是不可用的。只有文武并用，恩威并施，学生才会认同，并听从老师的教育。如果老师做到制度严明并且合情合理，则与学生相处就比较融洽，也容易让一个班的学生真正活跃起来。

《地形第十》曰：“视卒如婴儿，故可以与之赴深溪；视卒如爱子，故可与之俱死。厚而不能使，爱而不能令，乱而不能使，譬若骄子，不可用也。”这句也是谈如何让学生遵守教育的规律。对学生一定要有爱心，能够体会到学生心理，同甘共苦，敢于和学生一起面对生活中的困难，一起解决人生的困惑。

但是，班主任对学生的爱，不能够是溺爱。在这里需要提出的是，尤其对待优秀的学生，一定要比普通学生更严格才行。我就这样教育我的学生干部，既然你们做了老师的助手，对你们的成长肯定会有更多的机会和好处，但是，对你们的要求也一定会更加严格，如果你觉得不能够忍受，可以提出不干！你们和老师接触的机会多了，人家说情深恭敬少，但是你不能够因为和老师关系好，就可以不遵守交往的原则。对班主任必要的尊重是绝对不能够少的，在关键的时候，更应该无条件服从，做出表率。如果有什么意见和建议，可以在私下提出来。不能够把个人情绪带到工作中来，做到公私分明。所以，我虽然和学生的关系比较近，但是我的班干部还是比较能干，能够认真完成老师布置的任务。不是那种骄子，不可用也。

《行军第九》曰：“数赏者，窘也；数罚者，困也；先暴而后畏其众者，不精之至也。”赏罚是管理学生的方式，但不是唯一的手段。赏罚要分明，也要注意不过多过滥，以免引起副作用。中学教育中，尽量不要用哄骗小孩子的方式让学生学习，那样的教育是很危险的。要让学生的心理年龄和生理年龄一致，这样的教育才能让学生顺其自然地成长。以赏来哄，以罚来威，都不是长久之计。那种前倨后恭的教育，更应该摒除，那是最差的教育方式。

洞察先机，动而胜人

《用间第十三》曰：“故明君贤将所以动而胜人，成功出于众者，先知也。先知者，不可取于鬼神，不可象于事，不可验于度，必取于人，知敌之情者也。”了解学生，才可能采取正确的方式方法来教育学生，也就是教育中具体问题具体分析。当班主任久了，有时候就会凭个人主观臆断，处理不同年龄阶段学生发生的问题。比如刚刚从初三下来的老师，总觉得初一学生没有初三学生那么自觉，也觉得初一学生怎么这么不懂事。这个时候，一定要静心了解这一届学生的性格特点，了解这些学生的心理情况，这样才能够制定出合适的教育方法。

确定好了值得信任的班干部，就要求班干部随时汇报情况。除了班干部的公事汇报外，作为班主任，还应该有自己的信息来源渠道，知道一些平时班干部汇报中没有涉及的问题。这方法也是多样的，作为班主任，可以通过自己的科代表了解班级学生状况，也可以通过和自己比较亲近的学生来了解。总之，一定要在认真了解之后，采取适当的方法，应对出现的情况。

《火攻第十二》曰："主不可以怒而兴师，将不可以愠而攻战。合于利而动，不合于利而上。怒可以复喜，愠可以复说（悦）。"作为班主任处理学生事情的时候，一定要查清事情真相，了解背后的原因，做出公正合理的评判。不要只是道听途说就开始大发雷霆，不然的话，很有可能导致教育的失败。怒可以复喜，愠可以复说，一些"坏事"，也许正是教育的契机，我们班主任正好可以利用来教育学生。

唯民是保，利合于主

《地形第十》曰："故进不求名，退不避罪，唯民是保，而利合于主，国之宝也。"这句是告诉我们，学生不是班主任成名的工具，也不是捞取利益的机器。我们的教育是为了使学生健康成长，对于有的家长不合理的、明显缺乏教育意义的要求，作为教师的我们，是应该明确拒绝的，不能够为了不违背家长的意图，就做违背教育规律的事情。

《九地第十一》曰："将军之事，静以幽，正以治。"担任班主任的老师，应该说已经有相当的管理学生的经验了。但是，我们还需要不断学习，不断充实自己的知识，不断提高自己的教育教学水平。管理一个班级，做班主任的要做到安静祥和、深谋远虑，让学生觉得你是值得信任的老师，愿意接受你的教导。同时，要多正面教育、引导。不要老是盯着学生的缺点，随时都在批评人。要让学生多看到个体的优势，感受到每天的进步。这样，班级才会和谐，学生的学习才会有动力。

总之，作为班主任，学生的成长就是你的责任，你的所有努力，都是为了他们健康、快乐地成长。要抛弃功名，忍得人生之苦恼，竭力为学生创造一个和谐、融洽的学习和生活氛围。

导读：只要在健康成长，请不要太在意速度。解读了郑立平老师书中的几个观点，算是一种学习吧！

秒回

> 生气是拿别人的错误来惩罚自己，冲动往往以愚蠢开始，以后悔结束。
>
> ——读书笔记

“你怎么又……说了你多少次？……简直死不悔改！”看到学生犯错，立即劈头盖脸一顿批评，基本上是班主任的标配。

这种秒回的速度，是不是有效果？

原文摘录：

> 班主任平日的表扬、鼓励、批评、督促等一切教育手段能否产生积极的效果，关键取决于学生能否注重自我反思，把教育内化到自己心里，成为约束和指导自我行动的基本价值理念。

山人评论：常说青春是一片沃土，不种庄稼必定杂草疯长。我们能不能把我们的教育目的，以更浅显易懂、更关乎学生自己切身利益的方式传达给学生，让学生从心底接受你对其言行进行矫正？教师心中应该有坚定的信念：适当的惩罚不仅是一个教育者的权利，更是一个教育者的义务。积极地引导学生先从感情上接受你，要比你所谓的“为TA好”的教育更重要。走进心灵，才会有真正的交流，才会感受到你的真诚，才会更乐于接受你的指导，才会产生自我反思效果。努力正面引导、正能量激励面对——这就是种下梦想，就是让沃土少长杂草甚至不长杂草的方法。

原文摘录：

> 批评不是教育的目的，教育的目的是唤醒，是完善，是发展。

山人评论：我们在用批评解决问题的过程中，是不是常常抱着“你又给我惹事了”的心态？能不能转换一下角度，想想这时候谁最应该感到难过？应该是学生自己吧？别让你自己气得浑身颤抖，而应该让对方痛哭流涕。你可以说说你的遗憾，然后把你对TA原本美好的形象，再描述一遍——这不正是学生在理智的情况下，最渴望实现的梦想吗？重温梦想，才会为自己当前的表现感到难过，才会反思自己当前的行为。

原文摘录：

如果你遇到一个好老师，那么令你难忘的往往不是他教给你的知识，而是他的行为方式、性格、气质等。

山人评论：从小学一直到大学，教过我们的老师也应该有好几十位吧？我们记住的有哪些？我们佩服的有哪些？给我们深刻影响的有哪些？你还愿意继续和他联系的有哪些？（你有勇气轻松自如地请他吃饭聊天的有哪些？）走着走着，我们遇到的那些人就散了，就淡了。但是总有些老师，他们某一方面的优秀品质，打动了我们，激励了我们，让我们忍不住模仿他们，甚至“长大后就成了你”。好好磨炼我们自己，让我们自己有更多值得学生模仿的优秀品质，并以此来影响学生，这就是“不言而教”了。

原文摘录：

作为一个班主任，学生的许多缺点需要我们批评指导，学生的许多问题需要我们解答帮助，我们拥有更多的教育学生的时间和机会。我们一定要利用一切可以利用的平台、工具、手段，给学生留下积极美好的东西。

山人评论：这些年来在我们的教育生涯中，给学生留下了多少“积极美好的东西”呢？我们常常听到的，是对学生无休止的指责、对学生学习水平无底线的贬低，如果你作为学生，耳边回响的都是这些负面评价，你会对这样的人产生美好的感情吗？有些时候，我们老师是不是就是负能量满满的状态？既然你都这样了，你怎么奢求你的学生不断散发正能量呢？

原文摘录：

在当前的学生管理中，大致存在着两种教育方式：一种是干涉式教育，另一种是帮助式教育。干涉式教育，教师的主要活动是评价学生，批评学生，要求学生，追求的是顺从、服从。帮助式教育，教师的主要活动是研究问题、巧妙介入、共同分析、辅导帮助，教师往往创造一个合适的教育情景，使学生在不知不觉中得到体验和感悟，受到启发和教育。

山人评论：如沐春风式的教育，离我们越来越远，只因为我们越来越追求短平快的教育效果。“就这三年的教育”“毕业后就与我无关”，所以，我们看重目前管理带来的效果，看重眼前带给我们教师的荣誉和利益。研究问题？太花费时间，大家都很忙，谁有时间和你瞎掰？进入不了心灵的教育，就沦落为教育消费了——其实家长的短视也促成了这一后果。

还是再读一遍那句话："十年树木，百年树人。"只要在健康成长，请不要太在意速度。对于学生的错误，有时候拒绝秒回吧！

导读：做学生的精神领袖，享受教育的过程，指引实践的方向，规划自己的成长，站在一旁欣赏和评价，这是做班主任的幸福。

随感

子曰：忠告而善道之，不可则止，毋自辱焉。

——题记

书籍名称：《把班级还给学生——班集体建设与管理的创新艺术》，作者：郑立平。

原文摘录：

班主任是学生的精神领袖，必须要有足够的自信，并善于用自信感染学生，让班级充满勃勃生机。

山人评论：在班主任对班级的管理中，所使用的语言很重要，如果用一种坚定、自信的语言，来激励学生，鼓舞学生，那么学生受到的就是正面影响。如果班主任对自己班级管理不自信，而常常责怪、贬低学生，那么收获的将是学生的消极应对和情绪反抗，这样的班级肯定士气低落，难以组织起积极上进的学习状态。

作为学生的精神领袖，更要注意自己对学生的评价语言，甚至也要注意对自身所用的语言，你的语言反映着你的心态，也反映着你对其未来的看法，这将是学生前进的指路灯，丝毫不能大意。有时候看到那些长期一脸严肃不苟言笑的老师，总是感到很惋惜，每天面对着充满朝气活泼上进的学生，为什么还这么“苦大仇深”？这样的表情难道就没有感觉到幸福指数在下降？甚至也替这些学生惋惜，在最美的年龄天天面对一张布满愁云的脸，生活着多么不易！

原文摘录：

每个教师也应该至少将自我一分为三：一个在实践，体验劳动的艰辛，享受教育的过程；一个在思考，指引实践的方向，规划自己的成长；另外，还需要一个“我”，站在一旁欣赏和评价。

山人评价：享受教育的过程，规划自己的成长，欣赏和评价这充满创新与乐趣的每一天，是多少人梦寐以求的生活，然而又有多少人能够真正做到？梦想毕竟还是要有的，万一实现了呢？你不是教一届而重复N届然后退休，而应该每一届都有着新的感悟、新的提升。毕竟，你面对的学生是不一样的，他们带给你的感受也应该是不一样的。所以作者又说："要想使自己的教育生活充满情趣和活力，就必须坚持在学习中不断反思。"

原文摘录：

教育的艺术就在于将出现的问题转化为教育的机会，学生的问题恰恰是教育、帮助学生的良机，也恰恰是教师不断修正自我、不断进步的契机。

山人评论：班主任管理几十个学生，每天不冒点事情出来，还真是不正常。尤其是，那些循规蹈矩的学生，我们是否因为其平凡，而忘了给予适当的指点？当他们出现了问题，你如果仅仅是说"我一直觉得你多乖"来表示你的失望，那说明你还处在就事论事的"管"的阶段，而不是处在发现问题、深入了解学生的"理"的境界。"理"，就是帮助学生成长，发现这位学生的问题，进而有了和学生交流的机会。教育，往往是交流的成效而不是呵斥的结果。

原文摘录：

我们可以用相同的起跑线来激励学生，但是一定要明白：他们的人生原来就不可能有相同的终点。

山人评论：刚巧今天和一位已经毕业工作的学生吃饭聊天，学生一再说自己当年"成绩不好"，然而我们这顿长长的午餐，却让我感受到现在的他身上有一种自信、一种不断学习的精神。他说："我喜欢和比自己年龄大一些的人交往，听他们的意见和建议，觉得可以学到很多的东西。"

原文摘录：

班主任应该是学生的合作者、帮助者、促进者。……促进者，应该明确每个学生的原有基础，正视学生的差异，激发其内在潜力，多创造一些成长的平台，让学生学会不断地超越自己。

山人评论：正如今天会面的那位学生，也许当初的学习成绩是不够优秀，但是今天却始终洋溢着一种乐观、向上的精神。在教育管理的过程中，我们有没有主动寻找一些教育的机会，搭建一些教育的平台，来让学生去发现自我、提升自我？即使没有创新，我们也应该利用好学校已经提供的平台，来让学生从实践中得到锻炼。班主任的资源利用意识强，就会积极主动地运用好学校、家长、社会和自身的资源，经过整合，使之成为学生能力锻炼和展示的舞台。

原文摘录：

活动是实现教育目标的最佳手段，让学生参与一项亲力亲为的活动，远比百次泛泛的说教更有效果。

山人评论：班级的凝聚力，更多来自这些共同参与的活动。因为我们一起努力，一起为某个目标付出汗水，所以我们更珍惜这来之不易的团队。参与过程中的酸甜苦辣各种滋味，才是让我们不断回味反思、不断进步的养料。没有这些活动，我们都只是考试的机器而已，都是各自为政的散兵游勇。

导读： 以现在为起点，开始谋划一年后的事情，立即着手行动，直至完成。这样是最好的利用时间方式，我们的精力应该更多用在预防问题上，而不是解决问题上。内心信念足够强烈，你采取的行动才会足够坚决！

时间都去哪儿了

一个人的成功与否取决于它是要还是一定要。

——读书笔记

教书这个职业，总是让你有机会观察那些有着多彩梦想的年轻人

“我的周围环境让我用不着太优秀。因为，我已经在这里生活得游刃有余。”

也许很多人都在追求这样一种生活吧？环境对一个人的影响是巨大的，而当我们适应了这样一个环境，人的惰性总是让我们不断地提醒自己：这样的生活是快乐的，不要好高骛远。

是的，这也是我自己目前的生活状态，从当年的激情满怀到如今的随遇而安，渐渐地让自己淹没于杂事之中，找到了足够多的理由来说服自己不必去追求自己的梦想。人们常常自问的就是：“人活着是干嘛？”答案可能是：“还不是吃喝人生？”然后就任由岁月流逝，自己无所事事，还美其名曰“快乐人生”。

教书这个职业，总是让你有机会观察那些有着多彩梦想的年轻人，在用各自不同的方式奋斗着。你不仅仅会羡慕他们有着如此充沛的精力与如此多的时间，更会惊讶于他们对自己梦想的执著与坚持。甚至于，你无意中的“轻视”，他们都会牢牢记在心里，然后通过默默地奋斗，打破你赋予他们的“魔咒”，变成黑马，来推翻你的评价！

这是一群正在探索自己命运的人，这是一群对未来充满好奇与热情的人，你无法忽视他们的自尊心与好胜心，你唯一能够做的就是，像他们一样去挑战自我，去寻找更美的新世界。

你内心的信念是不是足够强烈

学生时代，身边的标准就是学校、班级、科任老师的要求，当然也有家长的要求。然而，这些标准对于不同学生来讲，其约束力和影响力是不一样的。很多

学生认为，这就是自己的行事准则，只要遵守，就可以了。

对于那些优生来讲，在这些规则之外，他们还有自己的标准，其严格程度和标高，是远远超过学校与家庭的要求的。而且在某些方面，表现出一种执著或者说是偏执。让自己做得比老师要求得更好，这是他们最普通的自我要求。由于有自己内心的标准，那么他们平时就能够做到“从心所欲而不逾矩”，减少了很多人际交往的烦恼，让自己有更多精力投入到自己热爱的学习之中。

最近我们的教育主题，就是“你内心的信念是不是足够强烈？”你做一件事情的决心大不大，会影响你是不是愿意开展积极的思考，去奋力执行你的决定。

未有形而除之，故名不出于家

我们常常看到有些人，仿佛一直都悠然自得地前进着，却成果丰硕，从来不见其临时抱佛脚，不见其惊慌失措。山人的总结是：有些人喜欢解决问题，所以常常见其“力挽狂澜”，似乎给人的感觉是能力很强，给人感觉其特别认真，一直都很忙。另有一类人，却喜欢未雨绸缪，把行进过程中可能出现的问题都考虑到，然后设计好相应可能的应对措施，因此能够做到“完美”避开这些问题，那么其解决问题的能力常常就无法被人“发现”，给人的感觉是“一般般”。这常常让我想起扁鹊在回答自家三兄弟哪个医术高明的时候做的回答。

原文如下：

> 魏文王问扁鹊曰：“子昆弟三人其孰最善为医？”扁鹊曰：“长兄最善，中兄次之，扁鹊最为下。”魏文侯曰：“可得闻邪？”扁鹊曰：“长兄于病视神，未有形而除之，故名不出于家。中兄治病，其在毫毛，故名不出于闾。若扁鹊者，镵血脉，投毒药，副肌肤，闲而名出闻于诸侯。”

（魏文王问名医扁鹊说：“你们家兄弟三人，都精于医术，到底哪一位最好呢？”扁鹊答：“长兄最好，中兄次之，我最差。”文王再问：“那么为什么你最出名呢？”扁鹊答说：“我长兄治病，是治病于病情发作之前。由于一般人不知道他事先能铲除病因，所以他的名气无法传出去，只有我们家的人才知道。我中兄治病，是治病于病情初起之时。一般人以为他只能治轻微的小病，所以他的名气只及于本乡里。而我扁鹊治病，是治病于病情严重之时。一般人都看到我在经脉上穿针管来放血、在皮肤上敷药等大手术，所以以为我的医术高明，名气因此响遍全国。”）

你心中有没有自己是一个优生的信念

这段时间，我们和家长、学生的三方会谈，都着眼于如何应对明年的直升考试。是不是太早了一点？不，提前的规划和努力，才能够让我们在事情真正到来的时候，做到心中有数，不慌不忙。

那么，你心中的信念是否强烈？

你心中有没有自己是一个优生的信念？进入初二下学期，有些学生从成绩上来讲，确实已经开始步入优生的行列，然而从其思想观念来讲，却没有达到优生那样自信，没有优生内心确立的高标准。在这样的情况下，其成绩排名偶尔即使很优秀，也很难保证其持续的发展动力。

比如，有学生在考试的时候，抱着某种心理，在一些科目上作弊。即使其综合成绩已经提升，就作弊这一点来说，其心理就没有达到优生的境界。优生往往追求的是自己实力的提升，看重的是自己掌握了多少，看重的是自己还可以提升多少，很多的时候，不太在意排名——当然大考成绩出来的时候还是会在意。

以目标带行动，让时间为我们的目的服务

正在“爬升”阶段的学生，你问他对自己有什么期待，他们往往都比较模糊，一则不了解自身的能力所在，同时又懒于思考这个问题，用“鸵鸟政策”来对待。家长、老师不提也罢，大家活得自在逍遥。如果“逼”着提出一个目标，那么后续怎么做呢？他会说，努力利用好时间，会节约时间。

时间节约出来了，你做什么呢？这样的思维方式，是把空间先找出来，然后再去想填充点什么东西。当然这样的思维也还是不错，但是更好的方式，应该是以目标带动行动。也就是说，我们的目的不是为了节约时间，而是为了让时间为我们的目的服务。如果我们想读书，那么应该做的就是拿起书本，而不是去想自己该缩减什么项目来节约时间。当你拿起书本的时候，你已经在利用时间了。而这样的方式，你会自然地过滤掉那些并不重要的事情，对你的时间已经开始做规划和执行了。

为什么你拿起书本就是利用时间了？因为你把阅读看书的重要性已经提前排列了，这就是一种规划。行动比任何信誓旦旦更重要。如果你计划晚上才看书，意味着看书的重要性并没有你认为的那么大，不然你怎么会安排到临睡前？那时候是不是也常常有其他的理由，让你把看书这件事情推到明天，或者周末？

“等我做完×××再来做×××”，这样的话语我们听过很多了。尤其是听过不少学生这样的承诺，此时此刻的我，其实已经高度免疫。我更欣赏那些说做就立即行动的人，在自己高度集中的精力、果断的行动中，很快就完成了某事，然后来给你汇报说：“我已经完成了某某事。”这样的回答是不是更霸气一些？如果我们想的是事情，那么往往很少注意到时间的流逝，而在意于事情的完成。我们都积极地完成了事情，难道还没有珍惜时间吗？

以现在为起点，开始谋划一年后的事情

强烈的愿望，加上我们果决的行动，我们节约的时间就越来越多，我们发现自己可以完成的事情也会越来越多。我们以为是自己变聪明了，其实只不过是我们以任务为导向，以完成任务为目标，充分利用好了时间而已。

每个人脑海里对自己想做的事情，都有一个轻重缓急的安排，那些我们认为不重要的事情——至少在行动上已经暴露无遗——往往被安排在零零碎碎的时间里，如果没有做，我们总是有诸多借口的，我们太乐意原谅我们自己。

以现在为起点，开始谋划一年后的事情。那么我们就不会再问，时间都去哪儿了！

导读：诚如中州的蜗牛，虽有梦想却不行动，终究悲死秋风中，为人耻笑。有时候我们想不通的，不如采取行动来促进新的想法，此之谓“摸着石头过河”。不要让你完全认识了自己才开始做事。

蜗牛梦

一开始，你必须要先有一些新的经历，要不然你所反思的结果只会停留在过去。

——读书笔记

人生没得选择的时候，我们只能一直不停地奔跑下去

初三那一年，山人还不知道大学是什么概念，冥冥中却做出了选择。

选择了出发，就根本停不下来了。

一如阿甘，人生没得选择的时候，我们只能一直不停地奔跑下去。因为知道自己的平凡，所以毫无悬念地选择了坚持，也是别无选择地坚守这一份所谓的执著。

高三毕业时我写自我鉴定，在最后一段文字里，写下了这样一句话：“成为一个博学多才的人。”也因此，整个大学四年最熟悉的地方是图书馆。

而当一份职业摆在面前的时候，选择了八字班训“好学不倦，与人为善”，不知不觉中也已坚持了数年，这就是教师生涯中永恒不变的班训吧！

为了一份新职业的资格，默默坚持了八年终于功德圆满，只因为没有放弃。

为了一份职业，再默默修炼八年，不曾过问山外边的风景，只为找到“真实的自我”。

不要被自己的梦想所吓倒

记得曾经读过下面这一则故事：

中州之蜗①

中州②之蜗，将起③而责其是非④，欲东之泰山，会⑤程三千余岁。欲南之江汉⑥，亦会程三千余岁。因自量其齿⑦，则不过旦暮之间，于是悲愤莫胜，而枯于蓬蒿之上，为蝼蚁所笑。

【注释】①选自陈仲子撰《于陵子·人问》。②中州：地名，指今河南省一带，古为九州的中心，故称。③起：奋发。④其：代“己”。⑤会：（读kuài）快，总计。⑥江汉：长江和汉江。⑦齿：年龄，这里指寿命。

【译文】中州的一只蜗牛，觉得自己实在无所作为，狠狠地把自己褒贬了一番，然后决心大干一场。它想，如东去泰山，总计要走三千多年；如南下江汉，也需三千多年。而算算自己的寿命，不过早晚就要死去。想到这里，它不胜悲愤，慨叹自己的抱负难以施展，终于枯死在蓬蒿上，遭到蝼蚁的嘲笑。

一般认为，这个故事告诉我们“好高骛远，志大才疏，牢骚满腹为人耻笑”。前些年也曾写过一篇读后感，希望能够坚持自己的梦想，不要被自己的梦想所吓倒。如果没有行动，就这么“想想而已”，最终不过是被自己的梦想吓死罢了！

而今，岁月流逝，见识渐深，更是不胜感叹唏嘘。而前不久刚巧读了《逆向管理·先行动再思考》，别有一番滋味在心头。

“真实性的第三个常见的定义是‘忠诚于自己的价值观和目标’”

曾经以为，忠实于自己就是一成不变的，就是永远坚持最初的行动方式。所以刻板和不知变通成了成长道路上的拦路虎，虽然在不断地努力，却如卷心菜一样再也无法突破自己设置的藩篱。

我们想改变自己，却始终在“思考”当中，有时候就如中州的那只蜗牛，被自己给吓死了，最终只能枯死在枝头；有时候是被别人给笑死了，听从了别人，失去了自我，最终竟然没有获得理想中的成功，那样更悲惨！事实上，那不是你的失败，是你在“帮别人实现梦想”中失败了！我们之所以不敢试着朝不同的方向发展自己，是因为害怕失败，害怕我们的表现遭到质疑。同样，对我们在别人心目中形象的担忧，也会阻碍我们学习一些新的或者是不熟悉的东西。

每个人在不同的事情面前，都会展现出不同的自己。我们对自己身份的认识，不仅仅基于过去和现在的自己，还同样基于对未来自己的展望。潜在的自己对于目前的你来说是非常重要的，因为那个潜在的自己会引导现在你的行为，从而使你慢慢地朝着你理想的自己而努力。是的，幸好一直有着斑斓的梦想，才能扭住了青春的尾巴不曾放松。

做真实的自己，并不是说我们行动的方式、思考的角度不能改变。相反地，我们如果想做真正的自己，就得在环境中，在坚持原则和底线的前提下，不断地调整应对事务的方法，让自己的梦想能够随着环境的变化，越来越清晰，越来越接近。也许别人的评价对我们有促进作用，但是我们不能因为这诸多的评价而让自己不知所措，进而失去了前进的方向。

没有谁比你更清楚，你的理想的价值在哪里。有时候，“执念”只会让你离梦想越来越远。当我们把自己的身份认知，当成游戏一样，就可能发现很多的可能性，而不用只是去成为一种人。

忠实于自己的“价值观和目标”，你只需要迈开步子就可以了。

“当没有一个更好更有趣的方法来消磨你的时间时，我们不会停止做之前那些能给我们带来好处的事。”

有一句话这样说的：“人生最疯狂的事情，就是每天重复做着同样的事情，却希望有不同的结果。”我们始终迈不开步伐，始终没有改变哪怕极小的细节，却期待着自己梦想的结果从天而降，不也是荒唐的吗？只有改变，才能带来不一样的结果。

而开始改变的最佳方法，就是“只加不减”。做一些之前没有做过的事情，练习一些新的行为方式，做一些之前日常工作之外的事情，建立一些外部人际关系网络，都可以让你有新的发现，新的收获。

是的，在你的八小时之外，你在做什么呢？山人在阅读。所以，是过去的经历造就了现在的自己。而如果想有新的变化，那恐怕就得在现有的方式下，做一些之前没有做过的事情，让自己的航向有新的期待。这一个过程，就是跳出自己现有的最舒适的区域，而进入新的未知旅程，至于结果是什么，不可知。然而，还是用自己应聘时候的一句话，来说明方向吧：“我唯一的优点就是喜欢学习。”

如果我们所追求的目标，是“学习目标”，也就是把这个过程当成一种学习的过程，而不是只为结果而活着的过程，那么我们就能够安然接受前进过程中的每一件事，即使是失败，带给我们的也是获得经验和教训的满足感。

当我们增加了一些工作之后，我们会渐渐找到新的乐趣，那么以前消磨我们空余时间的那些毫无价值的事情，就会渐次退出我们的视野，退出我们的生活，让我们更有动力去发展自己当前拥有的有价值的特质。如果我们行动了，那么当新的角色开始发挥效果的时候，我们会更有动力去放手过去阻碍我们进步的日常工作。

这也是为什么在教育中，我们要善于用“引导”，而不是“禁止”，因为引导能够让新的思维与行动，去占领那些让心灵荒芜的事情。

“不要让你完全认识了自己才开始做事。”

中州的蜗牛在认识自己，也许很“明智”，却不曾为自己的梦想付出过哪怕一步的行动，最后悲死秋风中，又何曾见到过自己的价值？没有奋斗过的青春，有何意义！如果，曾经到过泰山脚下、江汉之滨，或者就是只在路上，道渴而死，也会死得无怨无悔。

我们又太善于“三思而后行”，没有想过孔夫子还说过“再思可矣”。是的，思考很重要，但是你思考的方式，大部分来源于你过去的经历。如果你有千万种可能的梦想，却没有行动，最终你的梦想实现能力是极其微弱的。

以行为作为起点，而后进行反思，最后便能够重新认识自己。如果一开始我们没有一些新的经历，我们的反思可能就始终困在过去，而无法突破自己的思维局限。

行动，其实在改变着我们的想法。中州的蜗牛如果一步一步爬，那么很可能一路都感受到与枯枝上不一样的风景，也同样会为自己的前进而产生新的兴趣。行动，让我们的想法发生了潜移默化的改变。在我们反思的时候，让我们明白更多新的东西，促使我们去寻找一些更有意义的方式，来对我们的工作和生活产生新的影响。

也许，我们不可避免地会遇到困难，这个时候，如果我们不想被困难打倒，最好的方式就是把我们的外在表现内在化——反思。反思整合新学到的东西，简而言之，让这些新的经历塑造新的自我形象，而这个新形象又进一步推动我们前进。

这时候的反思，不就是更深刻地认识自我吗？

行动吧！

中州的那只蜗牛，如果开始了行动，就算是到不了泰山之巅、江汉之滨，如果能够翻过几座小山，蹚过几条小河，在其一生的旅程中，不也是一种成就吗？

在成长的道路上，只有前进，你才能达到现在的自我——至于未来，脚步不停，谁又知道终点在哪里呢？

还是那句话：别被自己的梦想给吓死了！

导读：上士闻道，勤而行之，对于那些简单有效的教育方式，我们需要的就是持之以恒，日积月累，养成习惯，直至实现质的飞跃。打卡这件小事，其实也在反映我们的教育决心很大，行动力很强。

亲亲，这边建议你勤而行之哦

勤奋努力，就是成功的终南捷径

“老师，针对我孩子寒假的学习，你有什么建议？”

“没有特别的建议，按照寒假要求去做就可以了。”

对于回答这一类的问题，山人在起始年级的时候，一般是会认真地多方面考虑，然后有针对性地提出建议的，但是到了初二、初三年级，基本上就是一句老话：“按照要求去做就可以了。”

欧阳修的《卖油翁》一文里说，射箭的精湛技艺和沥油的道理一样：“无他，但手熟尔。”老子的《道德经》里也提到：“上士闻道，勤而行之；中士闻道，若存若亡；下士闻道，大笑之，不笑不足以为道。”

不是老师不热心，不关心你的孩子，而是相关要求说了那么多遍，为什么还需要老师再次重复呢？孔子曰：“举一隅不以三隅反，则不复也。”说到底，还是家长没有认真地把要求落实到位，以为还有什么灵丹妙药，或者说其实就是还在想有没有终南捷径。说实话，山人一直不太相信什么捷径，只相信通过勤奋努力来获得进步。

责任感这种东西也可以在活动中逐渐地培养起来

寒假里有两项是需要每天打卡的，山人每天都在群里关注，发现学生的自觉性、学习成绩以及家长的督促程度，可以在孩子打卡这件事情上，展现得淋漓尽致。认真积极的同学，在此就不表扬了，因为你们用自己的行动，表明你们在优秀的道路上越走越远啦！一些平时不太爱表现的同学，在这次活动中担任组长或者副组长，为了让自己更有号召力和说服力，也在积极地改变自己，认真履行职责，这其实是让老师更觉得欣慰的变化。

一直以来，山人都推崇通过活动，来改善学生的行为、培养学生的能力，责任感也可以在活动中逐渐地培养起来。也许就是我们常说的“屁股决定脑袋”，你在什么位置，就不得不学会以这个位置的角度来思考问题，控制自己的行为，树立自己的形象。

山人发现，优秀的孩子，家长也是积极地协助孩子的，并且做好了督促，坚定支持孩子利用自主学习的时间，来养成良好的自律习惯。自律的人，才是最自由的人。而自我约束能力强的孩子，也在做事情上认真严格，不仅仅是对自己，也在小组中起到了很强大的引领作用、示范作用。常言道，都是享受九年制义务教育，为什么你那么优秀呢？别小看这些活动中表现出来的品质，因为它展现的是非智力品质，对一个人的长远发展来说，是最具有影响力的。

山人也发现，经常批评孩子、缺少方法指点的家庭教育，孩子往往也无所适从，而最终养成的习惯，就是“事事靠吼”，如果缺少了外界的监督，所有努力都会“一夜回到批评前”。不信，开学考试就可以看出来。

找到理由让自己乐在其中，享受完成事情的愉快过程

优秀是一种习惯，这话可真值得铭记在心。有没有一天不学习，就感受到恐慌？当然不必，其实学习不仅仅是做题这种活动，也包括阅读，包括探索新的环境，思考生活中遇到的问题、寻找解决的办法等等。努力地把自己必须完成的，有时候并不是心甘情愿的事情，都想方设法或者找到理由让自己乐在其中，竭尽全力去完成，享受完成事情的愉快过程，不也是一种成功者应该拥有的能力吗？

上士闻道，勤而行之。优秀的学生对于老师的要求，往往是不折不扣地完成，甚至比老师要求的做得更好，家长的配合度也更高。特别是对于一些可能一时无法理解的指令，家长们也能够先实行，并从积极的角度给孩子做解释，支持孩子去努力完成。“合理的是训练，不合理的就当成是磨炼”，总之都是要让自己强大起来。

中士闻道，若存若亡。有些学生对于老师的要求，能够做的就认真做，不想做的就拖延、偷工减料。家长对此也睁一只眼闭一只眼，或者说因为不能完全理解老师的意图，也觉得有些事情“多此一举”，于是孩子对学习也是间歇性亢奋努力，长期性混吃偷懒。这当然不利于孩子积极向上的成长，尤其是需要通过连续不断长期努力才能养成的好习惯，或者只有通过不断练习大量积累才能形成的“条件反射”能力，或者只有知识量达到一定程度才能引起的质的飞跃，都会在这种三天打鱼两天晒网中，无法实现真正转变。这时候，孩子和家长都更怀疑老师的方法是否正确，殊不知不是方法不好，而是自己没有真正地坚持。

导读：把握细节，就是要善于观察，善于思考；换位思考，与人方便。注重细节的人，在与人交往的时候，总是让人感觉到很暖心，合作起来也非常的愉快。

细节

细节决定成败。

——格言

细节潜伏在哪里？

《一根小小的树枝逆风而动》一文，描写了第二次世界大战期间苏联侦察兵根据一根小小的树枝逆风而动的反常现象，发现可能有德军伏兵，从而炮击树林，歼灭了德军。后来得知，是德军一个士兵因为生病把自己的水壶挂在了一根树枝上，没有想到竟然暴露了。这让我想到了英雄邱少云的故事，原来那场战斗之所以取得胜利，真的是因为这位英雄的自我牺牲，使得志愿军没有被发现，从而取得了突袭的胜利。

《页码是一种态度》一文，讲了一个关于策划案因为没有打上页码，从而失掉了一笔生意的故事。“页码是一种态度！而态度决定成功！”自信满满以为完美的策划案，被小小疏忽击败，多么令人惋惜！

两篇文章都是有关细节的，而我们对于细节的重要性，都了然于心，但为什么我们总是把握不住细节，常常让成功与我们擦肩而过，功败垂成？

因为，我们阅读的时候，没有读到，或者说没有注意到，如何才能做到关注细节、发现细节、把握细节。

善于观察，善于思考；换位思考，与人方便

就如这两篇文章，虽然都是关于细节的，但是其角度却是不同的。《一根小小的树枝逆风而动》，更多的是因为生活常识，那根树枝不合常理地逆风而动，这在高度紧张的苏军侦察员面前，就显得非常怪异，进而联想到敌人的埋伏。这告诉我们，要发现这一细节，平时就要多观察生活，了解生活常识，了解自然规律，也要善于思考，善于联想。尤其是，这些东西要和自己的工作、学习结合起来，推演其结果，找出对结果影响最关键的因素，让自己的结论更符合现实。

而在《页码是一种态度》一文中，这个细节的发现，就不是简单的观察生活

了，而是要善于从客户的角度思考，或者说，你的工作要善于从接受者的角度来看是否完美。站在对方的立场上思考，你就会发现自己所做的细节是否完善。与人方便，自己方便。打上页码，是对别人的方便，于己无损，于人有利，那么就做好。这告诉我们，关注细节，还要学会换位思考，学会与人为善，与人方便。

发现细节，从而找到制胜的关键，这是我们都期望的。如何发现细节？善于观察，善于思考；换位思考，与人方便。

生活中可以改进的那些细节，你注意了吗

我常常讲一个例子，课代表收作业，要做到细节完美，那就要站在老师的角度来想想，老师需要了解哪些信息？作业的本数、哪些人没有交、什么原因、口述还是写在便签上，等等，都应该有思考，从而把这些做好。课代表布置作业，也要想想什么时候写在黑板上、什么时候收取比较合适，老师的要求是什么、交代清楚没有等等。这些都是细节，要综合各方面情况来考虑，不要朝令夕改，不要丢三落四。

还有一个例子，就是我看到商店找零的时候，有把零钱一把抓地塞给顾客的，我就知道这是没有经过专业培训的。再如，超市最后结账的时候，我最讨厌最后将袋子递给顾客的收银员，因为，他们不晓得，如果先把袋子给顾客，那么顾客可以一边等扫描价格，一边就收拾清点装东西。否则，我们常常是最后一大堆乱七八糟又扔回篮子，最后到外面台子上清点，完全是浪费时间！可惜，很多的超市都没有注意到这一点。

导读：错过的机遇，就是在该好好读书的岁月，却放纵自己，以为时间多的是。有些遗憾，就变成了你今后的短板。

那些我们错过的机遇

往者不可谏，来者犹可追。

——《论语》

世上有多少人对事真正用心？

“认真看过《我们一起上清华》的同学举手？就这么几个人？那你们所写的读后感就纯粹是编的了？”

类似的答案，不止一次了。上一次读《致加西亚的信》《苏东坡传》，真正用心读过的人，也没有几个。于是让人想到了那个经典的古希腊故事。

> 开学第一天，大哲学家苏格拉底对学生们说：“今天，我们只做一件最简单也是最容易的事儿：每个人把胳膊尽量都往前甩。每天做300下，大家能做到吗？”学生们都笑了：这么简单的事情，有什么做不到的呢？
>
> 过了一个月，苏格拉底问同学们：“每天甩手300下，哪些同学坚持做了？”90%的同学骄傲地举起了手。又过了一个月，苏格拉底再问，这回，坚持下来的同学只剩下了八成。一年过后，当苏格拉底再次问这个问题时，整个教室只有一个人举起了手。这个学生就是后来成为古希腊另一位大哲学家的柏拉图。

于是，感到惋惜的不是有没有读书，而是有没有一种从中学习的信仰，一种模仿、一种追赶、超越的心态。

如果说，进入初中之前，差距只是在学习标准上、在教师的要求上，那么如今的差距，就在执行力上。用优秀的标准来要求，却没有优秀学生的那种毅力和决心，还有两年，能否真正达到优秀学生的水准？那个时候再来后悔和遗憾，就太不值了。

唯有行动才能够把你的梦想化为现实

“知道”和“做到”是有差距的，而且是极大的差距。我们总以为以前的差距，在于教育环境的不同、教育理念的不同，如今看来，更大的差异在于学习干劲——执行力的不同。如果我们心中没有把这样的教育条件用好、用足的想法，仅仅是觉得只要环境好了，我们就自然而然地好了，最终的效果必定是不如人意的。

常常在感叹，既然拥有了同样的教育理念、教育师资、教学氛围，为什么不好好地利用这样的平台来提升自己？你可以埋怨自己以前做得不好，那为什么现在还不思改变？学习，是需要一种信仰的，你要相信自己的努力可以让自己得到更好地成长，相信你的老师所指引的方向。

这，不是盲从，而是一种成长阶段的信任。不要让自己的惰性思维阻碍了自己的成长。

导读：以教师特有的直觉与丰富的知识来思考教育，既懂得“鱼的需求”，更明白渔夫捕鱼的技巧，让班级氛围营造成自己喜欢的味道！

像鱼一样思考

如果你想钓到鱼，就得像鱼儿那样思考，而不是像渔夫那样思考。

调控课堂，发掘学生可能产生兴趣的兴奋点，理解“鱼的需求”

我们貌似只学习过“己所不欲勿施于人”，却不知道，怎么才能取悦于人。课堂上，我们希望学生好好听课，希望学生能够积极发言，紧跟着老师的思路，成为一个人见人爱、花见花开的好学生，却忘记了，自己是否应该首先成为一个“车见车爆胎”的好老师呢？

虽然，教材教法都说要“备学生”，其实在很多时候，我们备课仅仅是准备知识而已，很少涉及如何调控课堂或者如何发掘学生可能产生兴趣的兴奋点。对于年轻老师来说，更是两难选择，一方面希望课堂能够活跃起来，得到学生的喜欢；另一方面，如果学生真被调动起来了，热烈程度超过自己调控能力了，hold不住场面时，又容易生气发怒，抱怨课堂“太乱”了。

这一切，都是因为我们只想钓到鱼，只站在渔夫的角度来思考，没有从鱼儿的角度来看待问题。调动学生课堂的积极性和渔夫希望鱼儿上钩一样，总有些一厢情愿的意味。要把学生训练得进退承转都达到老师的要求，那是需要时间和技巧的，尤其需要老师自己有着高超的课堂调控艺术。否则，我们的抱怨往往是自己能力不足的一种表现。

让学生体会到成长的成就感

像鱼儿一样思考，就是要求我们首先要努力去体会学生的心理，这个其实最简单，没有教材教法上那些高深的理论。想想，你做学生的时候，希望上这门课的老师怎么做？你心目中的好老师是什么样的？如果你想清楚了这样的问题，那就努力按照你心目中最好的老师的形象来塑造自己吧！我们都做过学生，自然很容易体会到学生心目中对老师的要求，最怕的是，我们对此视而不见，没有好好挖掘我们内心的潜力，而一旦走上讲台，忘记了课堂的实质是启发学生，开启学生的智慧，而不是训练开口闭口起立坐下这样的简单动作。

又如，我们在面对学生问题的时候，常常在束手无策时就电话告知家长，让家长来“搞定”。当然，家校配合教育是必不可少的，有些问题也只有家长的配合才能解决，但是，未必所有问题的解决，都得大动干戈。我们自身也可能存在某些问题，比如是否适当地提醒？严格的要求是否落到实处？宽容和耐心是否已经足够？给予学生一定的改正机会了吗？教育自然不是踢皮球，大家都推脱责任，最终的结果就是大家都有责任。

有没有教师无法解决的学生问题？当然有，而且大大的有。有些问题，是“毛病小根子深”，是长期家庭教育的不恰当造成的。但是，学生也是成长中的人，不完善，不完美，资质有别，这些也是无法回避的。把泥鳅一定要拉成和黄鳝一样长，其实是一种奢望。承认人生的不完美，承认学生的不完美，才会好好地思考能不能帮助学生做得更好一些。我们不是圣人，不可能把每个学生都教成最优秀的学生，但是我们可以帮助学生做得更好一点，让学生体会到成长中的一种快乐、成长的成就感。

以教师特有的直觉与丰富的知识来思考教育

以平常心态来对待教育，对待学生存在的问题，其实也是对老师的一种解放。你不必把自己当成圣人来要求，你只需要善意地帮助学生就可以了。以学生的心态来思考问题，也许就可以更好地理解学生的躁动与偏见，也就更容易解决学生中存在的问题了。有了这样的沟通理念作为基础，我们和学生的距离就会变得很近，我们的学生也就更可能理解老师，那么，一切都变得比从前更美好了。这样的事情，何乐而不为呢？

要钓到鱼，得以鱼儿的头脑来思考，不能按照渔夫自以为是的方式来考虑问题。教师同样如此。要教好学生，就得蹲下身子，以学生的眼光来看待世界，以教师特有的直觉与丰富的知识来思考教育。

导读：罗森塔尔效应，应该是老师们最熟悉的心理学效应之一。但你的期望真的实现了吗？这里介绍了实际操作中应该注意的行为方式，也许能够给你带来启发。

心心相印

选择你的战场，可以使你免于其他战争。

——教育格言

期望能否激发出学生学习进步的热情，是二者能否形成合力的关键

罗森塔尔效应，也叫做皮革马利翁效应，也就是最通俗的“期望效应”，他的核心理念就是教师对学生积极地期待、鼓励，热情地帮助、引导，能够让学生最大限度挖掘自己的潜力，最后获得成功。

这个理论认为学生的成才，最重要就在于教师和家长对学生要有“期望”，多表扬，多说好话，就可以让学生改变自己，从而进步了。“赏识教育”也由此而来，然而我们看到，更多的是在赏识教育的幌子下对孩子的溺爱或者过度保护。其结果是，被家长吹得晕乎乎的学生，最终表现出来太多的缺点和不足：或者不可一世，或者因为现实的残酷，最后从自信的云端跌落到自卑的低谷。

这是期望效应的错误吗？我想不是，是我们太过于一厢情愿了吧，我们从崇拜到迷信，走到了极端。教育，不是教师或者家长使出牛一般的劲使劲拉车的结果，而是教师、家长、社会的教育与学生自己的努力的合力，让孩子能够朝着正确的方向前进，最终获得比较满意的效果。

换句话说，你的期望能否激发出学生学习进步的热情，是二者能否形成合力的关键。教师的期望能对学生进行一种正面的暗示，就犹如催眠，还需要接受者有着易于接受暗示的前提。如果，学生对自己本身就是不自信的，教师的暗示和期望实在起不到任何的效果，说不定学生把你的赞美看成是一种讽刺呢！

期望效应的技术问题

第一，应该建立在学生对教师信任的基础之上。学生确实比较易于接受自己信任的老师的暗示，也能够把自己信任的教师的要求不折不扣地执行下去。那么，教师如果想要自己的期望得到实现，首先就应该注意在日常生活中，建立起

值得学生信任的一面，比如，学生对你专业能力的信任、对你知识水平的信任、对你见识格局的信任，等等。

第二，教师的鼓励与赞美应该是建立在学生已经有的真实水平之上，特别是对学生特殊才干的激赏，更应该言之有据，言之有理。每个人对自己都有一种基本的认知，如果老师的评价太超出学生的水平，而这个学生又在这方面屡遭打击，你的赞扬就会变成嘲讽，就会变成学生自我放弃的根源。

第三，教师的期望应该高于学生目前的水平，更需要给予学生以恰当地援助，来助其成功。有些老师特别善于说，光说不练，喊破了嗓子，但是学生最后没有成功，又对其进行打击，说人家不努力，最后弄得天怒人怨，惨淡收场。究其原因，不是这些教师不慧眼识才，而是这些教师没有“甩开膀子”来帮助学生，及时帮助学生排除前进道路上的困难。

第四，当学生在前进路上有了些许的进步时，一定要鼓励学生积极主动地进行总结，找出成功的原因，琢磨可能造成的后果，最后辨明方向，继续前进。成功孕育另一个成功，总结经验是非常重要的。让学生学会自我总结，学会自我反思，进而自己寻找成功的方法，这才是不断前行的动力。

做学生坚强的后盾

前面都是技术的问题，下面我们来说一些理念的问题。

第一，要善于观察学生的日常行为，及时地发现学生的问题，并在恰当的时候出手相助。你对学生的真心关心，学生始终是能够感觉得到的。哪个人前进中会一帆风顺呢？遇到不符合规矩、不符合要求的时候，你是责难，还是在理解的基础上，一同进行矫正呢？观察日常行为，对学生进行深入地了解，那么你也就可以走进学生的心灵，获得学生认同，得到学生信任，你的话得到执行的可能性也就更高。

第二，学会等待，处变不惊比一触即跳结果要好得多。处变不惊，学会忽略一些细微的毛病，一些在学生成长过程中属于过失的地方，其实过了这个阶段，伤口会自然愈合的。处处挑刺，最后学生得到的反馈总是负面的，也就给了学生很多负面暗示，让其对自己的成长感受到了压力，感受到挫败感。即使有些时候必须指出，也建议善意地指出，而不是苛责。放他一马，不仅仅是对成长的尊重，也是对教育规律的尊重，因为学生自己学会反思，比老师的指责对学生矫正行为要有效得多。

第三，学生对你的服从，要理解和尊重；学生对你的信任，你要心存感激。不能把学生对你的种种好看成是理所应当。平等，不仅仅是一种认识，更是一种行为。在你关注学生飞得高不高的时候，也要有着关心学生飞得累不累的心。有进有退，有激励，也要有宽慰。你尽己所能，但不急于求成，宽容地看待学生的成长。

心心相印，才能激发最大的正能量

教师在自己不是很得心应手的方面，千万不要逞强，不然你的失败会让学生看成是你所谓的“期望”的负面，对你的赞许将不再认可，那么，你就无法和学生产生一同进步的共鸣了。

选择你的战场，就是要找准自己最擅长的方面，好好地构筑自己的阵地，守住阵地，让自己立于不败之地。

期望，只有心心相印，才能激发最大的正能量！

导读：坚定一种信念，坚持适合自己的教育教学方法，以鼓舞、激励为手段，给予学生适当的表现机会，从而在老师的关注下，能够积极主动行动，积累信心，不断尝试，成就未来。

小启示丰富大人生

手表定律

手表定律是说，一个人拥有一只手表的时候，可以知道现在是几点钟，而当他拥有两只手表的时候，却无法确定。两只手表不能告诉一个人更准确的时间，反而会使看表的人不能确定时间。

在生活中，我们常常说，路边打草鞋，有人说长，有人说短，最后就只有不打草鞋了！因为不同的人说的貌似都有道理，而我们就会无所适从。也可以说，当我们就某个问题向多个人请教的时候，如果我们没有比较清醒与理智的头脑，最后往往就不知道怎么选择，让我们失去做对事情的信心，最后带来烦恼。

尼采有一句话，说得很有意思："兄弟，如果你是幸运的，你只要有一种道德而不要贪多，这样，你过桥会更容易些。"我们常常被两只表的不同时间差异弄得不知道该相信哪个，怎么办？你要做的就是选择其中比较信赖的一只，校准它，并以此作为自己的标准，听从它的指引行事，也就是"选择我所爱，爱我所选择"，无论成败，都可以心安理得。否则，我们一定会被两只表弄得无所适从，心力交瘁，不知自己该信任哪个。

在生活中，每个人都有自己的看法，所谓"仁者见仁，智者见智"，作为听取意见的人，真的该好好思考，如何做出抉择才是自己所喜欢的。如果在几者之间徘徊，最终可能使事情失败，且赔上了自己的好心情。所以，人生选择的偶像不要风格差异太大，否则你会被折磨的。相信一个信念，就不动摇，就努力地完善它。不需要和人计较，不需要和人争辩，因为那是你人生的手表，只有坚信它，你才能够掌握正确的时间。

当然，心理学研究还说，在面对矛盾选择的时候，最好的方法就是使用"模糊心理"，以潜意识为主要基调，做出符合潜意识的选择。也许你并不能说出一条明确的原因，但是通过潜意识，一般情况下可以做出最符合个体心理需求的决定，因为潜意识是我们在成长过程中不断积累的一种心理沉积，是我们内心深处的渴求。

只要我们明确目标，懂得取舍，就一定可以摆脱手表定律的束缚，不受干扰，做出最英明的决策。

霍桑效应与罗森塔尔效应

霍桑效应是心理学上的一种实验者效应。它是指实验者的精神状态的巨大变化，会带来一系列的行为变化。

当我们受到公众的关注或者注视的时候，学习和交往的效率就会大大增加。这个有点像罗森塔尔效应，但是貌似二者的关注对象不同。

霍桑效应是对于被实验者来说，也就是我们自己来说，要敢于把自己放置在公众的关注下，或者是在别人的关注下，让自己接受别人的监督，让自己得到别人的鼓励，得到别人肯定。那么，我们要学会如何与别人友好相处（与人为善），明白什么样的行为能够得到别人的欣赏，让别人接受。在生活和学习中不断地增加自己的良好行为习惯，从而获得更多的关注与赞赏，可以让我们得到不断地进步，对自己的行为充满自信。

我们常常埋怨别人不是伯乐，其实，我们要做自己的伯乐，让自己能够跑起来，能够体现出千里马的一些特质，才有机会被发现。当我们有着积极上进的素质之后，在我们的行动中，往往也会把这种积极性表现出来，那么慢慢地就被人所了解和认识了，从而我们也在别人的关注中不断地强化自己的积极行为，反复地演进，得到了长足的发展。

而罗森塔尔效应，更多的是，既然别人有着渴望关注的心理需求，并且这种心理得到满足后能够促进其积极正面的发展，那么，我们就应该多给予别人关注、鼓励。当然，并不是说，我们简单几句廉价的鼓励就足够了，作为教师，更多的是把这种期望化为在学习、生活等方面的实际帮助。比如给学生更多发展锻炼的机会，在学生遇到困难时，着眼于为学生解决问题而进行协商和鼓励等。如果学生能够经过一段时间后（意味着教师要有耐心，等待学生的慢慢成长），感受到了老师对自己的关怀、爱护与鼓励，也以积极态度来对待老师、对待学习以及对待自己的行为，就会更加自尊、自信、自爱、自强，诱发出一种积极向上的激情，取得老师所期望的进步。这当中，非常关键的是，双方一定要在互相交流沟通中取得一种共识，形成一种默契，并且能够互相理解、宽容。因为对于老师来说，温馨关爱当然是必要的，但是严格的管理与教育也是一种爱，那么如何做到润物细无声，就是各自的本事了。

简单地说，罗森塔尔效应是我们去帮助别人、鼓励别人、期待别人的成长；霍桑效应是要我们懂得努力获取别人的关注，并不断提高自己的素质以获得良性发展。

习得性无助实验

这个实验是说，当一只狗在实验的早期学到了一种无助感，认识到自己无论做什么都不能控制电击的终止，认识到自己永远没有能力改变这种外界的控制，就会在机会来临可以逃跑的时候也放弃逃跑，感到沮丧和压抑，降低了主动性。人如果也有了这样的习得性无助，就会陷入一种深深的绝望和悲哀，在可能改变命运的时刻到来的时候，也选择放弃自己。

在对学生的教育中，我们往往不吝惜给予学生各种发展自己的机会，包括软硬兼施、“赶鸭子上架”的行为。但是，如果我们在给予学生锻炼机会的时候，没有好好估量事件的成败对学生的影响大小，有时候效果往往适得其反。如果一个充满期待的学生，在无数个完全超过自己能力的尝试中，都失败了，你还鼓励他屡战屡败要坚强，那其实是苍白无力的，很可能这个学生已经产生了习得性无助感，甚至也许还会让失败的情绪影响人家一生的幸福！

如何才能够做到让学生真正地得到锻炼得到成长？习得性无助的反面，就是当我们在一件件小事情上都做成功了时，会逐渐产生对自己的信任感、对自己能力的肯定，学生才敢于去进行新的尝试。这是建立自信心的最好的方法，从小事情做起，积累信心。什么是人才？就是交给你一件事，你做成功了；再交给你一件事，你又做成功了。如果很多事情你都能够做好，你还不是人才吗？所以在培养学生、给予学生锻炼机会的时候，一定要做到量体裁衣，逐渐提高事情的难度，在信心的培养中，让学生逐渐成长，感受到自己成长带来的快乐！

对于家长来说，也不要期盼老师把最好的机会都给你的孩子，每个机会都给你的孩子不见得就是对你的孩子最有利的培养！只有合适的机会才对孩子的成长最有利！让孩子逐渐培养了信心，感受到自身能力的增强，那么，就可以学会自我成长，自我促进！

导读："鲶鱼效应"是大家熟知的理论，不过在班级管理中运用时，不只是把鲶鱼扔进来，还应该教会这些鲶鱼如何尽力去发挥自己所长。

教育管理中的"鲶鱼效应"

有创新思维的人，往往是不守既成规矩的人

在班级的管理中，我们最希望学生能够"言行一致"，教师说什么就是什么，因为这样我们就省心省力。而现实却是，我们的教育需要有创新思维的人，那些思维活跃的学生有时候不仅仅是语言表达上"离经叛道"，在行动上更是常常"超纲反常"。这是我们最为头疼的、最为纠结的。能不能有一种方法，能够把这些"特殊人物"都纳入我们的彀中，为我所用?

改变用人思想，引导学生完善个体，积极磨炼、增益才能

首先要改变的是我们的用人思想。我们常常觉得，最好不要有异见，于是某些老师在选择人才的时候，标准不是能力，而是对自己的忠诚，唯马首是瞻、亦步亦趋的最好。在这样的情况下，好处是显而易见的，那就是老师的意图能够百分之百地得到执行，坏处也是不言而喻的，那就是如果你有一个错误的决策，也能够得到彻底的执行，导致班级管理的失败！

单纯从管理的角度来看，这种方式选择出来的学生干部对班级的管理也是弊大于利的，更不用说从教育的角度来看，违背了培养学生、引导学生的教育实质。事实上，这种"一言堂"对班级的危害将不仅仅在当前管理上，当学生思维逐渐发展，随着学生年龄的增长、知识的丰富、独立思维能力的养成，班主任的管理必然将走向失败。

因此，在管理中，老师以培养学生为主，有着宽容的思想，有着包容的胸怀，善于发现学生的不同特长并有效培养壮大，善于根据学生的性格特点，引导学生向着完善个体积极磨炼，增益才能，是老师的高尚品德和高超才干的体现。

培养出一种合理表达意见和建议的习惯

对于那些思维活跃、有不同见解的学生，老师应该在个别交流的时候，耐心听取他们的意见和建议，不能靠堵来约束学生的思维。在听取意见的过程中，

要更多地合理考虑学生的心声，理解学生的看法，并找出学生产生这样想法的根源。如果是合理的，要多给予赞赏和鼓励；而对于思考片面的，要先欣赏学生善于思考的优秀品质，同时引导学生从更多的角度来看问题，并结合自己的管理经历，对学生的某些不成熟看法提出自己的观点，对自己的管理措施做出恰当解释，让学生了解老师的想法和决策依据。

为什么是在个别交流的时候？因为公开的场合，学生情绪很难控制，如果没有超强的场面控制能力，老师的解释会被看成对学生的挑战，双方都不会服输。因此，很难有一个结果，而矛盾却容易激化。私下的交流，冷静、客观，更容易达成较为一致的意见，而学生也觉得得到了尊重和理解，容易接受老师的观点。

更高一层的，是要让这些学生培养出一种合理表达意见和建议的习惯。冲动是办不成事情的，建议好但提出的方式不合适，也常常得不到采用，甚至导致双方的不信任。这样的故事，在历史长河中，太多了，就不举例了。

而在班级管理中，最终要实现的是，把这些学生纳入班级的管理层中，让他们为那个只知道执行的班级管理层，带来思考和创新的风气，带来处理班级发展中新问题的新思维，使管理方式不断进步。

利用这些“刺头”来活跃班级管理

有人问，那不同的意见来了，班级管理层不会出现分裂而带来执行力的弱化吗？我的观点是，在决策前允许充分的讨论，允许不同的意见，但是，要求在决定下来后的执行中，要坚决地执行。因为在事前有着充分的酝酿，给予不同意见的表达机会，那么，最终决策出来后，要执行下去，反而要容易得多。

事实上，假如一组班干部长时间担任班干部往往容易出现管理的松懈。那么，不断地补充新鲜血液，让班干部队伍不断地新陈代谢，管理队伍才会保持着一种活力。特别是，思维独特的学生、善于观察的学生，对于管理中的新问题，常常能够及早发现并提出建议，那么在管理中才能够适应不断的发展变化。

鲇鱼效应，就是利用这些“刺头”来活跃班级管理，让他们感到自己被尊重、被重用，从而服务于班级的整体利益，同时也锻炼了学生的能力，培养了学生的综合素质。

何乐而不为呢？

导读： 如果我们在学习和工作中，抱着是自己成长机会的态度，把这些“额外”的事情，当成磨炼自己的道场，那么我们会从成长中获得更多的快乐。

勿拒绝成长

其实他们已经忘记了他们原本只是为了自己兴趣在踢

“老师，做这个事情加多少操行分？”

“加分？还没有干事情就加分？”

“不加分我就不做……”

这让山人想起一个故事——

一群孩子在一位老人家门前嬉闹，叫声连天。几天过去，老人难以忍受。

于是，他想了想，出来给了每个孩子25美分，对他们说：“你们让这儿变得很热闹，我觉得自己年轻了不少，这点钱表示谢意。”

孩子们很高兴，第二天仍然来了，一如既往地嬉闹。老人再出来，给了每个孩子15美分，说自己没有收入，只能少给一些。15美分也还可以吧，孩子仍然兴高采烈地走了。

第三天，老人只给了每个孩子5美分。

孩子们勃然大怒：“一天才5美分，知不知道我们有多辛苦！”他们向老人发誓，他们再也不会为他而玩了！

这个故事中的老人忒有智慧，既然“南村群童欺我老无力，忍能对面闹踢球”，那么我就不必“唇焦口燥呼不得”了，直接给钱！然而这个给钱又超级有意思：不是请他们不要踢了，而是感谢他们，请他们尽情地闹！结果是：老人达到了让这群熊孩子偃旗息鼓、如鸟兽散的目的！

为什么呢？老人通过给钱的行为，让那些孩子形成了一种意识：老人需要花钱才能观看他们的踢球活动。而当老人不再给钱时，孩子们认为自己白白踢给老人看，太不合算了，因此不再在此踢球。其实他们已经忘记了他们原本只是为了自己兴趣在踢。

出发点，应该是“成长”

我们常常因为走得太远，而忘了当初为什么出发。在学生时代，积极做事，能够加操行分，作为自己积极参与班级管理的见证，也是一种回报，当然可以。但是，我们是为了分数而去做事吗？

学会成长，在校园活动中成长，才是我们的重点，也是我们的根本目的。你的收获，不是那几分操行分，而是在你做这件事的过程中学到的经验、懂得的道理、掌握的技巧、培养的心态。

如果一切都以有没有分数为目的，没有就不做，那么你很可能会失去这一个提升自己的机会。就算是你勉强接受了，你也没有办法让自己的热情和智慧真正地投入，那么你也无法体会到做这件事情的愉悦感——一种自我成长的快乐。

山人曾经教过不少的学生，其中有些学生在这方面给了我很大的启发。他们做事情很认真，而且从来不会把眼前的利益放在首位来决定自己是否“接招”。把交代的任务完成得完美，不仅如此，还积极主动完善你的想法，结果常常超出你的预期。这样的人，这样的做事方式，无论在哪里，都会受人喜欢，让人敬佩。

做事情，不是从“我是否受益”，而是“对团队是否有益”出发，做完事情，及时回复，让人放心。他们的出发点，就是“成长”，如果要拒绝，其实也很简单，很容易——我不做！当然还可以讲条件的方式来“礼貌”拒绝。

实际上，这些积极向上的学生在各种活动中培养了自己的能力，建立了良好的人际关系，也就拥有了发展的优良资源，遇到合适的平台，立马跃升。

相反，如果给别人的印象是“事不关己，高高挂起”，那么当你需要平台的时候，别人也会三思是否值得给予。以短期思维来经营自己漫长的人生，也一定会错失很多长远发展的机会。以报酬多少来衡量自己是否付出及付出量的大小，就是一种短视的行为。

保证服务的价值永远大于自己所获报酬的工作态度

认清付出与回报，重要的观念是：保证服务的价值永远大于自己所获报酬的工作态度。这个世上，大多数人都不愿意做他们自认为超出其薪酬范围的工作。结果就是，我们错失了太多可能提升我们技能和形象的机会，或者说我们错失了太多成长的机会。

回到前面的故事，孩子们踢球、欢呼，都是在尽情地享受自己的快乐时光，当被金钱诱导的时候，就变成了“为钱而踢球”“为钱而高呼”，养成了一种习惯，就以为没有钱就没有快乐了。如果他们想到了自己踢球玩耍的初衷，一定会对钱嗤之以鼻的。

诚如是，如果我们在工作中，抱着是自己成长机会的态度，把这些“额外”的工作，当成磨炼自己的道场，那么我们会从成长中获得更多的快乐。当我们积累了更高的价值之后，还担心自己的“价格”不会涨高吗？心有多高，天地就有多大，其实就是这个道理。

梦想，会决定你行动的方式

拒绝成长很容易，就如拒绝快乐一样。你是为加分而做，而别人是为成长而做，未来的发展空间，自然就不一样了。

我们都听说过这样一个故事：

有人问三个砌砖工人：“你们在做什么？”第一个工人说：“我正在砌砖。”第二个工人说：“我正在赚钱。”第三个工人却说：“我正在建造世界上最富有特色的房子。”故事的结果就是到了最后，前两个工人还是普普通通的砌砖工人，而第三个工人却成了伟大的建筑师。

希望这一砖一瓦在建造你心中最美的未来！

导读：不了解自己的内部动机，就容易被外部动机所操纵。激发学生内在渴望，让学生去体验成功的滋味，培养出敢于尝试的勇气，并提供其可以自我完善的途径，坚定目标，砥砺前行。

如也

不是因为有希望才坚持，而是因为坚持才有希望。

——读书笔记

不了解自己的内部动机，就容易被外部动机所操纵

前面提到过“德西效应”，在那个寓言中，老人的方法很简单，他将孩子们的内部动机“为自己快乐而玩”变成了外部动机“为得到美分而玩”，而他操纵着美分这个外部因素，所以也操纵了孩子们的行为。

“德西效应”在教育中时有显现，比如，父母经常会对孩子说“如果你这次考得100分，就奖励你100块钱”“要是你能考进前5名，就奖励你一个新玩具”等等。家长们也许没有想到，正是这种不当的奖励机制，将孩子的学习兴趣一点点地消减了。实际上，在学习方面，家长应引导孩子树立远大的理想，增进孩子对学习的情感和兴趣，增强孩子对学习本身的动机，帮助孩子收获学习的乐趣。家长的奖励可以是对学习有帮助的一些东西，如书本、学习器具，而一些与学习无关的奖励，则最好不要给予。

对于教师来讲，何尝不是一种新的理念呢？对于初中生来说，与老师的亲近程度，往往对学生学科的学习情绪有着深远的影响，最终也会影响学生的学习成绩。融洽的师生关系、恰当的激励措施当然很重要，但是，能不能激发学生的内在学习兴趣，恐怕是我们必须正视的方面。

山人认为，要让学生从“为我学”，转变为“我要学”，很重要的是站在学生的角度来思考，设身处地地引导学生学会思考，懂得树立人生的目标。马斯洛的需求层次理论告诉我们，人的自尊需求是一种很大的动力，如果能够很好地运用学生的这种需求，也可以激发学生学习和进取的决心与毅力。

试着让学生去体验成功带来的快乐，培养敢于尝试的心理

事实上，很多时候，我们老师都在做着“强按牛头喝水”的事情，硬邦邦地

说一句“我是为你好！”或者“你不好好学，与我没有关系！”这些话，这些所谓的道理听得耳朵都生茧了。我常常让学生设定一种情景，来检验自己的“理论知识”的丰富：如果让你现在给一个小学生讲学习的重要性，你会怎么说？恐怕每个人都是能说会道的，但是要把那些学习方法、学习技巧运用到自己身上，就不见得能够实行下去了。

语言可以打动人心，而亲自体验到梨子的滋味，更容易让我们喜欢吃梨子。让学生有决心去培养某些好习惯，最好让学生体验到成功带来的快乐。营销中还有“试用”的方式呢，何况在教育中。为什么不尝试着让学生去体验成功带来的快乐，而逐渐地培养敢于尝试的心理？

提供机会，提供方法，辅助成功，学校教育中也可以如“创新工场”一样，让学生有机会去实现自己的梦想，去发现自己的成功之路。激发学生内在的动力，让学生“为自己而锻炼”，甚至愿意接受“为自己而磨炼”。可惜，我们很多时候的激励，反而把学生已有的内在动因消磨掉了，仅仅依靠外部动机来维持学习的劲头，只要外部监督一旦失去，那么剩下的就是学生的惰性了。

教师一定要善于为学生分析。比如，你希望他们多参与班级活动，就应该有“强制”的参与，更应该在参与之后，能够让学生体会到“原来这么有趣”“这么有意思”“原来也没有想象的那么困难”。

帮助其实现自我完善的途径

如果你希望学生在某些方面锻炼出更强的能力，这是有挑战性的事情，需要进一步思考如何激发他们的干劲。这是营造一种氛围，给予他更高的期望，强调他可以达到的高度，指出实现这样目标的途径，一起畅想实现之后可能得到的收获——如赢得别人对自己的尊重、肯定、认可等等，也要诚恳指出现在他的不足之处、改正的办法。而你提供的正是帮助其实现自我完善的一条途径，并且是在你的帮助下极有可能实现的。

有些理念，有些方法，说的次数多了，很容易植根人的脑海深处，成为我们潜意识的一部分，激发我们去探求，去实现我们的梦想。鼓励、支持都需要适当。一个一味赞扬别人的人不值得信任；一个一直批评别人的人更不可能相信；一个不置可否的人尤其不值得相信。客观公正而略带激励的分析，往往能够让人感觉到你的真心，也乐于让人接受其建议。

在这样的理念下，我们做了很多的尝试，而且我们也在很多方面获得了成功，许多同学在自己的某些方面，体验到了成就感，也感受到了别人对自己“刮目相看”。

德西效应告诉我们，内心的强大，才是真正的强大，或者说是走向强大的正确之路。每次活动之后，我们都会做点总结，谈谈自己的感受，一起回忆、一起分享成功的快乐，为下一次的挑战酝酿情绪，积蓄力量。

做事一定要有自己的主见和目标

理想如山也，矗立在那里，巍峨而坚定。做事一定要有自己的主见和目标，像山一样挺立在那儿，才能把事做好。无论我们走了多远，只要我们一抬头，都可以看见我们的梦想，不会因为走得太远而迷失了方向。我们的梦想就是“好学不倦，与人为善”，这是我们乐学的地方、我们融洽生活的地方。成长是个动态的过程，也许这一路的风雨太过猛烈，让我们时而彷徨，时而惆怅，时而又激情满怀，然而无论如何，我们的方向都是坚定的，都是明确的。

因为有方向，所以那些形形色色的诱惑，我们都能够一笑而过，继续去追寻我们的梦想。因为看得见方向，我们不会在重重迷雾中，迷失了方向，迷失了自我，我们始终不放弃自己的梦想，因为看得见！也许，我们的目标未曾向人明示，但是它却始终在我们的心中，指引着我们前进的方向。

最能够激励我们前进的，是我们内心的渴望

信念如山也，虽然沉默，但是沉稳而绝不动摇。能够激励我们前进的，是我们内心的渴望。尤其是当我们陷入绝境，或者旁人认为我们已经陷入绝境的时候，能够坚持下来，完全取决于我们的内心信念是否坚定。

这时候，你真心需要明白，你不是因为有希望才去坚持，而是你坚持才会有希望。那年，碰到了一个曾经一同考试的朋友，他已然放弃了考试吧？互道寒暄之后，问起了当年考试的分数。他笑意融融地说：“要是只差一分的话，气死你！”谁知，那年我的考试分数公布后，真的只差一分！那时，是何等沮丧！是的，已经奋战了整整七年了，虽则一次比一次的分数高，但是始终没有跨过那道门槛。这位“朋友”的预言竟然成真，简直不可思议！是放弃，还是坚持？这是一个艰难的选择。信念如山，我选择了坚持。在下一年，我以超过分数线15分的战绩，成功越过了那条曾经以为不可逾越的分数线！

如果我选择了放弃，那么，也许我就成为朋友永远的笑料了；而我选择了坚

持，也让他的玩笑成为永远的笑料了！我相信，你相信吗？

你一定要知道，你很重要

成就，有旁人眼中如山般重要，而你眼中如浮云者；也有别人视如敝屣，而你敝帚自珍者。倘若你对自己的都不重视，不认可，还能让谁来欣赏你？当别人都把你当回事的时候，你可以不把自己当回事，那叫作低调；当别人都不把你当回事的时候，你一定要知道，你很重要！

把你自己一点一点的进步，都好好珍藏，这是你信心积累的基础；而淡然面对你曾经的每一分收获，这是你未来继续进取的必要。未来，必定需要你以空杯的状态去寻觅，去实现再次“装满”的可能。

我们常常是对自己已有的东西毫不珍惜，也不懂得正是这些组成我们生命的珍珠重如泰山。岁月，串起我们些许的成就，最后变成我们临终前的那一串珍珠，这是我们生命铸就的辉煌。

人生，如山也，没有到不了顶的山，只有找不到路的人！

山人呢？晏如也！

导读：“主逸而臣劳”，是培养学生独立能力的必经途径。善于提高学生的解决问题的能力，才能减少学生对教师的依赖心理。

背猴子

平时就做好人才的训练，找好“接班人”

其实，诸葛亮一直是我所敬仰的智者，然而在培养人才、锻炼人才上，山人一直觉得是个遗憾。巴蜀之地，向来人杰地灵，是个出人才的地方，然而诸葛亮治理蜀中，当那些随着先帝打拼天下的虎将们一一离去之后，蜀中竟然缺乏优良的人才，岂不是一大败笔？

人才，除了少部分是天生的能人之外，恐怕更多的都是依靠培养，依靠对之不断的训练。毛泽东当年创办农民讲习所，不就是为培养人才、训练干部的吗？当诸葛亮这棵大树轰然倒塌，即使是那些杰出的人，缺少锻炼却骤然接手这个庞然帝国，哪能不“心有余而力不足”呢！

因此，平时就做好人才的训练，找好“接班人”，对一个国家来说，是非常重要的。

提高下属的“养猴”技能，不要使下属对管理者产生依赖心理

比尔·翁肯是美国著名的管理顾问，他曾经提出一个非常有趣的理论：“背猴子”。

“猴子”，其实是指在一个组织中各个成员的职责。在任何一个组织中，管理者都会按照下属的职责，分配给他们不同的“猴子”，而组织成员的工作就是喂养自己的“猴子”，即尽到自己的职责。

在实际的管理中，会有不少的管理者犯这样的错误：他们一看到或听到某个下属的“猴子”生病了，为了使“猴子”能够尽快康复，就不假思索地把它接过来，亲自喂养，却忽略了这种做法不仅不会提高下属的“养猴”技能，反而会使下属对管理者产生依赖心理。

在教育管理中，我们也常常看到这种现象。有些家长，一看到孩子生活、学习中遇到了困难，或者孩子只是习惯性地抱怨一声，就立即亲自出马，帮助孩子去解决问题。他们觉得这样做可以帮助孩子立即解决问题，让孩子有更多的时

间和精力来“学习”。其实，他们忘记了，解决自己遇到的问题，也是孩子“学习”的一部分，是孩子进入社会之前必须经历的训练！

“哎呀，我一放手，孩子学习成绩就下降了！没有办法啊！”这是常常听到的抱怨。不过，我似乎听出了这种抱怨之中的自豪感，看，我多能干！语、数、外三项全能！可惜，考试不是你去考，而是你孩子去考。有位家长说的观点我很赞同，“挣钱”为孩子提供一个较好的学习环境，那是家长的事情，不是孩子的事情；学习是孩子自己的事情，不是家长的事情。每个人都有自己的职责，要做好自己的事情，可以互相关心、帮助，但是不能越俎代庖。

活在强者阴影之下，永远不可能成为成功者。

“该出手时才出手”，允许在成长的过程中犯错误

有些老师也会这样，只要学生一遇到不懂的问题，就立马帮助解决，提供方法，甚至在给学生讲题的时候，就是自己演算，让学生在旁边看，同时不停地问：“是不是这样？”学生只有在旁边鸡啄米似的回答：“是的！”“是的！”最后问：“懂了吗？”学生很果断地回答：“懂了！”下次考试呢？继续错。

谁之过也？教师也！教师、家长在不断地替孩子“背猴子”，结果是本来该孩子喂养的猴子，成了家长的责任，末了，家长、老师还不停地抱怨孩子不努力，其实，是你们剥夺了孩子成长的机会，这个责任还没有和你理论呢！

孩子的依赖性其实就是在这种情况下养成的。有时候，“懒家长”“懒老师”其实才能培养出能力出众的学生。当没办法依靠别人的时候，就只有依靠自己，那就在锻炼我们自己的能力。

帮助“背猴子”，表面上看节约了时间，解决了问题，“又快又好”，但是从长远来看，贻害无穷。家长和老师不可能一辈子都帮助孩子解决问题，那今后孩子怎么办？当家长和老师的能力都达到顶峰的时候，肯定也有解决不了的问题，那怎么办？孩子丧失了独立性，丧失了独立思考、独自解决问题的能力，那是教育的彻底失败。庸才也就是这样培养出来的。

当然，并不是说我们就一概不管，而是“该出手时才出手”，孩子实在解决不了问题的时候，我们稍加引导，让他们学会自己处理问题，不要大事小事都替孩子做。“背猴子”只是解了燃眉之急，要想从根本上帮助他们解决问题，就要耐心教给方法，让他们自己动手实践，并允许在成长的过程中犯错误。

“主逸而臣劳”，是培养学生独立能力的必经途径

作为教师、家长，其实我们的时间、精力、能力，都是有限的，绝不可能帮助解决生活中的一切问题。当我们光辉的形象在注定的某个时间轰然倒塌的时候，别让孩子绝望！而唯一的方法就是，让孩子看到，他自己可以解决父母师长们解决不了的问题，自己长大了，可以承担责任了！

作为教师来说，做个“懒教师”，当然是有技巧的。“懒教师”会省却很多的杂事，更有时间和精力来思考学生教育的方向，才有精力思考诸如“教改”之类的东西。埋头拉车自然很重要，但是抬头看路也是不可缺少的。教师，其实就是要学会抬头看路，让学生在做题训练、人生理想等等方面不要迷路了。

“主逸而臣劳”，让学生能干起来，其实做教师的就安逸多了。这个“劳”，更是培养学生独立能力的必经之路！何乐而不为呢？

导读：一个好的策略应该对将来有着深远的积极向上的影响，同时又可以化解眼前危机。班级管理着眼于大多数同学，让“坚定分子”成为中流砥柱，把“中间分子”引导到核心四周，才是正确的打开方式。

格雷欣现象：别让优秀的人跑了

不要说现在的学生什么都不在乎，其实你们没有看到，期末前的教室里，还是比较安静的，虽然他们没有平时看书的那种求知欲，但是他们有考前看书的“求生欲”啊！

格雷欣现象：莫让优生更受伤

晚自习喧闹，束手无策。有一种处理方法就是，再也不和这些喧闹的人动之以情，晓之以理了，让想学习的人直接到另一个教室里，“让他们安静地自习”。

山人是不赞成这样的做法的，首先，当然是安全问题，如果教师没有分身之术，不能全程监控这个教室里的情况，其实很难保证这些学生都在认真自习。在山人多年的教育实践中，也常常发现有些“伪优生”，一开始挺认真，不久就开始“讨论学习问题”，接着就随意离开座位走动，然后就放飞自我了。因为没有老师的监督，所以特别“嗨”，等到老师发现，已经时光飞逝，“游戏结束”了。

其次，是复习的质量问题。特别是临近期末的时候，科任老师常常会来做辅导，一些普遍性问题会在全班讲解提示一下，有时候不小心就会漏掉那些被“优待”的学生——忘了他们。这样的话，对这些学生来讲，就失去了一个聆听考前箴言的机会。

而山人最担心的，其实并不是以上两点，而是害怕这样下去，班级会形成一种舆论倾向：你想学你就走啊！这才是我们的地盘！因为，每次管不住的时候，离开的都是那些想学的学生，留下的就更肆无忌惮了。如果用经济学术语来描述，就是“劣币驱逐良币”。

一个好的策略，应该对将来有着深远的积极向上的影响

试想，我们管理班级，期望的绝对不是一个只有几个人愿意学习的班级，而

应该是一个整体氛围倾向于学习的班级。实践中会发现，特别坚定的学习分子在一个班级中的数量一般不会占主流，而特别不想学的学生也不会是主流，更多的学生是中间层：介于想学和想偷懒之间。

这个时候，把班级中想学的学生抽调走了，那些不想学的学生由于“意志坚定”，善于煽风点火，往往就会把班级的整体氛围带偏。这个时候你会发现，好像剩下的这一大堆人都不想学习，心中是不是更难过、更绝望？就犹如整个市场上，优质的货币都没有了，你看到的都是假冒伪劣的货币一样。结果，你惩罚的不是那些原本应该受到惩罚的人，而是惩罚了优生！

多么可怕的推论！

我们在采取行动的时候，可能根本没有想得这么“复杂”。但实际上，这样的操作模式却在一个班级中日积月累，发生着变化甚至走向失控。我们采取的每一个教育措施，不能只是逃避核心问题的“救急”，而应该是在救急与预防中找到平衡。一个好的策略应该对将来有着深远的积极向上的影响，而又能够把眼前的危机化解。

处理“害群之马”，才是正确打开方式

黄帝将见大隗乎具茨之山，适遇牧马童子，问涂焉，曰：“若知具茨之山乎？”曰：“然。”“若知大隗之所存乎？”曰：“然。”黄帝曰：“异哉小童，非徒知具茨之山，又知大隗之所存，请问为天下。”小童辞。黄帝又问。小童曰：“夫为天下者，亦奚以异乎牧马者哉？亦去其害马者而已矣。”黄帝再拜稽首，称天师而退。（选自《庄子·徐无鬼》）

处理“害群之马”，可能才是正确打开方式。你要让班级中的人知道，能够站稳脚跟，受到你支持和信任的，是那些在正确的时间做正确事情的人！这是他们的地盘，他们才应该坚守在这里！

导读：不是每个人都必然成为模范生，班级团队拥有不同类型的学生（人才），其实是一种幸运。我们应该用自己对生活的热情、对未来的憧憬，去激发学生的斗志，激发他们奋勇向前、超越人性的弱点，超越内心的怀疑和恐惧。这才是改变人生的教育的巨大力量。

模范生

在现实世界中，出类拔萃的人往往就是那些犯了很多错误，并且从中吸取到很多教训的人。

——读书笔记

常常想起那句话，我们所教的是现实中我们面对的班上学生，而不是我们期望中的学生。是的，我们面对的学生并不是每个都是模范生。人上一百，形形色色，来自不同家庭背景、不同教育经历的学生，组成了我们的班级，我们唯有面对，毫无选择的权利。但是不是“清一色”就是一个好班级、好团队呢?

“贝尔宾团队角色”理论

一支结构合理的团队应该由八种团队角色组成，分别为：

1. 务实者。其积极特征是有组织能力、注重实践经验、工作勤奋、有自我约束能力；缺点是：一般缺乏灵活性，表现为对没有把握的事情不太感兴趣。

2. 协调者。这一类人比较客观、宽容、公正，能不带偏见地兼容各种比较有价值的意见；但缺点也很明显：一般在智力和创造力方面不是十分突出。

3. 推进者。其积极特征是工作热情较高，干劲十足，并随时准备向传统、向效率、向自我满足挑战；缺点是：易急躁、爱冲动，好激起争端。

4. 创新者。这类人大都知识渊博、才华横溢、富有想象力且智慧超群；但弱势也很明显：不重细节，不拘礼仪，高高在上。

5. 信息者。其积极特征是有广泛联系人的能力，能主动地不断探索新事物，勇于迎接挑战；唯一不足的是：一旦时过境迁，兴趣马上转移。

6. 监督者。其积极特征是比较讲求实际，分辨力、判断力都很强；但一般缺乏鼓励和激发他人的能力。

7. 凝聚者。其积极特征是有适应周围环境及人的能力，能促进团队合作；

可在危急时刻容易优柔寡断。

8. 完美主义者。他们对工作能够持之以恒，且追求十全十美；但容易拘泥于细节，不洒脱。

站在更高层次来看待班级这个团队，激发团队的潜在力量

一个班级，其实也是由这种种角色组成的，当我们评价学生“唯成绩论”的时候，自然是觉得有很多学生不符合我们心中模范生的标准。但是，我们要记着生活中团队就是这样组成的吗，就能够比较平和地与学生相处了。这些不同个性不同能力的学生，不就是将来的社会人、将来的团队人？所谓“江山易改，本性难移”，与其如龚自珍《病梅馆记》里面那样，扭曲个性来适应某种审美癖好，不如顺其自然，“……多暇日，又多闲田，以广贮……病梅，穷予生之光阴以疗梅也哉！”或曰：因材施教。

想一想《西游记》里面的金牌团队“师徒四人”组。师徒四人的价值观、性格、经历、心理状态截然不同，西天取经是各有目的、各有一本难念的经的。孙悟空是开拓型的猛将，但是遇事情不喜欢请示领导；猪八戒憨厚单纯却又贪财好色、喜欢溜须拍马；沙僧为人忠厚可靠却又能力平平、缺乏开拓精神；唐僧信仰坚定、威望高然而判断力常常受人质疑。你看，这些成员单个来说，都不是一流的人才，但是组成的团队却无往而不利。团队精神中的大局意识、协作精神和服务精神，让团队真正强大起来。也就是说，我们如果站在更高层次来看待班级这个团队，善于激发团队的潜在力量，那么学生在这里是可以得到充分的机会来锻炼的，每个人都将能够有所收获。

改变人生的教育的巨大力量

教书育人，不单单是把“书”教了——传授书本知识，还要注意“育人”——培养适应未来社会发展与个人成长的能力。不是每个人在成长过程中都被评为“模范生”，我们很多人可能仅仅是一个“学生”。我们在学习的道路上不断地奔跑，尽管目前没有看到我们期待的风景。如果我们仅仅以某一方面的能力就判定一个学生的潜力以及其行为标准，那么很可能大多数学生都处在一种失败的焦虑之中。如果在教育中，我们被迫生活在一个畏惧失败的世界里，哪里有“自我”的存在？我们应该生活在一个积极学习、接受教训的世界中。

一个人如果终日生活在被畏惧、失败紧紧包裹的“茧”里面，怎么可能去翩

然飞翔？我们应该用自己对生活的热情、对未来的憧憬，去激发学生的斗志，激发他们奋勇向前、超越人性的弱点，超越内心的怀疑和恐惧。这才是改变人生的教育的巨大力量。

我原本就不是模范生，所以，在前行的道路上，让我们相互扶持、一起前行吧！

导读：改变一个班级，从小小的理念转变开始，与其大刀阔斧，不如润物细无声。基于我们自身内因需求去改变，不断让学生认识并实践“怎么做才是对的”，班集体就在这样的氛围里，健康积极向上地发展起来。

化繁为简

“御敌于国门之外”，做好阶段性的提前教育，防止问题的产生

回忆起当初做班主任的历程，心中就有一种深深的感激之情。记得刚刚到外语学校的时候就被委以班主任的重任，而我那时才走上工作岗位两年，更对外语学校的班主任工作需要做些什么、需要怎么做一片茫然。幸运的是，外语学校在班主任培养方面有着丰富的经验，在入职之初，就组织了新班主任培训。从班主任的一般常规管理，到外语学校班主任的特色要求，再到外语学校优秀班主任的经验交流，整个流程协调统一，让我们在接手新班的时候，虽然心里有着忐忑，但还不至于一无所知，至少知道如何上手。

在随后的那些时间里，更感到欣慰的是那些老班主任们对我无私的关怀、帮助，凡有请教，他们必倾囊相助。还记得，第一次家长会之前，去向代老请教，代老不仅把自己如何组织家长会的情况作了说明，还把要讲的内容都给我说了一遍。后来，对于学生在不同学习阶段可能出现的思想问题、行为问题，都“预告”了，让我提前做好心理准备，并在教育中注意“预防”胜过“救火”。这些在我后来的班主任工作中起到了非常重要的引领作用。

人，都是在不断学习中成长的，也是在不断遇到困难、解决困难的过程中得到提升的。做班主任，如果仅仅停留在兵来将挡水来土掩，那只能算是合格；如果能够“御敌于国门之外”，做好阶段性的提前教育，防止问题的发生，不战而屈人之兵，那更是一种境界。

基于我们自身内因需求的改变，带给我们的痛苦相对而言要小很多

“蝴蝶效应”或者说“多米诺骨牌效应”其实可以用在教育上。虽然，它们原意常常强调的是负面影响带来的巨大破坏效应，但是反过来想，不也是小小的积极改变带来大大的正面效果吗？

很多人其实都习惯于熟悉的环境、熟悉的生活方式与思维习惯，一旦改变，

常常就接受不了。尤其是，想让一个人一下子来个一百八十度的大转弯，那种情况往往只在小说中和电视剧中出现过。来个三百六十度的大转弯，我倒是常常看到！

基于我们自身内因需求的改变，带给我们的痛苦相对而言要小很多，“攻心为上”自然是我们的首选。我们在教育学生的时候，往往习惯于提出一大堆的错误，要求在某某时刻之前，解决完毕。像这种等于就地死亡，再原地满血复活的奇迹，太难了，凤凰涅槃都还要时间来火化呢！脱胎换骨，洗心革面，肯定有着一番难以言喻的痛苦挣扎。那么，我们何不从小的方面着手改变呢？让他做一个看似很容易的事情，而且真的让他做到了，然后再继续提出要求，一般来说，学生是不容易拒绝的。更何况，这个小小的改变，可能让他也感受到一种关心，一种认可呢？

改变个别学生，要从小细节入手，做到了，就及时肯定，及时巩固。让其在不知不觉中，完成一次蜕变，这需要我们的耐心、我们的爱心。

改变一个集体呢？通过小小的理念改变

常常听人说，很多人都不学习，很多人都很懒惰，一个班都风气不好。要解决这样的问题，怎么着手呢？庖丁解牛，不在于硬干，而在于巧做。天天揪着几个成绩差的、习惯坏的，感觉就像生活在地狱之中，何其痛苦！渐渐地，说不定自己脾气也坏了，班级也认同了这种“乱”，大家就觉得无所谓，也就真的一无是处了。

为什么不利用一下蝴蝶效应？就是从改变一小部分学生开始，从改变一小部分学生的小细节开始，逐渐产生积极的、正面的影响，每个人际关系稍好一点的学生，都应该有几个比较亲近的同学吧？这样就逐渐把一种好的思想、一种好理念传播开来，也就达到一种正面影响班级的效果。

我们看到，多米诺骨牌中，小小的第一块骨牌，居然把最后的那块大大的骨牌给推倒了，如果让第一块骨牌直接去撞击最后一块骨牌，无异于“蚍蜉撼大树，可笑不自量”，但是，它做到了，因为通过一连串的连锁反应，力量不断加强，最终实现了目标。班级同样如此，在这个相互联系的系统中，一个很小的初始变化，很可能会产生一连串的积极反应，最终实现我们治理班级的目标。

树立正气，就从树立正面形象开始

如我们最近在推选明星小组、优秀小组的时候，就是以寝室为单位开始的，这个当中，更多的是强调寝室团结、寝室学习氛围，当然也包括各方面的综合表现。当我们将这种信息传达给学生的时候，就发现越来越多的寝室里，同学们开始注重学习氛围的营造，开始注意寝室成员的互相包容、互相鼓励。我们表扬了几个特别突出的寝室，也就为班级树立了榜样，希望通过这样小小的理念改变，来推动学生学习氛围的变化，也能顺带使寝室成员更加团结。

我们班级特别强调对学生“积极行为”的肯定，强调一种“积极向上”的心理，做了积极的事情，那就表扬，那就得到大家的认可。鼓励学生创新地解决问题，特别是在班干部的培养上，既重视对班主任、学校的管理精神理念的贯彻，更注重学生在管理中的创造性。学生在汇报班级问题时，必须同时提出自己的解决办法，班主任对于那些不太完善的建议，不是简单粗暴的拒绝，对于普通学生提出的好建议，不是采取我是老师的忽略态度，也不以自己陈旧的经验来否定新时代学生的创见。有时候，学生为什么不再提出建议了？往往是我们根本不重视学生的建议，没有从根本上摆正我们老师的态度。“老革命”也会遇到新问题，我们谦虚一点，让学生能干一点，其实我们不会吃一点亏的。

班主任要从事必躬亲中解放出来，要化繁为简，懂得什么才是我们最急需解决的问题，要把好钢用在刀刃上。尤其是树立正气，要从树立正面形象开始，而不是从抓典型错误开始。抓典型错误，是纠正错误的一种方式，但是，还没有解决“怎么做才是对的”这个最核心的问题。我们重要的是告知、引导学生懂得怎么做才是一个人健康成长的方式、一个人不断完善自我的最佳途径，并积极地去修炼自我。

导读： 学习中的高原期，是人心灵和身体都最疲惫的时候，你能够坚持下来吗？才华的积累，也是时间的积累，你能够如农民一样春种秋收、耐心耕耘和养护吗？

累觉不爱

功业心力，不可量也，但凡有识之士，没有几个怕穷的。

——《大秦帝国》

据说那些成功者，多半都是一些偏执狂，在别人眼里都是一些怪人，但在他们自己心中，只有自己的梦想。所以有人说，成功者的常态，就是失败者的变态。没有发大财，就是因为你没有发大疯，有人说你疯了，你就离成功不远了！

不过话又说回来，没有一种执著，没有一种理念，没有一种信仰，怎么可能成就未来呢？

砍什么树，最终的结果取决于最初的动机

知识就是力量，会使用知识才更有力量。使用知识，就是不要让你成为“两脚书橱”，而应该善于使用，即使半部《论语》，也可以治理天下。不然，就算你知道“回”字的四种写法，大不了每天来一碟茴香豆，温两碗酒，成为穿长衫而站着喝酒的孔乙己。

虽然山人仰慕那些见识广博、无所不精之人，但是作为现实中的人类，在这个知识爆炸的时代，要样样懂，多半会门门瘟的。所以，就算是学习知识（通用知识除外），总得有个方向，让自己成为术业有专攻的人。有一则故事叫作《你想砍哪棵树》，讲的是森林里的两棵树，各有优劣，随着附加条件的增减不同，你会怎么选择呢？犹如人生道路上，你会遇到各种各样的诱惑，沿途的风景不断变换，你会在哪里驻足呢？请问，砍什么树，问题在于树木本身吗？当然，树本身的材质肯定是选择的一个方面，那么其他更好的树木在你面前，你会不会困于鱼与熊掌之选择？

由此，前述故事最后的结论是，砍什么树，最终的结果取决于最初的动机。“一个人，只有在心中先有了目标，先有了目的，做事的时候才不会被各种条件和现象所迷惑，才不会偏离正轨。”可惜，我们常常走得太远，而忘记

了当初为什么出发，结果做出了有违初衷的选择，而人生又没有回头路，只好悔之晚矣。

才华也是需要积累的

当然，随着时移世易，有时候我们改变自己的方向，“识时务者为俊杰”，也有其一定的道理。可惜人生最宝贵的东西，不是物质财富，而是时间。时间呢？“逝者如斯夫，不舍昼夜！”孔夫子都如是感叹，我等凡人更当珍惜。那么，在人生的路上，不断地转变方向，不断地选择，会不会一事无成？因为，成就一件事业，总是不容易的，是需要积累的。人生短暂，能够经得起几多折腾？

“驽马十驾，功在不舍”，即使是走得最慢的人，也比那些漫无目的的人，容易到达自己的目的地。确立了目标，努力去钻研这方面的知识，去积累，去感悟，去实践，那么总是容易到达一定的境界。

于是就得说到时间和才华之间的关系了。才华也是需要积累的，没有哪个人天生就是学富五车的人。在这个学习过程中，不仅仅需要我们专心致志地付出，同时，也需要以一种农夫种地的耐心，等待其发芽成长直至开花结果。庄稼还需要春种秋收呢，怎么可能早上背诵了，晚上就觉得自己学业精进了呢？当然，也不是刚刚做对了两道题，就觉得自己已经成为刷题高手，可以金榜题名了。即使最努力的人，也需要一定时间来消化积累所学知识，需要一定时间来温故知新从而有创见。才华，不是拾人牙慧，而是推陈出新，善于活学活用。所以，当发现自己努力却似乎没有明显的进步的时候，不要因此而止步不前，不要因此而妄自菲薄，也许这不过是学习中的“高原现象”而已，只要量变到一定程度了，那么某一天也许就豁然开朗了。

高原期，是人心灵和身体都最疲惫的时候

百度百科如此解释：“高原现象”一词源于教育心理学中动作技能的学习曲线。技能学习的练习曲线显示：练习者开始进步快，中间有一个明显的或长或短的进步停顿期，后期进步慢。中间的停顿期叫高原期或“高原现象”。相当多的人在学习过程中出现一段时间学习效率停滞不前，甚至学过的知识感觉模糊。其实这是学习过程中出现的一种学习效果与学习效率停滞不前的现象，心理学称为“高原现象”（如图1所示）。

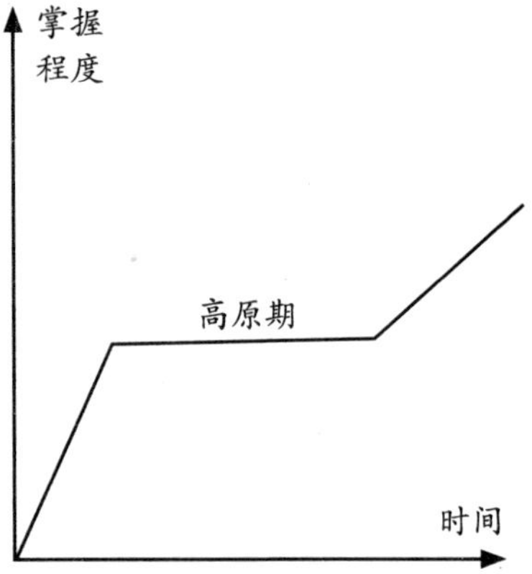

图1　“高原现象”

记得当年在学习书法的时候就有这样的感觉，开始练习的一段时间，发现自己的字进步神速，但是当到达了一定的阶段，就发现自己越写越丑，几乎失掉信心。其实这个时候不是自己的字丑，而是因为自己长期观摩，眼界提升了，而手上的技能还没有达到，于是出现“眼高手低”，对自己写的字就相当不满意。在别人看来，其实已经是很不错的了。在这个时候，如果没有坚定的信念，不继续努力，那么可能我们的成效就止步于此。但是，我们若坚持努力，相信自己，并且做好心理调整，排除干扰因素，消除急躁、急于求成、患得患失和忧虑的情绪，沉着冷静，采取一些有效的策略，了解一些心理规律和释放办法，怀着一颗平常心，轻装上阵，从容面对。那么，克服“高原现象”是一定可以的。

当然，高原期是人心灵和身体都最疲惫的时候，此之谓“累觉不爱”——累得不行了，感觉再也不会爱了！

只要心中有爱，那么永远也不会感到累

教育亦是如此。在孩子的青春期、心理逆反期，家长在与孩子的斗争中，感觉累了，再也不会爱了。于是放任之，不再关爱，美其名曰：“给你自由！”可是，张信哲唱道：“是否对你承诺了太多，还是我给的就不够？”有时候，给予自由过了火，那就适得其反了。这种放弃，就跟在学习的高原期坚持不住放弃了一样。

拿破仑说：“最艰难之时，就是离成功不远之日。”在这个时候，如果我们放弃了，不仅前功尽弃，更可能后悔终身。我们能够怎么做呢？要平和心态，善于等待。放风筝的经验告诉我们，断线的风筝一定会掉下来，扯得过紧的风筝一定飞不高，只有恰如其分，随风变化，收放自如，风筝才会于高空中自由驰骋。

累觉不爱，一时情绪，是可以理解的。其实这个也应该有解吧？有句话叫作“痛并快乐着”，其实就是因为有爱。如果我们从事的职业、所做的事情，能够看到希望，能够感受到其带来的人生价值意义，那么在这困苦之中，我们也能够忍受了。换句话说，如果，我们是充满着热情，做着自己最感兴趣的事情，做着自己觉得最有人生意义的事情，那这种种磨炼，又如何能够阻止我们进步的脚步？

山人对此，总结如下：确立了人生的目标，一定是那个自己最喜欢的目标，坚决走下去，相信时间会给我们最好的回答，只要心中有爱，那么永远也不会感到累。

此之谓：“爱觉不累！”

导读：作为教师来讲，必须高度重视语言的暗示作用。什么样的班级，不只是你口中的“客观描述”，更有可能是你心中认识的“脱口而出”。用积极的描述性语言来暗示，不只改变你的生活，更是你幸福感的来源。

对自己好好说话

语言，能够引导我们思考的方向

据说，人是最容易受语言暗示的动物。所以，可以通过一个人的口头禅来了解一个人的思维模式和性格特点。

曾经有一个同学，口头禅是“唉”，然后就是以羡慕的口吻说别人的长处，说自己“不行”。其实吧，除了前面的“唉”，我们还是挺喜欢他赞扬我们的。所以，这哥们我们都很喜欢，但是又觉得他这样太悲观了一点。

语言能够引导我们思考的方向。比如有一个经典的“白熊实验”，就是实验员对一群实验参与者说，从现在起，你们脑海中不能出现“白熊”这个词，在15分钟内，计算一下这个词语出现的次数。

实验的结果就是，越告诫自己不要想，脑海中越会不由自主地出现这个词语。越控制，出现次数越多，这就陷入了一个怪圈。

既然人脑的反应是这样的，为什么不顺其自然？就用积极的方式来引导自己。

把“我不要”变成“我想要”

“我不要”，总是面对着巨大的意志力挑战，而“我想要”却意味着我们渴望接纳和拥有。有些方法是可以帮助我们摒弃坏习惯的，比如使用“替代法”——用一项新的好习惯来替代坏习惯。

我们的许多坏习惯，往往因为背后有着一定的需求才形成的，这些需求可能是为了减少压力、获得愉悦，或者是想在某个圈子里获得认同。你如果认清了本质，在继续关注这些需求的情况下，可以用有同样效果的健康的新习惯来戒掉坏习惯。比如，为了少吸收点咖啡因，你可以把“我不要喝咖啡”变成“我要喝白开水”；把“我不要耍手机”变成“我要看书”。

当然，更有意思的是，你可以把表达同样意思的话用不同的方式来表达，发现其中给我们的暗示的不同。比如，同样是希望“准时到达”，一种方式是暗示自己“不要迟到”，另一种方式是暗示自己成为“第一个到达的人”或者“提前5分钟到达”，显然后者就能够给自己更多的动力，也能够让自己不那么容易迟到。以此类推，希望自己考试及格，你可以说“我要超过及格线10分”；希望自己上课积极发言，就说“我要成为第一个发言的人”或者“我要发言3次”。

这种暗示的核心就是：如果你关注的是想做什么，而不是不想做什么，你就可以避免消极的暗示，避免“讽刺性反弹”效应带来的危害。

把“报仇”变成“报恩”

我们的话语常常就是我们前行的指路标。比如我们前面提到的，常常“唉”的一声叹气，其实是很容易影响心情的。一直想对这个好哥们儿说，生活中不要常常叹气，虽然我们会面临很多不愉快，但是从不同角度来思考，真的可以改善很多东西。

“故天将降大任于斯人也，必先苦其心志……所以动心忍性，增益其所不能。”孟子的话对我们何尝不是一种宽慰？“知道”和“做到”是有极大差别的，甚至可以说“天壤之别”，这不只是对学生而言。有些学生很怕麻烦，甚至是家长，也会给老师说，自己孩子是来“读书”的，不是来给老师“打工做杂事”或者给学校“增光添彩忙活动”的，且不说美好的青春并不只有“读书刷题”，单单是从锻炼学生来讲，学生的能力也只有在各项实践活动中才能真正地培养出来。

其实做老师何尝不是这样？想提高教育教学水平，不参加赛课你会自己努力钻研和改变自己的上课艺术吗？你会细致到一个词语一个句子一个表情地“扣”细节吗？想提高自己的管理水平，却不深入学生中间，多和学生打交道，不经常与家长交流，能够锻炼自己的应变能力吗？能够了解家长和学生的需求吗？不积极主动向有经验的成熟教师、班主任请教，甚至向领导请教——首先做好挨批评的心理准备——能够站在一个新的角度来思考问题、解决问题吗？想要轻轻松松就完成班级管理，做一个幸福的班主任、幸福的科任老师，没有前面的苦功夫，是不可能做到的。因为你接手的学生可不一定都是“教科书级别”的乖娃娃，很有可能是“教科书级别”的问题学生。

我们都知道艰难困苦玉汝于成的道理，可真正身处这样的环境中，有时候抱怨和吐槽是避免不了的。但是我们要提醒自己，过多的负面评价可能会摧毁我们的自信心，摧毁我们前进的意志和动力。反过来讲，你如果善于把同样的意思，用积极的语言表达出来，就是对自己的一种友好的暗示。比如，学生的问题，不正是我们提升管理水平的机会吗？解决了这个问题，我们的能力就提升了一点。看似来“报仇”的学生，其实是来“报恩”的，是来锻炼我们的，让我们优秀起来。

把“我不会做”变成“我想去学习怎么做”

如果我们怕麻烦，不想“多事”，对布置的工作总是推诿，其实就是错过成长机会，而且是主动逃避成长。最终就是自己原地踏步，还美其名曰“我只做专业的事”，很可能你的“专业”很快就会被那些能力更强、更有比较优势的人覆盖了、代替了。

把“我不会做”变成“我想去学习怎么做”，你就具有了积极进取的态度。如果你觉得这件事太复杂、太烦乱，那就想办法简化流程，想办法让事情的处理变得更有条理、更有效。开动脑筋，通过做事情，让自己从中获得成长，让自己的潜能得到开发。很多岗位，我们是希望综合能力更强的人来担任，而不是只会单一技能且低水平的人。

下一次，面对问题，你会怎么对自己说？好好说话，就是自己快乐生活的前奏。

第三部分

伴你前行，走出青春的泥淖

谁的青春不曾迷茫？自卑、胆怯、苦闷、彷徨、无所适从……总有一款适合你。青春的泥淖，就是跪着也要爬出来。老师，请您给予更多宽容、更多耐心，尤其更多亲切陪伴与巧妙引导。

导读：迷茫的岁月，只是增加了青春的色彩。看不清方向的时候，首先别丢开现在手中的事情并努力做得更好，其次去读一些人物传记，体验一下别人的人生。只要脚步不停，方向正确，你就会变得越来越好！

谁的青春不迷茫

不曾迷茫的青春叫作青春吗

A家长："老师，ta最近老是在问读书有什么用，这是怎么了？"

B家长："老师，ta最近对直升本校一点兴趣都没有，觉得累，常常（感觉）休息不好，但是晚上回来又要自己背书做题。这是怎么了？"

C家长："老师，ta回来倒是听话，周末也不出去，就是完成作业，但是成绩总是提不高，有时候也会很生气，觉得自己什么都做不来。"

这样的咨询，其实遇到了不少。在从教的生涯中，也真实地观察过相当数量类似学生的发展历程，如果真要山人做出一个回答，那第一句话应该是：

"谁的青春不迷茫？"

"每天有吃有喝，这么好的学习条件，还有什么好迷茫的？认真读书就是了！"

"说得好像你就没有过青春期一样。不曾迷茫的青春叫作青春吗？"

山人印象最深刻的这几件事，值得思考。

读点人物传记，也体验一把别人的人生

A学生成绩一向优秀，积极参与班级活动，开朗乐观，心理测试对考试毫无压力感。然而在初二的时候，就陷入了思考人生的漩涡中，当然，相对于很多学生来讲，其成绩还是令人羡慕的——即使是从年级前几名跌落至年级300名左右。

说实话，如果不是家长来交流，我们外在看到的仅仅是名次的跌落，而不知道到其思想的发展变化。在学校，A依然是一名积极向上的学生，不叛逆，不矫饰，一如既往做好班级工作，每天笑靥如花。

然而，你若稍微用心，会发现其已经没有初一时那么刻苦了，所有努力仅仅表现在课堂、学校应该学习的时间。有时候，也会写一些让人捉摸不透的文章，

颇示已志。山人倒没有大惊小怪，而是一如既往地支持其独立的发展，只推荐家长和孩子一起阅读几本人物传记，一起慢慢聊人生。成长中总有那么几步，让人感觉脚步踉跄，然而真正的方向也许并没有改变。至于家长有没有买书来一起阅读，那山人就不知道了。山人能够做到的，就是观察，就是一如既往地认为A就是一名好学生，鼓励并给予更多的成长平台，让其在忙碌中继续思考人生。

进入初三之后，A好像又变回了原来的自己，又开始发愤图强了，很快又重回班级第一。一切仿佛都那么自然而然，都那么得心应手。最后仍然以一等奖学金升入了本校。

脚步不停，方向正确，正在变得越来越好

B学生其实也是一名优秀的学生，初三的竞争压力加大，感觉自己有些惶恐也是正常的。更由于班级里面同学们学习热情比较高，同学之间又比较融洽，因此对于这样的“思考人生”，山人也不是特别担忧。

B学生学习认真，班级工作负责，人际关系也不错，唯一更需要提升的，就是自信心。当委以重任的时候，总是担心自己做不好——“没有经验，魄力不够”，但是老师总是很霸道的——尝试一个月，再来谈谈人生。而实际状况是，那一个学月做得很好，和班委的合作也很愉快。

其实，在做班长之前，已经做过多次学习委员以及其他岗位的班干部，从各方面的表现来看，是有能力做好的。为什么总是不愿意挑起重担呢？不自信吗？

和家长交流，慢慢地了解了一些情况。

“ta总是周末不愿意和我们出去玩，说不好耍。”（家长）

“是不是你们出去总是不停地要求人家这样那样，然后没有自由？”（老师）

“出去一点都没有自由活动的空间。”（学生）

是嘛，把旅行作为家教的延伸，不过是换个空间来教训人，哪个愿意去？旅行带来的意义，在于自己去体会，自己去思考。谁需要你来灌输？与其千辛万苦在风景优美的地方听你灌输，不如轻松愉快在家里坐着听你聒噪！

B学生在学校里一如既往兢兢业业，为什么不愿意回家里来？为什么学校里眉开眼笑，一回家就愁眉苦脸？家的温馨到哪里去了？这也就是家长的不是了，完全没有搞明白什么叫作“家”。

孩子已经够优秀的了，却在你们面前抬不起头直不起腰，这还是亲生的吗？

越是在迷茫的时候，需要的不是教训，不是你高明的指点，而应该是更多的陪伴、更多信任的眼神、温暖的鼓励话语。

山人说，家长规划得太仔细，所以孩子才缺少自我，现在人家好不容易开始独立思考自己存在的意义了，你又不给人家空间，还想控制人家，当然关系容易紧张了。有没有多倾听人家的心事？有没有放手让人家规划一下自己的事情？

幸好，在班级管理中，我们能够给予充分的信任、充分的发挥空间，即使出现了失误，有批评，更有指点和激励，我们在不断地提供学习成长的平台。如今已经担任过两届班长了——我们班级是每个学月一届班干部，轮流进行，班级的很多学生都经历过这样的锻炼。

所以，当家长来交流的时候，山人并没有因为家长提到的“严重”问题，然后开始喋喋不休地教育，反而是轻松愉快地谈起，说到了学生的各项优势，对于不足，更用现在“正在变得越来越好”来评价。是的，现在的各项工作不正是有序推进、不断完善吗？

别担心，只要还在继续登山，脚步不停，方向正确，有点小抱怨，有点小迷茫，这正是青春的色彩！如果，教师不知轻重地小题大做，把学生家长给吓坏了，那就适得其反了！

谈话，要让人感受到温暖，感受到成长既有磨难也有快乐，感受到未来的信心

C学生，其实也在努力，也想学好，但是总觉得思维不够开阔，行动力不够。在家为了不让家长担心，也从不出去玩耍，仿佛每天都沉浸在学习中。然而症结在哪里？

“觉得自己考不起本校，也就没有什么动力了。”

面对现实，不仅仅学生要做到，是家长也要做到。考不起本校的学生多的是，然而作为班主任是不是就觉得他们没有希望了呢？家长有没有真正的面对这样的情况，让孩子有合适的目标？还是一如既往地自欺欺人，让孩子一直遭受挫败感的折磨？我们不曾放弃，但更懂得不同的人应该有不同的期待值。

谈话能不能让人感受到温暖，感受到成长既有磨难也有快乐，感受到未来的信心，这是一项技术和艺术的完美结合。即使是面对犯了错的学生，也不能让其就此自甘沉沦，换一句话说，得“惩前毖后，治病救人”。

我们常常戏谑，某某学生如果不谈成绩，真的很让人喜欢。这话是不是说，

你喜欢的就是成绩？反正我是喜欢成绩，并且更喜欢成绩后面这个人的努力、这个人的执著、这个人的乐观向上、这个人的阳光快乐、这个人的幽默。

因为，我们应该看到的是一个完整的人，而不是一个只有成绩的人。

迷茫的岁月，恰是增加了青春的色彩

九十年代时，D学生，初一成绩很好，班干部中威信也很高，一直以来还比较受老师和同学们的喜欢。初二的时候，突然迷恋阅读，借了不少学校图书馆的书，成绩开始下滑，并且主动不担任班长了。是不是就没救了？然而，班主任并没有嫌弃，“恩准”之后，还让其担任年级学生会代表——虽然也没有投过票，开过会。初三的时候，这个学生醒悟了，又开始发愤，这一年，班主任让其担任了团支书。毕业那年，这个学生以高分考入了中等师范学校，并到重点中学学习，后来考入了师范大学。那一段迷茫的岁月，只是增加了青春的色彩，并没有让一个人沉沦。

老师不曾放弃，学生也不曾放弃。

那个人就是山人，因此至今对当年的班主任心怀感激。

有些事情，需要自己去体会，需要自己去理解，这就是人生。当一个人想通了自己要走的路，就能够扔掉拐杖，坚定地走下去，那时候的家长和老师才能够真正放手。

我只想说，谁的青春不迷茫？

导读：一个通过跟自己写信来宣泄情感的孩子，是值得同情的，也是值得保护的。这是心灵对话的一种方式，与其如临大敌，不如疏导和鼓励。

何罪之有？她不过就是给自己写了信

换一下位置，会看到不一样的效果

“老师，你有没有发现，刚刚和你交流的学生，她的每一个毛孔都散发着抗拒和敌意呢？”

“她也在回答问题啊。”

“可是，她的话都是在找借口、做解释啊。”

“其实，你只需要换一下位置就可以了，你不要跟她坐同侧，要有眼神的交流。”

“我侧着面对着她的呢。”

“然而，她的眼神从来没有跟你对视过，从来没有看过你，你看她直视地面，这就是害怕跟你有眼神接触，也害怕你看透了她的心。换一句话说，可能她说的都是假话。”

“好的。”

十分钟后，山人再看，她们已经谈笑风生，互相之间的呼应明显友善多了。

逃避，就意味着不愿意交流

如何跟学生交流，如何跟孩子交流，二人之间所坐位置也是很重要的哦。交流，既然是面对面的，为什么要逃避眼神的接触？逃避，就意味着不愿意交流，所有的问答都是礼节性的。真正愉快的交流，其实语言所占比例是很小的，眼神、动作甚至声调所传达出来的意思，那才“更有意思”！

就算是坐在同侧，你也会发现，如果你们的交流很投缘，她会转过身子侧对着你，和你有对视、有交流。而竟然一直没有看你，把身子坐直表示“淡定”，那必定有问题！

自我揭示要注意人与人的不同需求

《心理学与成长》一书中，有这样的一段话：

“环境选择要努力认清自然环境的影响，比如温度、噪音强度，以及其他人的出现。苏茜可能对在一个嘈杂的餐厅里揭示自己的内心感到很舒服，但是杰克就不这样认为。有时运动也是一个要考虑的因素。我认识的许多人，包括我自己，都喜欢在散步过程中，在长途自行车运动中间的休息中，或者开车时，进行自我揭示。我和儿子在上述这些运动过程中进行的自我揭示都取得了很好的效果。我和女儿的自我揭示则是一起坐在院子当中。”

交流沟通要灵敏感知从环境到交流时的状态，根据交流效果然后及时调整状态，是我们必须注意的。

何罪之有？她不过就是给自己写了信

“她的信里面，有没有什么出格的事情？”

“没有，就是一些小小的抱怨，比如同桌脾气不好啦，作业多啦，等等。”

“怎么，觉得如临大敌？”

“要不要批评教育？咋个跟她说这些？”

“这些事情，既要‘小题大做’，又要做到‘举重若轻’。人家又没有伤害别人和自己的想法，不过就是采取了用文字的方式，来记录自己的心声而已，有什么不对的吗？青春期的孩子，有一点属于自己的小秘密，正常得很啊！再说了，用文字来宣泄自己内心的情绪，也是很安全的宣泄方式啊！”

其实，这是一种心灵对话的方式，是孩子在找不到倾诉对象或者不愿意与别人分享内心感受的时候所采取的一种方式。

心灵对话是人成长的一种方式

“心灵对话包含跟你自己说话（默默地或者大声说出来）、写诠释性日记或日志以及通过艺术形式（诗、歌曲或舞蹈）表达你的内心世界。安妮·弗兰克在分娩期需要熔铸沟通，她采取的方式是写日记，日记就是一位代班的朋友。”（《心理学与成长》）

有些时候，没有适合的接受者倾听你的揭示，或者你不能以其他人能够理解的方式向他们明确表达你的某种感情或体验，但是你又必须要表达自己，这时，你就可以指定自己是接受者。在上面给出的情况中，熔铸沟通是一种非常重要的自我揭示策略。如果这成了一个人的主要自我揭示方式，那就表明有些地方出问题了。人际沟通和熔铸沟通都是和谐生活的基本组成部分。

当我们认真地去了解这个孩子时，我们会发现，这种“自我交流”的孩子，往往性格比较内向，在人际交往方面存在一定的问题，但是并非我们所说的“有问题”的学生。给自己写信，藏起来，既是一种安全的情绪宣泄，又是一种锻炼自己文字表达能力的方式，有什么不可以呢？我们甚至建议，如果可以，不要动她所藏匿的信件。因为，这也是对孩子隐私的一种保护。

而暗中，我们应该主动和孩子交流，积极引导孩子通过和家长、同学、老师的交流，来缓解内心的压力，来找准自己的人生定位，也锻炼自己的人际交往能力。作为语文老师，还可以多鼓励学生，通过写作来提升自己，改善自己的形象，重塑自己的信心。

教育管理，是疏导，是鼓励

在教育管理中，以前我们侧重于“管”，也就是限制，是堵，实际上更巧妙的方法应该是疏导，是鼓励。当一个孩子满脑袋都是思考如何做正确的事情、如何正确地做事情的时候，他还会去捣乱吗？

换一个位置，你看到的风景或许会令人心旷神怡！

导读：时间的黑洞在哪里？低效率的工作（学习）方式、无节制的社交关系是最明显的。做好时间管理和情绪管理，是奔向优秀的必经之路。

你缺的不是时间

小Y在上体育课的时候，请假来找山人聊天，他为周末学习效率很低而苦恼，倾诉了很多，山人就重点问题做一个归纳性的回答。

打破时间管理魔咒：你有多少时间来完成工作，工作就会自动变成需要那么多时间

“我现在周末学习效率很低，我都不出去吃饭和走亲戚了。”小Y说。

“很辛苦哇？我也觉得，因为你是主动愿意宅在家里学习，但是却发现自己效率越来越低，更让人不忍心。看得出来，你是上进心很强的学生，而且就我对你的了解，我觉得你发展潜力是很大的，一定可以在找到合适的学习方式之后，大大提高自己的学习效率。”

“第一个方面，就是重新界定自己的周末学习，要从低效率中走出来，改变思维模式是最重要的。思维必须调整，时间不够，一般有两种解决方法：一是延长时间，挤占其他生活、学习项目的时间来完成任务，在这样的情况下，你的效率没有提高，甚至会更低，但是在某种情况下，你的任务能够完成。也许以前你就是用这样的方式，长期以来还能够勉强胜任。二是强化自己的时间管理，给自己的每一项活动设置‘最后期限’，强迫自己在规定时间之内完成。这样的思维模式，就是努力提高单位时间的效率，把自己培养成为高效率人士。”

“‘巴金森法则’说，你有多少时间来完成工作，工作就会自动变成需要那么多时间。举个例子来说，你发现周末有一整天的时间来‘从容不迫’地完成一篇800字的作文，那么你会发现，你从早上构思到晚上写作，都在挣扎之中，最后完成的作文并没有比你在考场上用30～40分钟写作的作文强多少！由此，你会发现，你挤占了周末调整休息的时间，挤占了与亲朋好友聚会的时间来完成作业，并没有真正地解决你的问题，你的作业就真的变成必须在那么多的时间来完成了。”

开源没有上限，节流却有底线

“这是一条死胡同，依靠延长时间来完成工作，最终会达到极限值，你也不可能每天用24小时来工作，连续不断如此循环啊！应该说，这是下下策之选。上策是什么呢？那就是挖掘单位时间的效率。一般人面对这样的问题，首选的方法不外乎是延长时间这一策略，而优秀的人，采取的是单位时间管理的方式。提高效率，做好规划，严格执行，比如把你原来的先完成作业、再复习的顺序调换一下，变成先复习，然后紧接着做这一科的作业，你就能够凭借对知识的熟悉加快作业的进程。转换思维方式之后，理所当然能调整学习方法，也是你提升效率。很多时候，不是时间不够，而是我们思维方式没有找对。”

“成年人的世界也是如此，有人说，如果你一开始就选择了省钱的方式来生活，你就不可能再去思考如何挣钱了。因为你的思维通道、你的大脑资源更多地被‘节省’所占据，那用来考虑‘开源’的资源自然就减少了，投入不足怎么可能有更大的收益？当然，开源节流并举是对的，不过也应该有主次之分。我以为，开源是重点，节流为辅。开源没有上限，节流却有底线。学习时间的管理也是如此，你可以好好反思一下自己的学习流程是否合理，是否是以‘开源’——提高效率作为出发点来思考的。”

“另外，日常安排中，也要对自己事情的轻重缓急进行分类处理，养成列日常计划并及时调整顺序的方式。常做重要的事情，紧急的事情就越少；常做紧急的事情，紧急的事情就越多。”

真正的“君子之交”，是那种潇洒自如的关系

“我总是被一些情绪影响，然后学习上有时心神不宁。我觉得我应该有几个知心朋友。”小Y说。

“拥有良好稳定的情感自制力，是一个高效率管理者所应具备的素质。优秀的同学总是有很好的情绪管理能力，明白什么才是自己最重要的事情。你害怕自己一个人很孤独，所以不敢拒绝朋友们的邀请，不管这些会不会打断你原本的计划；你也不敢主动独处，因为害怕被孤立。其实是你心中原本的信念限制了你，你认为你必须在这个圈子里有那么一两位朋友，必须维持这种关系。实际上，知己可遇而不可求，你努力维系的关系，并不是真正的‘君子之交’，不是那种潇洒自如的关系。”

“特立独行，不在无效社交上浪费时间，是成功人士常常的做法。你看班级就有这样的同学，他们采取的就是自然而然的交往方式，合则聚，不合则散，有自己的个人领域，有自己的执著追求。其实，人际交往，只要你待人以诚，自身有着优秀的素质，慢慢地总会有志同道合的人与你有君子之交。那种必须苦苦维系的甘若醴的交往，实际上就是吞没你时间的黑洞。”

“人际圈子的形成，依靠的是吸引力，而不是附着力。你要做的就是让自己更优秀，让自己有着强大的内心安全感，这其中自信是基础。优秀的人，往往都是孤独的。”

总结：你缺的不是时间，而是专注力。

导读：又是一个“时间管理”的问题，说白了就是内心不够强大。“亲贤臣”“远小人”，才能够让你真正有时间和精力去“做自己”！

勇敢 say no

人类的痛苦，莫过于在大海中渴死。

——尼采

讲真话，我注意你很久了

陆游说：“汝果欲学诗，工夫在诗外。”教育亦复如此。我们都知道，没有成绩过不了今天，只有成绩过不了明天。作为班主任，教育管理的东西也往往在课堂之外：课堂内的多成绩辅导、课堂外的多人格教育。

“你觉得放假期间学习效果不好的原因是什么？”

“说真话吗？”

“讲真话。”

“我总是无法拒绝别人邀请我出去耍，所以学习上总是时间不够。”

“为什么不拒绝？”

“其实我很怕同学们疏远我，怕他们不理我。”

是啊，每个人都是害怕孤独，害怕被群体排斥的，我们总是缺少安全感，缺少独自前行的勇气。我们因为害怕，甚至于不敢努力去追求自己的梦想，因为害怕实现不了，反而被别人嘲笑。

当然，有这种想法的学生，一般既想奋力前行，又胆怯懦弱的。要是他们有了强有力的支持，往往会取得令人惊讶的成就；如果没有及时的提醒，他们的梦想就在既有圈子中被逐渐地消耗殆尽从而磨灭。

说不，就是亲贤臣，远小人

班主任，就是要看到他们内在的潜质，及时帮助他们找到指引自己前进的灯塔。山人也没有什么劝世良方，只能倾听他们陈述，只能讲讲自己的故事，在坦诚的交流中，互相鼓励，一起向前。

往极端处想：那些嘲笑你梦想的朋友，是真朋友吗？他拖你后腿，打击你，嘲讽你，你却觉得如果没有他就生无可恋，这不就是受虐狂的表现？如果你不承认自己是受虐狂，而是认为自己是一个有梦想的人，那么这样的朋友远离了，不正是一种幸运？此之谓“远小人”。

而那些真朋友呢？如果你因为要去实现自己的梦想，而在初三这个关键的时刻，希望花更多时间在自己的拼搏上，实在没有办法和他们共享玩乐时间，我想他们是会理解你的。甚至会支持你，和你一起分享学习时光，和你一起去实现梦想。而这个时候，“孤举者难起，众行者易趋”。好朋友帮助你去实现梦想，这不意味着一个人生道理——“真朋友从来不会离开你”的，此之谓“亲贤臣”。

所以，当你想静静的时候，好朋友给你的是空间，而损友给你的是白眼。事实上，人生前进的过程中，朋友圈也是在不断地变化着的，当你变得更优秀，自然会有更优秀的圈子接受你，有相同三观的朋友乐意和你交往。毕竟，你还没有优秀到“独孤求败”的境界，再说人家“独孤求败”也是有朋友的嘛！

人生的路很漫长，但关键处只有几步。在这个节骨眼上，你还犹豫什么？紧紧抓住自己的梦想，努力前行吧！

勇敢对那些无聊地消耗你时间和精力的事情，say no！

导读：为自己的学习时间做加法，首先要明确自己的需求，其次要把长远目标与近期目标列出来排序，每天坚持优先做好对自己未来发展最重要的事情。

春耕模式

发现自己真正的需求是什么

开学好几天了，每天都在杂务中忙碌，几乎没有停顿静思片刻的时间，内心开始变得浮躁和不安，在应该好好谋划新一年的季节里，我却荒芜了自己希望的田野，难道不是一种奢侈的浪费行为？

常常想起诸葛亮的“非淡泊无以明志，非宁静无以致远”，是啊，如果我们每天都在喧嚣与浮华中，怎么可能去静思自己内心深处所渴望的梦想？“身不由己”有时候也是一种自己不思进取的最好托词，是的，有好多时候我们无法掌控自己，因为我们渴求得到更多，奢望得到许多不属于我们的东西，于是我们被这个世界，不，被自身的欲望挟持着，那是真的身不由己。

屏蔽了世界的喧嚷，远离了社会的物欲横流，你才发现自己真正的需求是什么，才知道，英雄也有末路，也有无言的悲哀。那些风光炫目的背后，也有着不为人知的无奈，倒不如一开始就是真实的自己，无论这生活的酸甜苦辣咸如何调配，在人生的大餐上，或者，这每天的家常中都得到真实的感受。

记得小时候很渴望“出人头地”或者“风光无限”，而当目睹了更多的风云变幻，看惯了春花秋月，知道了青山依旧在，人生不过几十度夕阳红之后，就晓得淡定这一境界，才是最终的追求。

简化生活，把时间用在自己应该追求的美好未来上

大道至简，简化生活，简化言行，简化我们的梦想，缤纷多彩的世界为着不同的人展示着不同的方面，不是为一个人而存在的。于是，一些小小的成就，一些小小的欣喜，都会让平凡的人们怦然心动，喜欢体验生涯中的小小梦想实现的瞬间那种充实和满足。

那天，问教室里这些未来的创新者们，能不能把手机的接听程序做更人性化地修改，比如，当自己喜欢的人的电话打来时，铃声优美地响起，而其余的公务的、无聊的电话来了，可以一声不响？也许乔布斯可以做到，如果有，我

会去买！

不过话又说回来，自己的生活已经够至简的了，不能再至简，不然就只有做永远大笑的弥勒佛了。偶尔的忙碌就像平静的湖面上一阵风儿吹过泛起的阵阵涟漪。

然而，就学业来讲，如果一个学生整天都在抱怨着周围的环境，都在抱怨着“复杂的人际关系”，我知道多半他的学习成绩都不会好，而且其他的能力也会非常平常，因为这通常是一个失败者的言行，他把自己的聪明才智都用在了抱怨生活、抱怨世界上了，而没有用在追求美好未来上。

列出自己最希望的事情，每天坚持优先做自己最重要的事

人的精力是有限的，即使是那些卓越的大师，也往往只在一个方面、最多几个方面有着经典的成就。好钢用到刀刃上，把有限的最旺盛的精力用在自己最喜欢的事业上，才能让自身得到最大的提高，让自己的心灵得到最大的满足。这个时候，我们往往会忽略生活中那些琐碎的事情，就如爱因斯坦疏于打扮一样！

要为自己的欲求做减法，把那些自己最希望做的事情一一列举出来，告诉自己，如果今年只能做五件，我会留下哪几件？再把这五件按照重要程度排列出来，首先做最最重要的那一件，当生活中有着很多变数，有着很多干扰这件事完成的事情时，就深深呼吸一下，告诉自己，只要自己最最重要的事情还在继续中，那其他的事情，无论成败，都无法影响我。

常常说，有志之人立长志。长远的目标需要我们用恒心和毅力去完成，需要我们用心。你会用十年的光阴来追逐一个梦想吗？你会用一生的心血来浇灌一颗梦想的种子，让它生根发芽茁壮成长吗？

种瓜得瓜，种豆得豆，在这个春天，我们要为自己种下理想的种子，用自己最大的耐心与热情去浇灌，去培育，让我们在人生秋天到来的时候，有着满满的收获。

为自己的学习时间做加法

每当我准备进入自己梦想的世界时，我都会屏蔽所有的信息，沉浸在自己独立的空间里，请原谅，也许在那个时候忽略了你们，my friends！

也许我们每个人都渴望生活的精彩，但我深刻地知道，精彩总是要付出很大的代价，甚至要让自己的兴趣与爱好被淹没。

要为自己的学习时间做加法。昨天晚自习感叹很多学生浪费了自己的光阴，为他们算了一笔小小的帐：每天老师要求早自习提前10分钟，小班会提前5分钟，晚自习提前10分钟，每天就可以得到25分钟的学习时间，每周至少可以多得到110分钟时间，接近2个小时，也就相当于周末某科的补课时间，而周末补课却一定会浪费半天时间：接送、补课等等，且那个时候还有以心灵的痛苦折磨作为代价！而有部分同学呢，却在为自己每周的学习做减法，每天晚自习中途休整5分钟，下课前10分钟开始整理书本、收取作业，相当于每天浪费15分钟，一周就浪费了60分钟，去除了整整一个小时！前面没有做加法，现在还在做减法，那么一周浪费的时间多么可怕，最后还要补课，还要接受失败的痛苦！

我也常常想，自己也在浪费时间，比如前段时间的颓废，不过也是换了一种心情之后再回到自己的轨道，以愉悦的心情进入学习的状态，那是多么惬意的享受。每天晚上睡觉前，都屏蔽了世界，回到自己的世界，享受自己的世界，哈哈哈！

春耕时节，一定要进入耕种模式，秋收时节，才能够让你的收获模式得到最好的发挥！

亲们，准备好了吗？

导读：H哥，往后余生，想想当年的窘态，然后鼓足勇气去克服，你一定可以做得更好！希望当年的那一声叹息以及三年的锻炼，为你熔铸了坚强的心！

这也是一种成功

“唉”，那一声真诚而无奈的叹息

H哥在签名中说：“小班会在同学们的鼓励中‘蹒跚着走上去’，艰难地挤出一个‘唉’字，又狼狈地跑下来，看看别的同学侃侃而谈着，我怎么那么没用？我还能算是个正常人吗？”

我给的回答是“正常”；韦哥给的评价是“正常人”。

但那次我们给了H哥五次掌声，H哥在那次班会获得掌声最多演讲者奖！

也许在H哥的心中，常常觉得自己彻底的是个loser，做什么都感到是一种艰难的抉择。可是我要说，当你选择了走上讲台面对同学和老师的时候，你就已经胜利了，你走出了这最重要的一步，因为你有勇气面对大家，用你的行动向大家表明走上讲台并不是“难于上青天”的事！

也许你会说，那一声“唉”是多么失败，但是你知道吗，这一声“唉”就是直面自己不足的开始，是对自身现状的不满意，意味着你知道了自身需要提高，知道了只有通过努力，才可以把一件看似简单的事情做好。因此，你不会嘲笑那些表达不好的同学，你不会讥讽那些表达不高明的同学，因为你曾经体验了那种讲台上的尴尬和无助，于是，可以说这次事情让你成熟了，让你找到了理解别人的方法，找到了提高自己的方向。一个人开始面对自己的不足，而不是躲在人群之后了，那就是进步的起点，就是一种成功的开始。

正视自己，就有进步的机会，就为成功迈出了第一步

下面需要面对的是，如何来让自己下一次表现有进步。在这里，我提供一些建议给你参考：

首先，下次做好准备。如果自己的临场口语表达不够好，随机应变能力不够强，那就在场下把功课做足，把想演讲的内容写成文字，朗读它，并找自己最信任的人来帮助修改，面对着镜子或者自己最信任的人，实际演讲几次，让自己的语言变得流畅。只要是有内容、有真情实感的演讲，就一定比那一声长叹要强很

多倍。至于写什么内容，那就不是这里探讨的了，因为谁也不知道下次主题班会的内容要求是什么。但有一点是要注意的，不说虚假的话，把自己的真实想法说出来，那在表达的时候就会自然很多，生动很多。

其次，想想自己身份角色的转变，站好自己的阵地。这次你上去，其实是因为你是班干部。你站上去的时候，代表着你的团队，有着那么多人对你的期待，谈谈你这三年来的得失，你想感谢的老师、同学，应该是很简单的事情。所以，不要惧怕自己的表达会让人不高兴，也不要想自己的表达是否会得到大家的赞同，你需要的仅仅是表达自己的真实感情而已。你是班干部，自然在同学们之中有着一定的身份地位，有什么在别人面前不敢说话的？

最后，坦诚的表达能让一个人受到别人尊重。并且这次表达的内容是正面的，对别人的感谢的话，你的好朋友一定正在等着听呢，说出来一定会受到欢迎。再说了，就算是说到了自己这三年来的种种困难，种种不开心的事情，也丝毫不会影响我们三年的友谊。想想，哪个人没有失败的感觉呢？也许你的教训、你的错误正让大家有着同感，感到“心有戚戚焉”呢！坦诚是一个人最大的优点，你看有的同学说了自己的不足和失败，不也同样获得了热烈的掌声吗？甚至，还能够赢得别人对你的理解和尊重，以后和一些人成为好朋友也不是没有可能的啊！

往后余生，想想当年的窘态，然后鼓足勇气去克服

没有哪个人在出生之后就注定是一个优胜者的，大家都是在一种艰难的环境中，努力地寻找着自己的人生坐标，寻找着自己的自信，自己的梦想。那种失败者的感觉，也曾经伴随我多年，至今回想起来仍然泪眼婆娑，然而终究成为了过往了。

其实，作为班主任早就注意到你的“窘”态了，为什么没有阻止大家的掌声并积极鼓掌？就是让你去体验一下，让你在一次次的体验中，逐渐找到方法找到自信。记得×姐姐说那次上讲台两腿都在打颤，那时候我就笑了。我给她妈妈说，这是开始，以后就不会了，这次×姐姐上去应该就没有那种慌乱了吧？再看看建哥哥和小白，都表达得很好哈。其实这就是锻炼的结果。以后就不会那么紧张了，有了信心的积累，那么在人生中遇到任何的困难，都想想当年的窘态，然后鼓足勇气去克服，离成功就不远了。

这次，老师让你做班干部，并没有帮你解决所有的问题，相反，有可能还生

硬地说“你的责任你自己想办法来完成”，不是老师不关心你，而是激励你，信任你，相信你能够通过自己的努力去完成，当你顺利地完成时，就是你的成功啊！看似冷酷，实际上是热心培养着你的能力、你的个性。从现在已经完成的相关工作来看，你一直做得很好的！

相信你自己，H哥！

导读： 不能仅仅局限于“管理”，更应该着眼于“促进”，小到一次座位的调整，也要为学生的长远发展做考虑，这样的班级氛围一定可以变得更好！

同桌的你

交往能力的提升，是在实践中获得的

某某和某某的位置换了！这几乎是天大的新闻和一万种不可能！

别担心，这不是八卦，也没有什么绯闻。只不过是一次有意而正常的座位调换。谁的位置是可以雷打不动、永远不换的呢？没有。

这么多年来，你的同桌是谁？哎呀，不好意思，同桌和同学都是——……

人际交往能力的提升，其实是在面对不同的人出现交往的种种困难的情况下，通过反思而得以提升的。如果，你的交往圈子永远是那几个人，因为互相的熟悉和容忍，你可以在其中怡然自得、如鱼得水、轻松舒适，然而也很可能掩盖了你在交往能力上的某些缺陷和不足。只有在面对不同的人，在更多的陌生环境中，你的种种“不适应”，才让你如梦初醒。

所以这次换位置，其实就是希望学生能够得到锻炼——熟悉而陌生的同桌，意味着一定要以新的思维来面对，以不同的方式来处理人际关系。果然，几天之后，某同学就来找我了：“老师，我不想和×××做同桌。”“是吗？把理由写在纸上放在我的办公桌上，我看看充分不。”看到我的脸色很严肃、语气很坚定，学生回去了。

但是，之后并没有把换座位的申请书交来。于是几天之后的晚自习，我特意把学生叫来了解情况。“我想了想，换到哪里都是一样的。”他回答。

是的，对于一名学习成绩优秀的学生来讲，其实座位在哪里、和谁做同桌都不是关键。想当年我的同桌也有成绩不好但是人品不错的啊！也没有影响我的成绩嘛——虽然在数学老师和英语老师那里，我可能是差生。

不能仅仅局限于“管理”，更应该着眼于“促进”

总得和学生聊聊，学习和做人其实是有不同之处的，想要学习成绩好，只要努力钻研书本就好。教科书上的知识总是有限的，只要功夫深，通过记忆和大量的训练，你就可以熟练地掌握，也就是说，你可以单方面决定自己的努力程度，从而得到相应的回报；但是人际关系却是双方努力的结果——你很友善，不见得对方领情，对方平时很友善，不见得每件事情都脾气超好，说不定哪天心情不好就拧着干也有可能。所以，新的同桌，新的挑战，就是在帮助你完善自己的性格，就是在训练你随机应变、保持良好状态的能力，就是让你在和不同的人交往当中，择其善者而从之，其不善者而改之。

男生和女生做同桌，也没有什么三八线之类的存在了，更重要的是，对于那些性格内向、不善于交往的同学来讲，真的是一个学习、反思的机会。在青春期这个年龄阶段的学生，如果能够适应和不同性格的同学友好相处，男生女生交往自然，那么对养成良好的人际交往能力是有着很大帮助的！

在班主任的工作中，不能仅仅局限于“管理”，更应该着眼于“促进”——促进学生人际交往能力的增强，促进学生自学能力的提升，促进学生意志品质的提升，促进学生自我反思能力的提高，促进学生团体氛围的积极向上。学生不只是生活在现在，更是在创造着自己的未来。班主任在管理中想得深远一点，为学生成长多想一点，那么我们面对成绩的焦虑感也会舒缓很多，而学生的成长总是有一个过程的，每天前进一点点，那么都是一种成长的幸福。

同桌的你，因为有你而幸运！

导读：每一个成长阶段，都有其不同的表现，不同的途径，也有不同的意义。改变旧有的思维方式，你才能改变当前的生活状况，主动改变自己，让自己闪光起来。即将面临的初二生活，你的精彩依然在线。

谈改变

虽然社会的节奏很快，但做事要踏实，把事情做好是前提，快并不是目标。

——读书笔记

如果你不能改变旧有的思维方式，你也就不能改变当前的生活状况

对于未知，我们要么是抱着好奇的态度，要么就是存在极度的恐惧，前者渴望改变，期待新的生活；后者害怕改变，死死抱住旧有的生活模式不放。爱因斯坦说，如果你不能改变旧有的思维方式，你也就不能改变当前的生活状况。

即将面临的初二生活，有些同学是盼望的，因为新的挑战可以激发自身的潜力，让自己获得新的成就感。有些同学却是拒绝的，甚至内心是崩溃的，因为感觉自己以前的学业都没有学好，又面临新的学科，还能够应对吗？

“稳中求变”，应该是我们的宗旨，所以怀旧者不必担心，因为我们大多数的学习习惯和自我管理方式都和以前没有什么区别，既然如此，那有什么可怕的？有变，其实每一学期都有变化，甚至每一天我们都在成长过程中不断变化，只是你不太关注而已，或者说你是对环境与自身的反应太迟钝而已。还记得我们老祖宗智慧里的《易》吗？核心就是“变”！所以既然这个世界永恒不变的真理就是“变”，那我们也没有必要害怕了！

安于现状，害怕改变，多半是我们想避免失去所拥有的东西，害怕改变带来可能的损失。失去一些东西，才能够轻装前进、获得新的东西。如果，你相信自己是处在一个良好的环境当中，处在一个积极向上的环境中的人，你完全没有必要担心什么，只要你保持与环境要求一致就可以了。

面对即将到来的时光，应该积极去迎接

教育的有所作为，就是形成一种氛围，创造一种环境和条件，培养良好的学习习惯和行为习惯，强制学生由他律逐渐走向自律，这样是可以培养出专注学习的好习惯的。既然如此，关注班级的学习氛围，这是我们各方共同体都要积极努力的。

人生的每一个阶段，都有这个阶段应该做的事情，只要你顺应这个发展规律，就很好了。我们的每一个阶段，都是在练内功——积累自己，强大自己。我们的要求简单，但是需要你付出的努力却不小。简单的事，正确地做，坚持做，抱着热情去做，你就会发现自己开始发生了积极的变化。我们所学习的知识和技能，就是内力，如果我们还有合适的平台和丰厚的人脉——这是我们腾飞的羽翼，如果我们还能够充分利用这一切资源，让自己的每一天都处于一个上升的阶梯，那么，未来的大发展就不仅仅是一个梦想。你要努力“练内功”，学校、老师、家长尽力给你一个适当的平台，给你展现自己的机会。

也就是说，我们面对即将到来的时光，没有必要过于恐惧，反而应该积极去迎接。未来可能遇到哪些困难？可以预料一些，但是仍然有很多我们无法预料的。宋朝人张咏说：临事三难，能见，为一；见而能行，为二；当行必果决，三也。我们有时候想得太多，行动得太少，还没有开始就偃旗息鼓了。与其自我恐吓，不如立即马上行动起来。

主动改变自己，让自己闪光起来

初二阶段不要再埋怨自己“怀才不遇”了，而应该主动改变自己，让自己闪光起来。我们缺少机遇吗？机遇是被人创造出来的，是人的主观能动性和外界环境的客观必然性的结合。主观方面条件的增强会影响到客观环境的变化，使好的机遇更容易产生。随着你自身才能的不断提高，你的“知名度”也会增加，你所面临的发展机遇相应地也会有质和量的提高。

在我们学习的阶段，永远都是在为获得机遇做准备。因为机遇往往是一种稀缺的、条件苛刻的社会资源，要得到它，必须付出相当的代价和成本，必须具备相应的足以胜任的资格，这一切都离不开我们长期艰苦的准备。既然我们还在准备当中，就不要太计较一时的得失，而应该重视自己在这一阶

段尽心尽力做了些什么。并且，做任何一件重要而不紧急的事情，你都不能掉以轻心，而应该持之以恒，有时候用“按部就班”“循规蹈矩”来对待自己的远大理想是完全可以的。“不着急，慢慢来，不放弃，相信我。”就这样告诫自己！

还记得我们的班训么：好学不倦，与人为善！就这样吧！

导读：诗和远方来自自己不懈的努力，犯“二”病的孩子，也可能是环境问题。教师把自己放到真实的班级学习环境中，而不是教科书上的理想环境，从“积累人气”开始，才能够带领学生写出好诗，走向更远的地方。

诗与远方

你学过的每一样东西，你遭受的每一次苦难，都会在你一生的某个时候派上用场。

——读书笔记

诗与远方，欣然前行，不知疲倦，不惧山高路远

每一个优秀的人，都有一段沉默的时光。山人看到了你的努力，在他们插科打诨不停嬉闹的时候，你在默默地学习，你在努力地找回那应该属于自己的荣光。

直升完毕，自然有家长和学生表达感谢，欣喜之中，不忘师长的教诲，也蛮让人欣慰的。不过，山人更想说，不是老师成就了你们，而是你们的努力和付出，成就了老师。应该谢谢的是你们，是你们三年来的理解和支持——即使山人很多的管理和要求在当初看起来是多么的不合理，甚至在如今看来也是多么的不合理，但是你们默默地执行了，你们已经用行动表达了这样的感谢。

是的，这些年来，是你们的努力，成就了山人。老师那些看似“英明”的决策，如果没有你们付诸行动，没有你们积极完善，其实都是泡影。而有了你们，就变成了一篇篇辉煌的美文。

出书籍吧，没有你们的热情，没有你们的用心写作，没有家长的倾情协助印刷，其实山人一个人也办不到。所以，这是你们努力的成果，我们一届一届地传承下来，就变成了传统。

唱歌吧，其实是你们主动要求的，是你们自己的爱好，在不经意间变成一项传统，成为你们自己的传奇。

想说什么呢？那就是，这些都是你们的特色，是你们自己创造的奇迹，而不是老师的特色，更不是老师的功名。

加油吧，你们还会更好的！

有人说，人生不只有房子，还有诗和远方。

是的，人生不只有教书，其实还有梦想和欢乐。你们在实现着自己的梦想，寻觅着青春的欢乐，我们目睹了这一切，是真的。

因为有诗和远方，因为有梦想和欢乐，所以我们欣然前行，不知疲倦，不惧山高路远。

所以，加油吧，你们一定会更好的！

“中二病”，其实不是病

其实山人不知道这个准确的意思是什么，总之，不要放弃治疗就好了！

为什么有的学生在初三这一阶段，不仅没有中考前的那种紧张、那种勤奋，反而在自己不学的时候，还要影响他人，甚至和老师严重对立？如果一个老师到了初三最后阶段，还要和学生斗智斗勇，是不是一种遗憾？

学生的放弃往往源自“明天不重要”的心理。因为明天不重要，所以才会“今朝有酒今朝醉”，只顾现在的一时之快，而不去想这样做的后果是什么。经济学上叫作“社会贴现率”——根据明天重要性的不同来约束今天的行为。换句话说，对自己的未来充满渴望，充满梦想的人，才会为了梦想而节制自己现在的行为，才会“舍小利”而换长远的幸福。也就如同商业竞争，最后变成了人品的竞争——只有用人品做生意，才会做得长久，做得顺利。百年老店，往往就在于“诚”字。

生活在这个世界上的人，除了各种矫情之外，估计还是很想和周遭环境和谐相处的。所以，一个孩子为什么总是“犯病”——要和周围的人对着干？细思极恐：是不是我们在对待他们的时候采取的方式也有一些问题？有人说，从孩子的表现，可以看出家庭教育的特点——失败的家庭教育，孩子肯定问题多多。山人不想去探讨家庭教育的问题，作为教师，反思自己的教育方式也许更实用一点点，也给自己敲一敲警钟。

教育不单单是知识的传授、技能的培养，更是情感的交流

你假想中的学生应该是怎样的人？是阶级敌人？还是一起成长的朋友、小伙伴？态度决定着我们所采取的行动。当老师用高高在上的姿态、居高临下的眼神，会不会把一颗仰慕你的心给冷却了？我们常说，三年，教师对学生的影响是巨大的，其实最直接的效果就是，你的学生待人处事的态度，可以看出你的管理水平；学生对待你的态度，可以看出你在学生心目中的份量。

当学生一直处于一种被忽略、被轻视的环境中的时候，内心的自卑与焦虑都会同时产生，他的极端行为不过是想表明自己的“中二病”又犯了。这是向老师展示自己的存在感，展示自己不怕你的权威的自豪感。反观如果你处处把学生的面子放在第一位，他已经得到了这样的自尊满足，还会不会通过这些“豪言壮语”来显摆自己？不会的，因为没有必要。有时候我们常说，是学生先不给自己面子的，其实想想，和一个未成年人斗面子，本身就是最没有面子的事情。

到了初三，你会发现其实很多学生都很珍惜这三年来的感情，大家在一起打打闹闹，却始终懂得放弃小我，珍惜这份友谊。对于老师，学生虽然成绩也许并不优秀，但还是很感激老师对自己的关心与帮助的。在这样相互理解的情况下，应该是越临近毕业，冲突越少的。如果还有冲突，至少表明我们三年来的情感教育是不适当的，甚至是失败的。

谈笑间，矛盾灰飞烟灭，这种情况有没有？如果有，那么这位老师真的不简单。山人一直认为，教育不单单是知识的传授、技能的培养，更是情感的交流。学生如果一直处于老师的高压之下，处于老师指责之中，肯定不会服气的。在这个时候，看到老师被激怒，老师暴跳如雷，他就异常地高兴——老师也有今天？所以，当学生激怒老师的时候，老师更应该若无其事，老师应该表示遗憾，告诉他，我们暂时不交战了——因为你的情绪表明你对自己的现状不满意，你不喜欢你自己，所以你生气了。

多赢得朋友，而不是去树立敌人

有时候，我们常常说，如果不制服这个学生，其他人就不会服从我的管理了。“服从”，不是管理的真谛，管理的最高境界应该是激发学生的上进心，激发学生的学习热情。其他人在干什么？在看你们表演，看你们的输赢，看你们的笑话。所以，不是老师自己得到面子，而是学生们得到了机会喘息——你不应该承担这样的后果，应该转换这样的矛头。

管理，是告诉其他的同学，所谓的公平合理都是相对的，在这样的特殊时期，我们需要的是为在座各位正在为自己梦想奋斗的同学营造良好的学习氛围，而这位同学却破坏了这样的氛围——这不是老师和他之间的事情，而是他是否和在座各位融洽相处的事情。转而，老师应该立即把情绪平静下来，去帮助其他需要帮助的同学，和颜悦色地、真心地。如果这样的行为老师一直都在坚持，那么相信很多的同学会理解老师的。三年，你有很多机会展示出对那些认真学习的人的关怀。

多赢得朋友，而不是去树立敌人。每个班级都有奇葩，你不是去出奇制胜，而是顺其自然。营造一种氛围，就是要争取更多人的赞同，只要他们默认了你的行为就是一大胜利——你要坚定自己的立场。

所以，我们前面种了什么样的因，现在就会收获什么样的果。这就和我们老师的经验，甚至和我们对学生的宽容程度成正比。有时候，看学生的表现，可以看到教师教育的一些痕迹。换句话说，其实老师对自己也不够宽容吧？

好结果来自自己不懈的努力

有时候想想，因为有着诗和远方，所以你会特别看重学生的“成长”，而不是“成绩”，成长是一个过程，是不断地完善自己的过程，涵盖面广泛得多。

曾经问学生：你们是因为知道有一个好结果才努力呢，还是因为知道努力才会有一个好结果？知道有一个好结果才努力，意味着如果有时候迷茫了，就会停下来不努力，或者看不到结果的时候，就放弃了努力；而知道只有努力才会有好结果的人，从来不敢放弃努力——因为好结果来自自己不懈的努力——放弃努力就意味着放弃了未来。

因为有着诗和远方，所以现在遇到的问题又算得了什么呢？给自己一个微笑，也就是给自己一片明朗的天空。

导读： 千万别忽视了那些正在孤独中寻找着自己出路的学生，他们也许正如那一块块璞玉，等待通过各种活动的磨炼来进行雕琢。让我们做一直在注视着他们，在观察着他们，在思考着如何帮助他们的人。

寂寞学习，华丽展示

做一直在注视着他们，在观察着他们，在思考着如何帮助他们的人

有句话说，十年寒窗无人问，一举成名天下知。刚刚转了篇文章《你不够优秀，因为你不够孤独》，是啊，有多少人能够忍受“板凳十年冷”的孤独寂寞呢？

我们羡慕的那些鲜花与掌声的背后，其实一定凝聚着许多鲜为人知的孤独。我们不太关注那些彳亍独行的身影，而当“一举成名”了，我们就蜂拥而来欣赏或羡慕嫉妒恨。想想范进中举的故事，好多的疑惑就释然了。

我看到，在班级中就有着这样默默努力的同学，就有着这样甘愿忍受孤独寂寞的同学，他们从不向老师提出什么请求，从不在大众面前发表自己的高见，总是静静地学习，静静地观察和思考，在屡败屡战中积蓄着自己的实力，在各种漠视中夯实自己人生之基础。如果不是点名或者特别的事情，仿佛他们就不存在，而他们似乎也习惯了自己的存在方式。只是，也许他们没有意识到，其实有一个人一直在注视着他们，在观察着他们，在思考着如何帮助他们。

我习惯于在悄无声息中发现每一个学生的潜力，在不经意之间让学生经受应该得到的锻炼，让学生在无意之中发现自己的能力，挖掘出自身的金矿。当然，在这个过程中，往往也有着家长们及时的配合以及学科老师的大力支持。

千万别忽视了那些正在孤独中寻找着自己出路的学生

家长及时向老师反映学生最近的心理状况以及孩子的愿望、孩子曾经的表现，使老师有着初步的了解。而学科老师则可以提供不同侧面的鼓励，以及诸如适当的表扬、班科联系的职责等等，让学生从小小的成功中开始建立自信，逐渐发展自己的特长，找到自己在班级中的位置，找到自己的心理定位。而作为班主任，除了学科上可以给予如科代表等锻炼机会外，更多的是在班级活动中给予机会。

我一直认为，信心的积累是从小事情开始的。这样一步一步走上来的学生，比那些偶然成功的学生有着更为适当的成长过程，也与自信心的培养有利。小事情做好了，积累的信心足够了，就像在游戏中练级一样，就可以升级，让学生担当更重要的职位。学生的个性也在逐渐的严格训练中得到全面发展，不至于因为一次重大的打击就一蹶不振，影响后来的进取心。

而那些默默无闻的学生在新的环境中，往往是孤独的那一类，不如那些活跃的学生容易得到老师和同班同学的及时认可。每个学生都是渴望得到别人的肯定和认可，都是希望自己在班级中有存在价值的。班主任就应该做善于从平凡中发现千里马的伯乐。千万别忽视了那些正在孤独中寻找着自己出路的学生，有些学生在今后的成长中，也许正因为你及时的发现和引导，可以有着惊人的变化，有着不俗的表现。

让他们从活动中受益，从而逐渐走出孤独

到学校来的学生，尤其是外地生，最开始的时候总是有一些自卑心理的，或者说是因新环境陌生而产生观望的态度。作为班主任，除了大众化的心理激励、阐明自己的观点外，最重要的是对个体适度的关注。别期望可以通过你的一番激情洋溢的演讲，就可以唤醒学生心中的“斗志”，就可以感化学生，让其一瞬间脱胎换骨。真正对学生的关心，是在春风化雨中激发学生的人生理想，激发学生的前进信心。那最好的方法就是，从小事情中找到自信。

学校新生班级的常见现象是，新班级中自愿参加活动的人当中，来自附小的最积极，其次是成都市区的学生，外地生往往都是默默地看的那种。但是，往往三年下来，外地生源中优秀的学生非常多。他们能够考取重点高中，往往是因为良好的学习习惯，有着刻苦学习的精神，但是对自己与同班同学的差距也有着一种疑虑，不敢在最初就“冒尖”，怕失败带来内心的伤害。

这些默默努力的学生一旦得到老师积极的鼓励，就会很认真地完成相关任务，在随后的各种活动中，只要你愿意给予相应的机会，一样会让他们从活动中受益，从而逐渐走出孤独。虽然，他们可能仍然习惯于低调学习，但是在活动中，却常常有出乎预料的华丽表现。

谦虚和尊重为今后人生发展奠定良好的性格基础

不过，在这个过程中，教师的等待是很漫长的，需要以超乎寻常的耐心去培

养，不能够祈求马上就有效果，因为一个人心理的发展变化是需要很长时间的。但只要你善于等待，你一定会有不菲的收获。有的学生也许到初三时，才开始展示出自己的信心和能力，表现在对事务的处理上的成熟与睿智、对学习的专注与踏实。同时，这些学生由于是一步步成长的，很珍惜自己成长的点滴记忆，往往对老师和同学都很谦虚和尊重，这也为今后的人生发展奠定了良好的性格基础。

在初三最后的时间里，我希望他们能够华丽地展示自己，给自己的初中学习生涯一个完美的结局，也是高中学习生涯美丽的开始！

导读：做旁观者，貌似清闲，实际上失去了学习的机会，失去了享受生活的乐趣。深陷其中，又往往会当局者迷。真正的大神善于出入于旁观者和局中人的思维之中。

旁观者

分享，是不想只做个旁观者

新的一天到了，非常惭愧，没有为“双十一”做点什么贡献，保持存在是不是也算是一种奉献？最近也常常刷屏，不为别的，貌似只为显示自己的存在感，看看有多少人又来光临山寨，看看野文，瞧瞧有没有大图。

是不是每个人的内心，都有个小小的心愿，被更多的人关注着，才能够表达自己在地球上的那种愉悦感？我想是的，半夜爬起来，当然是想要别人知道自己在关注什么，也想知道别人在关注什么。不过，当我们的存在仅仅是因为别人而存在，那是多么的落寞，也是多么的悲哀，因为，我们还没有为自己而活着。

就这样吧！还有什么可以说的呢？难道就这样做个生活的旁观者？做个事业的旁观者？那将是何等的人生景象啊！

每一次写东西，都是因为在一段时间的阅读之后，有点小感悟，有点小心得，于是想表达出来，记录下来。也有的时候，是因为想与各位分享自己生活中的点点感悟，于是转换成为文字，免去邀请大家喝咖啡时候的艰难。

分享，就不会变成旁观者

课堂上，我们发现了旁观者。虽然课堂很热闹，很多人都在参与讨论，在积极思考，但我们还是发现，有人在冷眼旁观，既看同学的表演，又看老师的表演。唯一能够让他兴奋的，是看到同学回答错误被批评，老师出糗被大家嘲笑，既不动笔，更不动脑。

有时候我们的课堂，冷冷清清，也许是大家在埋头记笔记，也许是大家都昏昏欲睡。特别是语文课，我们常常说希望书声琅琅，然而实际情况却是，我们常常听见空荡的教室里，只有老师的咆哮。是的，我们在自娱自乐吧，我们尽力了，我们也无能为力了。是的，我也常常这样想，常常这样安慰自己。我把自己也当作了旁观者，因为，在我的眼中，学习、记忆、参与都是他们的事情，与我无关——因为他们才是参加考试的主角。

那天旁听一节化学课，发现化学课堂上倒是书声琅琅，老师和学生都沉浸在朗读记忆之中。这才发现，不是大家都心甘情愿地做旁观者，而是，如果我们没有得当地引导，那么他们就很自然地把自己当做了旁观者了。更何况，我们自己的观念中没有共同学习的观念，也就是在我们的潜意识中没有足够的认识到学生内心积极向上的那种强烈渴望。我们自己在磨灭这种学习的热情，我们自己浇灭了自己的学习热情。

是的，你自己就常常以旁观者的身份来教训别人，那么就不要责怪别人以旁观者的心态来看待你。课堂上和大家一起朗读，和大家一起记忆，和大家一起欢笑，这才是我们应该做的事情。遇到好词、好句，遇到优美的文段，遇到一些复杂难懂的概念术语，其实不妨一起来朗读一下，一起来感受分享一下。在这个朗读的过程中，不仅仅是记忆了，更在于这么“简单”的动作，就把原本因为觉得问题复杂深奥而置之不理的学生，带入一种学习的氛围。这就是积极参与的一种方式，是从旁观者变成参与者的一种方式。

定责任，“首遇责任”，是解决“旁观者”问题的一种方法

旁观者还出现在那些“应该有人去做”的细节之中。我们常常哀叹教室里没有人注意保洁，走过路过了那么多人，没有一个人弯腰拾起地上的垃圾。是的，这就是旁观者，因为我们觉得这么多人都看到了，应该有人去做。每个人都这么想，其结果就是，责任的分散，每个人都觉得不是自己的责任。

解决的最好办法就是，划清楚责任。有时候，指名道姓地请求某个人的帮助比大吼一声“谁来帮我”更容易得到别人的实际行动。因为被点名的人，在旁观者的众目睽睽之下，是不好意思拒绝这举手之劳的。定责任，是解决问题的一种方法。

但是也有其不利的一方面，那就是，别人更容易说“这不是我的责任”，于是就可以袖手旁观，而且理直气壮。在这矛盾之中，应该如何处置呢？既然有可能“人人有责”变成“人人免责”，那么我们还可以说“首遇责任”，凡是第一个遇到的就有这份责任。团队之中每个人都有这份责任，所以在这种情况下，第一个遇到的人，就是有责任的。

因为有“旁观者”的心理，所以有些事情，大家都学会了“视而不见”，这是多么的可怕！那么，旁观者也要有担当的责任，否则让其接受惩罚，谁还

敢不动手？

大神，出入于旁观者和局中人的思维之中

旁观者清，这倒是有一定的道理。不过，旁观者因为缺少身在其中的忧患意识，其观点之中也容易产生傲慢与偏见。有些环境是相当复杂的，需要多方面的考虑，需要厘清种种隐含关系，不是局外人能够理解和掌握的。这就得局中人才了解，局中人才能最后做决定。

因此说，当一个人懂得站在别人的角度来思考问题时，他才能真正变得成熟。就像生活中，我们劝导别人都很容易，但是等到我们身处其中的时候，就知道那些语言竟然无法说服自己，于是我们常常说“我们情况不一样”，把自己看作是特殊的。

如果一个人能够做到于旁观者和局中人的思维之间切换，那么简直可以称之为神人了！

导读：想过别样的人生，那就比别人更尽心一点，更细致一点，更执著一点，更乐观一点。强调你来自优秀的团队，会为你自身加分很多！

别样

走出去，你才发现世界也有你的一部分，你也可以创造属于自己的世界。

——读书笔记

一直想过别样的人生，结果还是就这样淹没于雾霾之中。有人说，生活的理想，就是为了过上理想的生活。好吧，最重要的就是不去啰嗦了。

当你侃侃而谈团队的优秀时，别人对你也会刮目相看

记得，努力去发现身边团队的优点，要知道正是这些团队成员的共同努力，才造就了一个整体优秀的团队。无论我们的自我表现欲望有多么强烈，但通过贬低身边的人，来表明自己比别人更高一筹，是一种愚蠢的表现。如果你在一个糟糕的环境中，众人皆醉我独醒，向人炫耀的不是你的能干，而是你的无能——有本事为什么不离开这个环境，去创造你的辉煌?

最后的那一个晚自习，山人重温了一个故事，想让你们记住，你来自一个有多才多艺的同伴的团队，后来你们毕业聚会表演更是将你们的才艺表现得淋漓尽致——这个团队曾经和你三年相伴！所以，你没有什么值得遗憾的，没有什么让你自卑的。当你侃侃而谈团队的优秀时，别人对你也会刮目相看的，因为你正是来自这个优秀的团队，让人相信你也一定有着某些过人之处。

培养出优秀人才需要三个好：好学生、好老师、好环境。所以你会看到，别人相信你拥有这三个良好条件的时候，一定会相信你也有着不可估量的潜力。反之，当你喋喋不休地抱怨时，在那些智慧的人看来，其实你也是一个失败者，而无论你多么强调你“出淤泥而不染”，在别人的眼中，你也不会多么出色的。

让你的生态环境得到改善

你是什么样的人、什么样的心态，你就将逐渐加入什么样的圈子或者建立什么样的圈子。做一个正能量的人，积极、阳光、上进、友善，你身边就也会有这样的朋友。尽量散发你的这些美德吧，默默地，低调地，都没有关系，一定会让

你周围的环境得到改善。学会拒绝与学会妥协并不矛盾——总有拒绝，才能够让你有机会去集中精力做自己的事情，坚持自己心中的梦想。而妥协，是让你适当地融入某个圈子，或者减少人际关系中的摩擦冲突，也是为了自己的成长营造一个良好氛围。

用空杯状态来迎接新的人生吧！不要固执，不要有成见，沉醉于过往的欢乐与痛苦都是不对的，而只有敢于迎接新的挑战，你才会有别样的人生。还记得拉磨的毛驴吗？走了那么多的路，一样的劳累，却只是绕圈子而已；同样走了很多路的战马，千山万水艰难困苦，却见识了世界。

失败没有什么可怕，大不了回到原点。原本就没有拥有，又谈何失去？然而这个过程中，你经历了，感受了，反思了，时光会伴随你成长的，这就是你的人生积淀。你走过的才是你的世界，你经历的才是你的人生。

善于扬长，才能成功

想要提高自己的棋艺，肯定不能只找那些低级别的棋手来找成就感，而是要多找比你强的高手来切磋。然而高手是不常见的，你就得不断地反思自己，自己琢磨，总会有高手听说之后，会主动来找你的，渐渐地你就融入高手的圈子中。

也许我们不是样样懂，但是只要你善于钻研，肯花时间去提高，我们一定可以在某个方面有自己的独门秘籍。善于扬长，才能成功。而你的不足在团队中是可以通过与他人的互补来克服的。当你的境界提升了，你身边的圈子才会得到提升——也许是一种走出一个圈子再融入另一个圈子的过程，这就是别样的人生。

所谓的别样，往往就是你比别人更尽心一点，更细致一点，更执著一点，更乐观一点。当然，还要学会适当放下，才能得到真正的快乐。每个人心中都有等量的痛苦，都有着不为人知的一面，你能够做到的，就是包容，就是理解。

如今，想要知道什么是别样的人生吗？“既为信仰而来，千万不要把信仰失去！因为除了它，你什么也没有！”

第四部分

紧要之处，你可以“hold”住

人生紧要处往往就那么几步，倘若平时已千锤百炼，已身心合一，东风一到自然扬帆济沧海。所以，日常教育中，要有危机意识、先见之明并运筹帷幄，方能在最终决胜人生于“刷题”之外。本部分记录了应对日常焦虑、考前心态、毕业班管理、择校、中途接班等特殊时段的指导思想。

导读：克服日常焦虑，就是运用有效的方法，立即行动！当你焦虑的时候、迷茫的时候，请立即开始做对问题解决有积极影响的事情！即使是行动一小步，也离完成任务近了一步！

等你来战

一个人的独处，并非孤独，而是一种自在的诗意。

——读书笔记

日常焦虑你躲过了吗

“要是这学期学不好，就完了！”

“要是这件事做不好，就完了！”

“要是……就完了！”

你喜欢这样的催促吗？喜欢这样焦虑状态下的生活吗？要是这样在你耳边不停唠叨，你会专心地做事吗？

裸考成绩下来了，是一遍遍地斥责暑假大家的“偷懒”，讽刺他们没有理想没有目标，还是，承认这个现实，然后思考今后怎么做？弃我去者，昨日之日不可留！乱我心者，今日之日多烦忧！然而，李太白还说：“乘风破浪会有时，直挂云帆济沧海！”

“做好对今后有积极影响的事情！”

这是我们的理念。你今天的状态，是你昨天所做的事情造成的影响；而你未来的状态，和你现在所做的事情息息相关。不可否认，暑假期间有些同学还是蛮拼的，所以这次入学考试在名次和成绩上都有明显进步。

这些，既有学生自己控制能力、自学能力的原因，恐怕也有家庭教育管理的原因——实际上这种长假之后的考试，更能够凸显家庭教育的重要性。而家庭教育，显然不能简单化为家长是否出钱让孩子去补课，而应该体现为在假期对孩子学习的关注、督促、检查，以及对孩子积极向上观念的潜移默化的影响。

做对今后有积极影响的事情，我们的焦点就不在谴责和愤怒上，而在怎么去改进、怎么去奋斗上。并且，就不再纠结怎么惩罚，而是奋力创造一个学习环境，鼓励大家“前事不忘后事之师”，把改变自己的信念转化成改变的具体行动。只有行动，才能够促进未来结果的变化。

教师对能够改变他们——应该准确地说，教师对他们能够改变有没有信心，有没有通过语言和行动表现出对他们的信心，这也是很重要的。如果一名教师在学生面前永远保持着一种信心，能够“举重若轻”，直面困难而又乐于挑战，那么带来的积极影响是不言而喻的。我们都集中精力去改变，去行动了，那么团队里面洋溢的就不再是悲观失望，不再是懒惰无奈，而是热火朝天的“战斗场面”。

缺乏的不是方法，而是坚持使用有效的方法

如果我们的焦虑感总是不停地流露出来，那么学生——团队成员也会深刻地感受到，而这时候我们的焦点就不再是如何改变行为，而变成了互相之间的埋怨、互相之间的猜忌，变成了“该不该做”的无休止的争辩。可是，事实上我们需要的是立即采取行动，用行动来改变现状，来影响未来的结果。因为关于学习的相关要求，我们早就熟悉了，我们缺乏的不是方法，而是坚持使用有效的方法。天天询问方法的人，结果是什么方法都浅尝辄止，如果能够把其中一种方法坚持下来一年，应该也创造了明显的成效。

什么叫作“做不好就完了”？难道我们的人生就止步于这件事情？我们就算念叨了好多次，然后还不是得继续上路？那我们完全没有必要这么恐吓别人、恐吓自己！这些口头禅都是一种带来极大破坏力的负能量的句子，我们应该远离才对。

“我们下面用5分钟时间来背诵这首诗如何？相信自己，立即开始朗读背诵，用我们一慢二快三背诵的方法！”不要想“怎么可能”，而要立即行动，我这样做一下，集中精力去做，然后用事实来回答！然后我们可以看到，绝大部分同学是可以做到的！

“现在就开始！”这样不给自己以拖延的借口，既节约了时间，更展现了自己强大的执行力，增强了自己用行动改变自己的信念。

这场面，如你所愿。这世界，等你来战！

导读：家长更应该明白这些道理，那就是对于想“改过自新”的学生，重新开始的基础是做好现在的事情，而不是努力弥补以前的不足。

都是套路

尽自己最大的努力，也许目标实现不了。但是做好每一天，这个就是女排拼搏精神。

——郎平

山人想说“不”

“我现在一边复习以前没学好的内容，一边学习新课。”

“复习以前的内容，很好，但是你的时间怎么安排呢？”

“每天尽量抽出时间。”

“能够保证吗？”

“不能。”

“为什么一定要复习以前的内容呢？”

“因为以前落下太多了，想补起来。”

“那，现在的新内容能够跟得上吗？能够真正地听懂吗？”

“不太懂。”

“你觉得可以把复习以前内容的时间，用来弄懂新课内容吗？”

“不复习总是觉得有些不踏实。还有就是听不懂。”

“那，每天该过关的内容都过关了吗？”

“没有，还剩……”

这样形成了死循环，似乎我们会觉得学生的思维很有道理：不复习以前知识，那么就听不懂现在的；而现在的没有花足够时间来弄懂，又成了“不懂的过去”。不仅仅是家长支持这样的想法，可能有些老师也觉得听起来蛮有道理的。

山人想说：“不！”

正确的做法是：努力弄懂现在学习的知识！如果现有题型牵涉以前的某个知识点，总结归纳那个知识点就可以了。

努力弄懂现在学习的知识才是正确打开方式

分析：

1. 焦点在新知识，不让新账成旧账。每个人在校学习时间都是有限的，作为成绩落后的学生，在学习方法、学习效率上已经应付不了现有的状况，能够完成现有学习任务已经很难了，怎么可能期待他还有余力去系统复习以前的知识——而且是“自觉主动”地去学习。能够集中精力，把新知识弄懂，不留下呆账，就很不错了（家长们不要觉得自己孩子“潜力无限”，忘了“成绩落后是怎么炼成的”）。

2. 善于总结归纳，才能吃透新知识。初三的学习，任务已经很繁重了，如何化繁为简？那就是准备专门的笔记本来总结归纳。每天写上时间，归纳那么一两个新的知识点，花不了几分钟，但是对于你的思维来说，却起到了突出重点的作用。如果在总结的时候，把与之相关的旧知识联系起来，可能要花更多一点时间，但学习的效果肯定会更进一步。很多学生就是因为以前不善于归纳总结，才出现知识边学边忘的问题，从而遗漏的知识点越来越多，最终就是打补丁也起不了作用，直接“系统崩溃”。

3. 精力有限，好钢用在刀刃上。就考试而言，在目前的学习阶段，新知识是最主要的考点，学生要想取得理想的成绩——不断进步，那就先把新知识学好。如果把有限的精力分散到自学“旧知识”，不仅浪费了宝贵的资源，而且这部分学生的“自学”能力，也让人有些不放心。“翻开书了然，关上书茫然”，自以为曾经学过，又一次看得马马虎虎，完全起不到复习的作用。如果是在归纳总结新知识的同时，涉猎相关旧知识，那么还可以说是有效的。最怕的是，明明自己在“复习”的时候磨洋工，而新知识的考试又处处溃败，还给自己找到了一个冠冕堂皇的理由——我在复习。

4. 旧知识的系统复习会在直升考试、中考前有序组织的。学校的教学安排自然会有系统的复习。这个无需赘言。

观念改变，行动上才会有突破

因此，面对刚刚开始的初三学习，理性的学习观念就是集中全力攻克现在的知识点，顺带归纳旧知识。一个人的观念没有改变，想要在行动上有所突破是不可能的；而人最疯狂的就是每天重复同样的行为，却期待有不同的结果。如果方法错误，越努力，离目标就越远——还记得南辕北辙的故事吗?

学习方法，也可以说都是套路。然而，这个套路在不同的阶段，运用上应该有所不同。现在，还来得及!

然而，这就是不同的教育理念下班主任采取的不同策略。

考前复习中，如果我们没有手把手的指点，没有在复习中一直不停地唠唠叨叨，而是让学生根据内容，在规定的时间内自行复习，教师只起到答疑的作用，考试效果没有那么理想了，我们会怎么看待?

是的，我们不少的学生都是在小学阶段“抱着走”的，如果在中学阶段要“自己走”，教师只起到“拐杖”的作用，那么一时间的不适应，一时间教育“效果”的下降，我们能够接受吗?我们可以依然“抱着走”，永远不放手——如果有永远的话——那样的教育有什么意义?如果我们逐渐地指点学生，能够在有限的时间内，经过不断地跌倒、不断地爬起来，然后终于学会了走路——自己合理地安排自己的复习，是不是一种最好的“教育效果”?

是的，这样的老师显得太懒了。勤奋的教师和一群懒惰的学生，或者懒惰的教师和一群不得不学会勤奋的学生，哪样才是更好的?

培养学生的责任感，自己成长，自己负责!

导读：在学习的路上，只有积极作为，才会收获进步。如若消极懒惰，都将一事无成。

谈行动

努力建设一个相对完美的过程，自然会有一个完美的结果。

——读书笔记

坐等——毫无作为就是“作死”

经历了一年的初中学习，我们是不是也应该有收获了呢？

我们常常迷恋昨日的辉煌，即使那些成就是来自运气。以为好运会一直伴随自己，当然有这样的信心还是可以的，然而并没有什么用，现实生活中，我们常常会遇到或大或小的挫折。每当遇到挫折，你会以什么样的态度来面对呢？

计划赶不上变化，这是我们不得不面对的现实。那么，我们就要从面对现实开始，去思考如何积极地做对未来有好的影响的事情，而不是面对问题喋喋不休地诅咒和抱怨。有一句话说，生活中最恐怖的事情就是：想得太多而做得太少。所以，那句广告词真的很不错：Just do it！

如果你担心期末考试考得不好，那么就立即开始复习，用行动去战胜内心的恐惧。实际上，我们所谓的自信心更多来自立即行动，我们去做了，即使是微不足道的行动，也会对未来事件的发展带来影响。如果是积极的正面的，那么带来的应该是向着好的方面的影响。如果是拖延症重度患者呢？好吧，那就是你开启了游戏中的“等死模式”——无所作为，期待老天爷的恩惠。“等死模式”思维的人，是希望随着时间的流逝，出现一些意外的“好运”，让事情出现转机。可惜，这种方式等来的多半都是“心想事成”——越担心的事，就真的会发生了。

只有行动，能够改变未来

只有积极采取措施，才能够让偏离轨道的事件，出现回到正轨的转机。任何事情的发展都具有一定的惯性，你如果一直努力去做积极的事情，那么“好运”也常常在你的努力过程中接连不断地出现。这叫作“好事成双”。只有行动，能够改变未来。

有时候，期待中的结果没有出现，我们最好的办法就是坦然面对，然后再重新开始下一件事情，调整自己的方式方法，改变自己的心态，努力去把下一件事情做好。直面问题是解决问题关键的一步。一般人在遇到问题的时候，总是想先逃避，然后就是拖延，希望问题自动解决，实在迫不得已了，才开始胆战心惊地面对。然而，在这段拖延的时间里，已经失去了不少改变结果的机会了，最终被迫面对的时候，能够起到的作用已经很小——当然也不能否认这样面对还是有一定积极意义的。

我们在教育学生的时候，也应该把这些观念让学生在生活、学习中得到贯彻，特别是让学生做一个积极上进的人，那么就得有一定的抗挫折能力。学生时代，经受得了老师的批评，其实就是受挫能力增强的表现——走上社会，会遇到更猛烈的暴风雨。

与其纠结考后的成绩，不如现在就做点实在的事情

用一个个小小的、及时的行动去改变自己，而不是单纯的“三省吾身”。唯一能够帮助你的，就是“do something”。曾经给学生介绍了一个方法，当你觉得自己事情太多、忙不过来的时候，最好的办法是：首先把要做的事情都罗列出来，分出轻重缓急，然后立即开始行动。

如果你实在分不清事情的轻重缓急，那么就把离自己手边最近的一件事情做好。总之，与其坐在那里发愁，不如解决一件事情算一件事情。实际上，当你一步步开始做手上的事情后，你就会发现原来没有那么困难，当你完成了其中的几个步骤之后，你可能会发现事情做得越来越顺手——好多的困难是我们自己臆想出来的。或者，我们前面积极的行动已经改变了事情的状态，让后面的事情产生了变化而变得简单起来。第一步行动是非常重要的，犹豫不决只会耽误宝贵的时间，耽误改变的机会。

所以，当家长问我是否要多多鼓励孩子、给他们信心的时候，我实际上很想说，你们怎么没有给他们所希望的信心呢？你们最大的问题就是，说得太多，而让孩子去锻炼得太少！一个个微不足道的小成就，慢慢就累积起孩子面对问题时候的信心——解决问题中才能够获得信心，就犹如我们打游戏中经验值的获取一样。

写在考前，实际上就是想告诉他们，与其纠结考后的成绩，不如现在就做点

实在的事情，尽自己最大的努力去复习。也许这一学年你都荒废了，现在正在后悔中，请暂停你的后悔，还是先投入复习，为明天的考试进一步做点准备，等考完后放暑假在家慢慢思考总结吧！

导读：期末会有各种忙碌，这里有些解困良方，拿走不谢。

又见期末时

无需想念，总是如约而至。

——读书笔记

凡事预则立，不预则废

发书本，发作业，发试卷，这是教室里常见的一幕。或喧哗中一一后传模式，或漫天飞舞各式书本作业，或声嘶力竭吼叫“这是谁的”，“我的本子在哪里”，种种景象每天都会上演无数遍。

最让人感受到无奈的是，当你清点得非常清楚，份数足够的复习卷，课代表拿去发的时候，却总是汇报少了那么一两张，貌似外星人也一欲偷窥我们的宝典，而你手中又没有时，心中实在难以平复怨气。

我们习惯于指责课代表在分发的时候，不认真，不负责，不懂得方法，却往往忽略了教给学生分发的方法。换句话说，我们自己也不太善于思考，不太善于“授人以渔”。

山人分外懒散，于是总想找点终南捷径。分发东西，数量少份量足，就让课代表发到前排，学生自己传。如果份量刚刚好，又怕丢失，就吩咐课代表直接发到每个人的座位上。特别是，期末复习资料非常多且序号页码不明的时候，往往就是找几个学生，分左中右，分别直接发到座位上，且提醒一定发到每个人的桌子上，不得出现偷懒互相传递的现象。这样开始的时候是麻烦一些，但是其实速度很快，因为不会出现遗漏的现象，也不会在传递的过程中出现喧哗闹嚷的情形。最重要的是，主逸而臣劳，君可袖手而旁观矣！

做做小事，培养一下小习惯

学生手中有各种资料，特别凌乱。

每每布置作业或者评讲资料，总有人翻箱倒柜，等你讲完课程，他还在寻觅中。你说他不爱学习吧，人家一直在找资料啊！你说他爱学习吧，丢三落四，资料没找到，课堂已结束。

“同学们，要学会整理，要晓得分类，要学会……”教师往往是费尽口舌，某些学生依然如故。

于是，每当语文资料纷纷飘落的时候，则温言款语，示范装订，还手提一订书机，亲自帮助装订，偶尔轻声教诲……

既然师傅出马，自然大家都要认真去做。于是条分缕析，各自归位。山人也曾分发过小夹子、文件袋，凌乱变得规范，要求落到实处，并且积极鼓励学生自己购买相关的学习用具来整理自己的学习资料。教师之作，仅为示范而已。示范之后，订书机就交某某人专门负责去了。

再则，通知家长们，在期末之前，关注孩子学习资料的整理，并积极询问孩子准备如何整理资料，需要哪些帮助，甚至引导孩子学会整理。

与其天天生气，不如做做小事，培养一下小习惯。“始则劳矣，终则逸耳！”

多培养点班级管理中的专业人才

班级管理中有“专业人才”，胜过教师的种种忙碌。

首先，每次大型考试的贴考号、布置考室，总是班主任的烦恼。其实，也有一些“懒惰”之法。新生开学之初，好几次小考试就把学生的分班要求、分班技巧作一指点，课代表主持，班长监督，各司其职。

其次，找3～5个学生，指定负责人，教给大考布置方法，监督实施。多几次之后，这几个人就熟悉了布置方法了。以后，就由这几个专业人士来完成，教师严格指点即可。若有不足之处，及时指出，及时改正。

善思则世无难事

教育教学中，其实完全可以总结出很多的小技巧来。教师更多的是思考学生的发展，关注学生的发展，帮助学生的发展。教师不是学生的保姆，不是学生的书童，而是学生成长的指导者。

应该锻炼的是学生，而不是教师本身。君子多动口，但是绝对不是责难与抱怨，而是指点与疏导；“小人”多动手，偶尔亲自操作示范，引以为标准，固化于学生的日常行为习惯中，但绝对不是事事包办。

班主任何必事事劳烦自己？让学生自己做既培养了学生的能力，又减轻了自己的管理负担，何乐而不为呢？

又见期末时，看你们忙碌去吧！

导读： 考试其实就是做题，就是定时练习。在平时的模拟考试中，我们认真练就本领，只要你心平气和，气定神闲，正常发挥，那么你的成绩就有了基本的保证。自信和积极的暗示会对考试产生巨大的正面影响。

考前复习小技巧

在此，我就复习备考和考场注意事项，谈一谈我自己的看法。

明确目标，细化任务，果断行动

强烈的目标感能够对你的行为起着督促作用，时刻暗示你应该有所作为，这种潜意识能够让你把自己的专注力转移到正确的事情上。而细化任务就是把目标分解为每天必须采取的行动，使之具有可操作性。行动是最为关键的一步，因为如果没有行动，即使是最好的计划和目标也是毫无价值的。

把握技巧，充分备考，科学应考

复习的技巧是耳熟能详。我常常推荐的复习方法，浓缩为这样的几句话："少量多次，间隔反复""不记常态记变态""牢记套路，举一反三，以少胜多""重视基础，做到手熟""重点题型，自编自答""书写规范，淡定从容"。

充分备考，或许有的同学在模拟考试中成绩不够理想，但你应该庆幸自己已发现问题所在，与其灰心，不如在存在的问题上多加重视；有的同学在模拟考试中成绩优异，但你不要骄傲，真正的较量在最后的考场上，仍要持之以恒。

会考高分的秘诀是：把简单题做对，少扣分甚至不扣分！不要因为题目基础、熟悉或简单而大意，甚至不屑于检查它，可能此题正好错在原有固定思路和思维定式上。考前紧张会使你原本熟悉的知识变生疏、模糊，但经过考场适应尤其是简单题的练习，会让你逐渐明晰，复杂些的题目可能会变得容易。当我们走进考场时，我们的目标不再是把每个题目做出来，而是在有限的考试时间内把你会做的题目做对。

高度专注，重视复习，淡化预期

同学们，无论在最后一天的备考，还是在考试的过程中，我们要做的只是集中所有的注意力去复习、迎考，而要淡化对考试结果的预期。面对试卷你唯一需要做的，也必须做好的就是：先书写卷头，浏览试卷，把握难易题，开始答卷时务必高度专注于试题的分析和解答，而不要去想考好或考不好会怎样。无论涂卡或答题都要确保精确、无误。

考试，其实就是做题，就是定时练习。在平时的模拟考试中，我们认真练就本领，只要你心平气和，气定神闲，正常发挥，那么你的成绩就有了基本的保证。自信和积极的暗示会对考试产生巨大的正面影响。我们不能够预知未来，我们也就不能够预知这份试卷是困难还是容易，我们更不能够预知这次考试的成绩。但是，我们可以把握好现在的复习时光，把握好复习的范围和深难度，做好自己能够做的每一件小事情。

同学们，备考就像在黑屋子里洗衣服，你不知道洗干净了没有，只能一遍一遍地去洗。等到走上考场，灯光亮了。你会发现，只要你认真洗过了，那件衣服就会光亮如新。而以后，每次穿这件衣服，你都会想起那段岁月。

导读：逆袭也是需要基础的，是需要遵循一定的学习规律的。这里比较全面地介绍了如何改变自己的方法，你可以做到！

逆袭？初三的你如何复习应对

三月底的你要创造奇迹，机会虽然不是很多，但还是有可能的，至少山人就见识过好几个学生成功逆袭的案例。那他们有什么秘诀呢？这里山人就自己所观察到的做一个分享，也许只是一孔之见，但是能够看到自己的学生完成逆袭，也是相当欣慰的了。

不念过往

首先，复习阶段，最需要的是心平气和，是专注于学习，而不是纠结于考什么学校。每到初三最后阶段，山人总是谆谆告诫学生，你们不应该纠结于每一科考多少分，而应该重视每一科你能够掌握的知识点是否全面，重点是否熟练，难点是否弄清楚了。过去的两年半，如果你觉得自己不够努力，现在也不要去责备自己了，把痛苦难过的时间用来归纳总结，用来识记和练习，这才是最有意义的。我们应该积极地做对未来有良好影响的事情，而不是浪费时间去追念过往。心平气和，接纳自己不努力的过去，开启自己拼搏的未来。至于考什么学校，最重要的是你的成绩，是你的实力，实力到了，平台就高了，你的选择面就大了，你更有底气来做自己期待的选择。

其次，发扬优势，撑起你的自信；弥补短处，抬高你的底部。山人对于那些综合成绩不怎么样的学生，一直都强调要建立自己的学科优势，可以是你在这几科中稍微好一点的，也可以是你最喜欢的科目，通过对这一科的学习，达到你自己最高的水平，达到成为你的比较优势的水平，成为你认可自己“智商”“能力”的基础，然后你再乘胜追击，超越过去的自己。短处是需要弥补的，因为你的弱势学科从一个极低的水平提升，其实比从一个中高水平提升到高水平要容易得多。更直接地说，就是你的短处，如果稍加努力，是很容易获得实打实的分数效果的，那么你的综合成绩得到提升就是比较稳妥的了。底部抬高了，优势又具有了，你综合实力就更强了。

最后，时间与效率并重，动脑与动手齐抓。所有努力的一个前提条件就是，你必须要有一定的时间来进行训练。如果没有时间的投入，甚至说没有充分时间的投入，你想达到一定水平是不可能的。当你的时间已经达到你能够使用的极限时，你才有资格去探讨自己的效率问题。就如我们常说的那句话，以你现在的努力程度，还根本没有到拼智商的地步。效率提升，时间足够，那么你的绩效自然可观。动脑是指你一定要学会归纳总结，思考每一学科知识点之间的联系和区别，最好是能够自己画思维导图，并且要自己总结在本子上体现出来，时常翻看，真正把知识的内在结构融会贯通。不动手，不做记录，你的思考很快就会遗忘了，对后期的复习来说，就没有一种积累效应。

不畏将来

首先，你要明白，选择什么样的学校，其实是对自己未来生活方式的选择。尤其是对于在私立学校读书的学生来讲，可能一个小小的选择，你人生道路就会走向截然不同的结局。比如山人常常告诫自己的学生，升入本部，其实就是选择了未来精通一门外语——甚至精通两门外语（双语班学生），然后进入重点大学或者出国留学。对于山人的学生来讲，很多在大学期间受惠于大学的交换生项目或出国留学的也不少。因为外语的优势，很多学生大学里轻松过四六级了，也就有更多的时间去思考人生，去观世界了。

其次，一旦选择，请坚持到底，走得最慢的人，也比漫无目标的人更早到达目的地。初三升学季，最怕的就是被择校的魔咒束缚，在各种摇摆不定中，在各种外界干扰中，不能静心学习。而你一旦选定了，要考出一个好的成绩，为自己创造一个更好的平台，那么就请及时把注意力集中在自己目前应该做的事情上来。山人甚至告诫家长，不要每周都和孩子讨论如何选学校。单纯一点，就是最难考的本部！考出好成绩，哪里都适合！

最后，给自己一个可以自由成长的平台，你就拥有人生多样的机会。未来的不可知常常让人感到恐惧，克服恐惧的最好办法，就是努力做好现在的事情，让目前的事情带你走向好的方向。你的努力就是在为自己打好基础，就是在建立一个更自由的平台，你将拥有更好的机会。比如在本部学习，其实就是增加很多分数之外的技能，让你拥有更多的选择。你还有什么犹豫不决的呢？应该知道，无论做什么事情，拼搏总是必需的！世界那么大，你需要利用“外语”陪你去看看！

未来已来

语文复习要点：“少量多次，间隔反复”“记少不记多，不记常态记变态”“牢记套路，举一反三，以少胜多”。

根据记忆规律，每次记忆少量的东西，通过间隔反复记忆的方式，可以把内容记得更牢固，更长久。并且，我们在记忆时，把熟悉的知识通过我们的经验常识进行回忆，如果很容易，那么就都“忘掉”，遇到的时候凭借常识来回答即可。而我们要特别关注的，是那些特殊用法，也就是“变态”的用法，这些用法出现得不多，但是在考试中却常考，且容易混淆，因此需要用心记忆。

学生答题感觉自己什么都答到了，但是不知道为什么就是得不到期待的分值，很大程度上是我们自己核心内容都到位了，但是在语言的表述上不够准确，没有按照答题的套路来。“自古真情留不住，唯有套路得人心。”答题语言也是需要包装的，也就是表述的专业性。这个只有多做题、多琢磨才行。有人为了让自己答题更准确，就购买了大量的资料，想通过多做来达到目的，但是却因为时间不够或者自己“懒惰”，实际上各种文体的训练少之又少，加上自己又不去进行归纳总结，最终题做了一些，效果也不好。

山人的建议就是，给自己挑选一定数量的试题，精通这些篇目的题型设置以及答题技巧。比如，中考语文常考的记叙文中小说类、说明文中科技类以及议论文等，各选择10～15篇，认认真真地做，把答案原封不动多抄写几遍，研究每一种题型的固定结构形式、变式，好好记住这些篇目的试题及答案，就有了答题的范例了。这也是山人当年参加司法考试时，成功搞定第四卷的法宝。

总之，语文要背诵默写准确，语言表述专业，作文语言表达多样化。

其他学科的复习

山人的总结就是：“重视基础，做到手熟”“重点题型，自编自答”“书写规范，淡定从容”。

常说的“粗心大意”，其实就是不熟而已，并不是哪个人天生就是这样粗心的。高级题型都来自基础题的不同组合方式，把基础知识融会贯通了，然后可以产生很多的变式。如何能够准确？“无他，但手熟尔”，有的老师说得更有意思：“把不会的都做会！”虽说有些题海战术的意思，但是这是在举一反三基础上的做题，是典型例题的反复训练，直到能够让自己关注每一个细节，学会如何发现题干中的隐藏条件及陷阱，最终在计算中准确完成。

重点题型不仅要能够做陈题，还应该从自己的经验出发，主动改变条件，给自己编题来做，这就是“温故而知新”的表现，也是我们推陈出新，以应对考试中的“陌生”题的技巧。想一想，你对于这类题型，能够认识到可能的变化，并且自己都做了“推演”，遇到实际情况的时候，当然就不会手忙脚乱找不到解题突破口了。

书写规范是要从平时的练习开始的。有人总是说“考试的时候我会认真的”，可惜每次考试下来“我太紧张了，所以没有写好”，这样的废话说了多少次？是不是太耳熟了？与其考完后来自我辩解或者后悔莫及，不如现在开始，就认真地、一笔一画地书写，养成一种习惯，在紧张的考场上，顺其自然，发挥自己的常态就好了。

其实考试就是做题，就和平时做作业没有区别，只不过限定了时间而已。

最后说两句鼓励的话：

你想逆袭？就从现在开始，集中精力，做好手边的事情吧！

导读：拥有优势心理，也就更容易拥有未来的成功。从看成绩单时的表现，就可以看出一个学生目前的心理状态。

培养优势心理

看成绩单时的有趣心理分析

二诊考试成绩出来了，多数学生来看自己的成绩和名次，当然每人的表情是不同的，从他们的叽叽喳喳中，你会发现一些有趣的现象：有的学生不好意思来看自己的成绩，就让别的同学帮忙看；有的学生看了自己的成绩，然后就看自己前面同学的名字，貌似有什么情绪隐藏在严肃而怪异的表情下；有的学生看了自己的成绩以后，马上看看自己名次后面同学的名字，忽然之间有一种淡淡的喜悦眼神透出；有的学生则看了自己的名次以后，马上急切地去看×××的名字，看人家名次，或许为之高兴，抑或为之悲伤……种种表现皆被本先生洞若观火啊！

诸如此类的现象，我推测有着这样的心理特征。

1. 不好意思来看成绩的学生，多半是对自己的成绩既看重，但是又有着一种恐惧感的，仿佛通过别人的转述，自己的心情就好受一点点，至少有一种防护的作用。因为通过看同学的脸色眼神，就知道自己的考试结果，可以预先有心理准备。或许，也是一种胆怯，怕到老师那里来看成绩，如果考试成绩不理想，会遭受老师的批评吧？

2. 看了自己的成绩，马上看自己名次前面同学的名字的，往往是比较积极上进的学生，心中有一种竞争的意识，急切地想知道，通过自己的努力究竟超越了哪些同学以及还有哪些同学在自己的前面，也可以推测出这次考试的难易程度以及自己可能发挥的水平。最重要的是，自己还有没有上升空间。这些同学是勇往直前的一类人，不断地了解竞争者的实力，反思自己的差距，于是在一次次的考试中，都不断地鞭策自己，不断地超越自己，不甘人后。

3. 看了自己的成绩后，马上看自己名次之后同学的名字的，往往是想看看，那些与自己差不多的人现在在哪个位置？这种比上不足、比下有余的心理，折射出一种惰性。如果某个曾经在自己前面的同学，现在居然在自己的后面，甚至那更是感到一种莫名的激动和安慰。在和家长说的时候，也可以振振有词地说，某某也考得不怎么样，还在自己之后呢！只要后面还有人，就安稳如山，不思进取。如果自己稍微考试好了点，还可能沾沾自喜好半天，甚至开始嘲笑那些天天努力却进步不大的同学。这种人的负面影响力是很大的。

4. 有一种同学，对自己前后的名次并不感冒，他想知道的是某个特定的同学考试成绩如何，坦白地说，是自己的好友或者自己暗中喜欢的某个人，哈哈哈……至于知道之后的心情，当然各不相同了。不过有一种很好的现象是，他们知道，在某个时候应该给予自己的同学鼓励，某个时候应该给予忠言善意的提醒，某个时候又应该一同感受这喜悦与悲伤，然后互相鼓励着继续奋斗。

当然，也有人对成绩是视如“浮云”的，因此就不多说了。

班科合作，“立体”帮助

对成绩的关注，从根本来说，可以看成对学习的重视。关注自己的成绩，就是关注自己的学习状态。每次班科联席会，我们都会认真地研究班级情况，认真分析每个学生最近阶段的学习状况、学习心态以及最近的其他表现，对学生的发展潜力也做一分析，并研究和制定对学生的帮助计划，常常互相敲定由某老师去找特定学生谈话、鼓励或提醒。这样，我们都对学生有着充分的了解，可以协同教育帮助学生，也了解了各个老师的教育理念，并统一了教育思想，还加深了教师之间的相互理解配合。我们关注学生的成绩，也是关注着学生的整体成长，而老师之间的及时配合，总是能够给学生以恰当地指点和帮助。

当然，教师之间有着不同的教育理念，在学科之间有着不同的侧重点，无法避免出现认识的差异。但本着互相尊重、互相配合的原则，我们可以制定一个比较适合的方案来提高班级的综合实力。

突破“瓶颈期”，才有更大的上升空间

关心学生的心理状态，就是关心学生的成长。除了集体教育之外，还有与个别学生的谈话。这些是一直以来坚持的教育常规。

而学生来问成绩，或者是来向老师请教学科的学习方法，也意味着学生心态的变化。我班有一个学生，组织管理能力很强，学习也刻苦认真，成绩稳步前进，在初三上期跨入了优生的行列，其稳定的学习状态让老师都看好其发展前景。然而，期末考试中却发挥失常，成绩下滑。老师和家长都及时给予鼓励，并共同研究制定了学习计划，学生情绪得到了稳定。但在接下来的两次重大考试中，该生起色并不大，如果以其以往的成绩来衡量，就是“不好”。这时，那些

宽慰的话恐怕就很难起到稳定心态的作用了，老师采取了暗示而非谈话的方式，想避免让学生感觉沉重压力，但是收效难说。最近，该生主动来找老师谈话，想知道自己成绩下降的原因，想知道如何提高自己的学科成绩，从这行为看，其实该生的心态已经发生了变化，以前的那种自信或多或少降低了，而学习的效率很可能受到影响。有没有一个良好的方法来帮助该生呢？我感觉到了该生的焦急心态，但是却始终无法找到最合适的语言来表达自己的关注。

这次会商，我提出了自己的疑问，老师们都谈了自己的看法。最后大家觉得，一直的鼓励是不能够变的，而具体的科目学习，学科老师在平时多给予实质性的帮助，并及时告知调整学习的方法，让学生在各位老师的共同帮助下，重新恢复到优生的行列。当然，我在想，其实作为一个脚踏实地要求进步的学生来说，一定有着坚定的信念和过人的恒心与毅力。科任老师说，这是遇到了学习的瓶颈，关键是看什么时候能够有突破，一旦完成这次向上的成功转折，该生的发展空间将极大地拓展。而如何促进学生的心理变化呢？依然是一大问题。

拥有优势心理，也就更容易拥有未来的成功

回到前面的话题，我也曾经经历了这样的看名次的心理变化。以前，我们班级的成绩基本上在年级前列，于是我看成绩的时候，常常看的是自己的前面还有几个班。而在连续几次考试节节败退后，我居然有了看身后有几个班的习惯。

由此可见，我的心理发生了极大的变化，那就是开始对自己失去信心，首先在精神上就失败了，把自己看成了“差”的一类。这样，当然就无法去想象超越的可能性了。后来，意识到这一点之后，我努力克制自己“看身后”的习惯，认真研究前面班级的优势，努力想自己该如何培养自己班级的优势，提高自己班级的学科成绩。

这就是要拥有一种心理优势，才能够激发自己的斗志，让自己不断地见贤思齐，最终择其善者而从之，也成为优秀的人。换句话说，拥有着优势心理，也就更容易拥有未来的成功！

导读： 每个人经历的一切，都能够成为使自己更加从容淡定的人生财富，只要你始终在前进的道路上。只有坚定信念的人才能够笑到最后。

自斟自饮还自乐

若不先离开海岸线，是永远不可能发现新大陆的。

——读书笔记

在切磋中才能够得到进步

这一年来，突然发现自己很爱生气。有时候宁愿“视而不见”，来避免内心的波动，但是职责所在，抑或是内心做事的标准所在，还是会选择发出不和谐的声音。

有人说，人之所以愤怒，本质上是对自己无能的恐惧。看来是山人无能了。有时候又想，总得有人提出不一样的见解，这个世界才能够更丰富，在切磋中才能够得到进步。也许，山人只不过是希望身边的工作环境越来越好，所以选择了用批评来帮助改变罢了。

胸怀与格局真的影响下一代

一位朋友说，给孩子选择读私立学校还是公办学校，选择免费教育还是高额付费，其实是为孩子选择不同的思维方法，是规划不同的未来。

有时候，我们并不缺少能够教出高分数的名师，缺少的是能够带领学生走出“贫穷限制了想象力”困境的思维方式的老师。

有人说，思维方式的不同，就是未来人生的不同。就如山人这么多年来，都不曾认真研究过“中考考哪个学校好”，因为自己的学生基本上都读的本校，只有少数会自己去选择学校，而且一般家长都是早早地就有了规划，不用山人费心。

据说，普通人教孩子读书的目的，是好好学习将来到大城市工作，好好挣钱买一套房子，成为城里人。想当年，山人就是在“穿皮鞋还是穿草鞋”的激励下寒窗苦读的。所以，“钱”“房子”“户口”就是梦寐以求的目标。

换一种思维方式，是好好努力，将来才能够用自己的能力去帮助更多的人，比如做好、做强企业，能够为社会提供更多的工作岗位，给予更多人挣钱的机会。恰好，山人所在的教育环境里，正有着诸多的社团活动，而且都是公益性质的，为学生的未来发展提供思路、搭建平台。在这样的环境中成长起来的孩子，更能够专注于远大的梦想。

朋友说，现在的社会环境下，人还是应该有梦想的。如果只知道“混吃等死”，这一辈子真的太不值得了。

山人认为，这就是现实，胸怀与格局真的会影响下一代。而身在其中的人，往往不自知，或者略有感知但还是不能自我救赎。

不为自己设限，便会创造无限的可能

山人曾经遇到过一些事情，明明有更好的办法来解决，可是总有人不相信，还是沿用“老办法”，事倍功半做成了倒还好，有些人就是直接来一句“做不成”，放弃了。

改变人的思维方式，那是一件几乎不可能的事情，除非他自己愿意接受新观念，愿意尝试新办法。

怕做错事情，不愿意尝试，是很多人的通病。其实，从错误中学习，是让自己得到改善的最佳途径之一，往往在很短的时间内就能起到明显的效果。老师不愿意改变老方法，学生不愿意吃学习的苦，迟早都会挨生活的耳光。

有人说，哎呀，也想改变，但是自己年纪大了，不想动了。总之，对于不想改变自己的人来说，借口信手拈来。对真正有梦想的人来说，生命的每个时间都是年轻的，都是及时的。

人，不为自己设限，便会创造无限的可能。不冒风险，才是最大的风险。

把时间花在能够提升自己的事情上

山人曾经遇到过好几次，交代的任务被种种解释为“弄不成”，其实就是不想改变而已。开始，山人也努力去鼓励，去解释，去督促，甚至去生气、发火、吵架，后来发现，这些都是没有作用的。一转念，还是自己来吧！大不了加班加点，花点时间而已。

山人的脾气那就是“一做到底，绝不烂尾”。做好了，成果摆在那里了，也就不用去解释说明了，看的人自然知道这件事是否“弄不成”了。山人以为，这并不是为了炫耀自己的本事，只是为完成任务——其实也是为自己能力提升与检验。

把时间花在能够提升自己的事情上，而不是热衷于证明本身（“做不到”）。

经历的一切，都能够成为更加从容淡定的人生财富

后来想，山人“脾气变坏”，还是在于环境确实需要改变。山人不喜欢等到问题成堆，才去做“力挽狂澜”的英雄，喜欢不断地疏导，“防范胜于救火”。在没有认真研究之前，宁可暂时不动，也绝对不挑起事端。即使别人误认为没有抓管理的能力，也不会为了个人名声而去“大刀阔斧”，去高谈阔论。

但是，一旦认为能够坚决执行的，也绝对不会退缩。“以斗争求和平则和平存，以妥协求和平则和平亡。”从来没有人近乎完美，但是我们可以随着时间的推移变得更好。我们要的是胜利，不是要暂时的平衡，平衡了很有可能就到籍籍无名的程度了。

“生气”大概就是心理素质不够强大的表现吧？而良好的心理素质应该不是与生俱来的，而是与一个人所经历的事情、所经受的磨难以及个人阅历有着密切关系的。山人希望经历的一切都能够成为使自己更加从容淡定的人生财富。

导读：即使到了初三最后一学期，也别放弃了整体培养学生的责任。哪怕还有一天就毕业，只要有一个机会让学生得到锻炼，也要珍惜，要好好运用。这人生历练也许对某一个学生来讲就是最大的财富。

毕业班学生管理的困惑

初三毕业班的学生管理有着许多特殊的地方

首先是，初三学生个体性已经远远高于初一年级的时候了。学生对许多事情已经有着相当深刻的认识，对于自己的看法比较的固执，不轻易相信别人，也不轻易屈服于老师的教育压力。因为不同学生有着各自的思维方式，往往两极分化情况非常严重。努力的群体自然不用老师多过问，就能够很好地管理自己的学习和生活，体现出非常强的自主管理意识和较高的自我管理水平。而不太自觉的学生群体则依然我行我素，并因为年龄的增长和在学校"混"的时间长了，对老师也没有当年的畏惧情绪了。如果没有比较好的方法来处理学生的纪律、学习等问题，教师往往束手无策。所以，常常出现管也不是，不管又觉得有违教师的职责的情况，对自己的良心也是一种严峻的考验。

我在班级进入初三的过程中，就会产生很多的困惑，并且在上期期末的家长会上，把自己的困惑向家长倾诉，也提出了自己的建议，希望得到家长的理解、支持以及更好的建议。

我总结说，上期后半期的成绩有所下降，作为班主任的我有着不可推卸的责任，那就是没有严格的管理。而自己之所以没有像往常一样严格管理，其实是源于"怕"管。我归纳了自己怕管理的原因，有如下几点：

一是在进入初三以后，发现学生存在的许多问题，和往届初三学生的问题有所不同。

这是我在本校的第三届学生，以往的两届学生往往在前两年中成绩和班级整体表现不怎么突出，所以一直小心翼翼地管理，并且在对学生的要求上并没有过高的期望，这样反而给学生的个性发展提供了一条路径，与学生的关系相对而言更和谐一些。

这一届学生在初一的时候整体表现居然比以往的两届要"好"，也就是说开始的时候多表现出温顺的一面，同时在成绩上也比较靠前。因此，前两年的表现让自己的期望值越来越高，结果在很多方面求全责备，与学生的关系反而变得疏远了，感觉到学生和科任老师关系很融洽，和班主任却始终有着比较远的距离。因此，在管理中有时就处于一种限制状态，很难做到往届的那种从容不迫。

进入初三以后，由于对学习成绩的要求更迫切，以至于在某些方面和学生产生了一些冲突，甚至对立，陷入了一种恶性循环，所以在后半期就干脆做了反向的调整，陷入一种痛苦的思考探索中。

二是学校发生接连的事件以及社会上对于学校事件的舆论，让自己有着一种“多一事不如少一事”的想法。

去年学校发生的一些事件，虽然从事情的本质上来说，不是班主任和学校的责任，但是，对班主任的影响也是较大的。而社会的舆论往往站在学校的对立面，对老师的苛求也让老师背负着沉重的心理负担。

班主任管理严格了吧，万一出现什么特殊的情况，往往很难辩解，那最好的办法就是，大家“和谐”，睁一只眼闭一只眼，反正对教师的实际利益来说，是没有什么损失的。而且，这些年来发生的一些事情，往往是在学校王牌班主任的班级里，这更让人感到一种悲伤。不是我们的老师不负责，而是有些事情让我们尽职尽责的班主任防不胜防。

三是家长的支持理解不够，让老师无所适从。

在半期之前，我一直秉承着严格管理的要求，都是严格监督那些违禁物品，遇到在教室里出现的与课堂无关的书籍以及手机、游戏机等等，都是按照学校和年级的要求，没收，然后交还给家长的。

但是，有些家长顶不住孩子的压力，很快又还给了孩子，于是就出现了老师抓，学生家长不配合的局面，抓不尽，反反复复出现在某些孩子的身上。这让老师感到寒心，而更寒心的是，当我采取了暂时不还给家长的时候，有的家长还给班主任打电话，找出各种理由，就是希望老师“为了和孩子的和谐关系”，还给孩子。如此种种情况，让作为班主任的我很无奈，感觉到费力不讨好，既然如此，那又何必自作多情呢？要和谐，最容易！

做一个学习型的教师，不断转变观念寻求解决方法

放松管理，于我而言，不见得是一件快乐的事情。相反，让自己感觉到的是一种痛苦。这种痛苦不单纯是班级成绩的下降，而是对无法开展有效管理，对自己管理能力的弱感到苦恼。

在这三年来的管理中，我也曾经探索过多种方法，也曾经试图改变自己的管理理念和思维模式，但是貌似成效不大。从去年痛苦的那段时间开始，我就一直在阅读与教育管理有关的书籍，希望能够从中找到适合自己的个性，也适合目前班级状况的一种方法，来改变目前的处境，也给自己的学生一条更为光明的出路。

作为班主任，深知没有任何一种管理方法是可以放之四海而皆准的，也没有一种可以一辈子都不用改变的方法，来管理自己的每一届学生。随着时代的发展，每一届学生都有着与往届学生不同的特点，这些特点来自社会的发展变化，来自学生家庭的不同，来自教师对学生特点的不同看法。于是，我只能够说，教师也应该与时俱进，不断地了解学生的情况，学习先进教育教学理念，做一个学习型的教师，永远做一个“小学生”。

新的学期，我想尝试着改变自己，首先从心态上改变。上期期末的家长会，我坦诚地说出了自己的困惑，既是一种疑问，也是对自己心灵的解放。然后，我们共同去寻找方法，解决班级目前存在的问题。

强攻不行，再出奇兵

Y一直是班上比较特别的学生，能说会道，而其父母基本上不是其舌战的对手，所以，此小孩在家里基本上没有对手。家长对其也只能多“笼络”，而无法严教。

我在与他的几次交锋中也基本上没有占到便宜，偃旗息鼓了好长一阵子，苦苦思索解决的办法。我发现，该孩子是自信与自卑并存的。小学时，看了不少课外书，眼界比较开阔，语言表达能力比较强，相比同龄孩子来说，思想显得成熟一些。而其在学习上，又比较懒惰，因此成绩每况愈下，逐渐地又严重打击了狂妄的自信心，显得比较消极。在这种复杂的心理状态下，一方面既不理睬老师和家长苦口婆心的教导，另一方面又极其渴望得到老师和家长以及同学们的认同。

到了初三，我知道如果再单方面在学习成绩上逼迫他，是得不到较好的效果的。只有从另一个方面来进攻，于是，根据其表现欲较强的特点，在班级活动开展中，常常就找他来参加。比如班会课的主持人，多写串词，参与表演。再比如班级报纸的编辑中，找他来参与稿件的录入、稿件的订正修改，让其有抛头露面的机会，而又恰恰是通过其比较有把握能完成的任务，来增强其自信心。以前

导读：班主任的“高音”，往往是为了“镇住”学生，然而常常假戏真做，连自己都七窍生烟了。希望，不要用别人的错误来惩罚自己，拥有“不斗”的智慧。

当批评如“暴风骤雨”

“暴风骤雨”你有没有?

“给你讲了无数遍了，有没有？……有没有？……你懂不懂？”

像这样分贝超过100的声音，当批评如“暴风骤雨”在走廊上响起。在你的求学生涯中，这样的班主任，有没有?

做班主任的都有着自己的几把刷子，所以请任何学生务必谦逊一点，低调一点，把握好在班主任面前的进退之道!

当你们以为老师只把自己当成一群温柔小绵羊的时候，其实老师也是把自己斗狼的本事隐藏起来。只要你们有一天一不小心，露出了你们狼的本来面目，想大肆挑战的时候，你们才会猛然之间发现，那同样温厚的牧羊人原来曾经是勇冠森林草原的猎人!

要有不“斗”的智慧

我自己做学生的时候，班主任的“高音”好像都已经忘记了，没多少印象，留下的记忆都是班主任那运筹帷幄、来无影去无踪的行事风格，在那时我的眼里，班主任是无所不能的，搞定我们绰绰有余。后来的同学会，我才知道，貌似还有更多的故事，是我这种幼稚笨拙的学生所不知道的，那些传奇在岁月的洗礼下，变得更加的神奇。

做了教师以后，才发现，不仅仅要有斗狼的勇气，更重要的是要有着斗狼的本领，而尤其重要的是，要有着不与狼斗的智慧。杀敌一万，自损三千。斗总是有损伤的，输赢都是一种损失，而羊群很可能在斗狼的时候就四散奔逃了。所以，斗狼，不如让狼爱上羊的生活。

常常遇到这样的情况，安静的晚自习，隔壁的班主任的“高音”，我常常让靠门边的学生把门打开，微笑着说：“这样吧，以前总是有人说我管理太严格了，不温柔，那隔壁老师多么让你佩服，来来来，给个机会？”

不要用别人的错误来惩罚自己

温柔总是相对的，“暴风骤雨”却是难免的。有的班主任“高音”的穿透力至少可以延伸前后两个班级，而最厉害的可以让声波拐弯之后再蔓延两个班级。那架势，那身段，举手投足间王者风范一览无遗。

牧羊人的眼中其实隐藏着猎人的睿智。那些自以为无人知道的小事情其实在班主任那里均细细记着，在合适的时候，就让你知道随时有着眼光在你背后。

不“高音”的班主任在我的教师生涯中至今没有遇到过。有的班主任，虽然没有见过其“高音”的场面，但是，传说也是有着精彩表演的！我的“高音”呢？杀伤力一般只延伸到前后各一个班级，能力有限啊！

不过，我也不逊哈，那就是“高音”体比较具有震撼力，现场感非常强烈。坊间传说就是“坐着的比站着的更感到害怕”！其实，我知道，“高音”何必言辞激烈呢？拐弯抹角地批评一下就可以了。

平心而论，以激烈的言辞批评人的时候，对自己的伤害也是很大的，那种怒气即使是走出教室，也会持续很长一段时间。所谓痛快淋漓发了气就很舒畅，其实是一种误解。真正的怒气是会浸透骨髓的，很影响人的身体健康。不要用别人的错误来惩罚自己，生气就是对自己最大的伤害。

内心的态度，决定外在的行为

让一个学生认识错误，是要在他有着修正自己，有着改变自己的想法时，是要从内心的转变。

用外在的力量来改变人，其实很多时候都是徒劳的，因为他可以在外在强大压力下做暂时的改变，来应付你，但一旦外在压力消失，原来的习惯就暴露无遗了。而从内心开始的改变，却可以对自己起着强制的作用，即使外力消失，内心的信念也会限制着自己，让自己按照新的习惯和要求来做。当然，这不是说外在压力就根本不需要了，而是说，外在压力一定要能够促进学生的内心改变，就是要把工作做到深入人心的境界。与其是“我要你做什么”，不如是学生的“我要我做什么”。

想想，有时候，适当放手让学生亲身体验自己行为的后果，也许是更好的一种促进方式。我们咆哮的时候，学生是否有所触动呢？还是在旁边很悠闲地看我们的表演呢？值得我们深思。

导读：现实生活中，有些问题站在更高层次来看，会有不同的思路。如果你的见识格局还没有达到，那么请向高人请教！第一遍就把事情做正确，这样可以让你成长更迅速！

得了吧，你只不过是越来越皮了

从小受到“求人不如求己”思想的影响，遇到事情第一个想到的不是问别人“怎么办”，而是问自己“我该怎么做？”。

向高人学习是成长的最好途径

回顾过去的职业生涯，真的是不到万不得已，不好意思向人开口求助的。换句话说，当山人开口的时候，那意味着可能已经“山穷水尽”了，期待的是能够在你那里“柳暗花明”。

其实这也反映了一种思维模式，就是首先立足于“自力更生”，努力挖掘自身的潜力，不一定是“怕麻烦别人”，更不一定是“怕丢脸”。其实山人的思维模式里，还有一种认知就是，能够解决问题的方法都是好方法，即使这个方法是别人想出来的，或者在别人的全力支持下才能够达成的，也没有关系。甚至是，别人先嘲笑一番，然后帮助山人达成，也没有关系，毕竟能够在这个时候有点幽默感，也是不错的嘛！有时候，别人的笑只是暂时优越感的体现，也并没有鄙视或者嫌弃的意思，不然人家就不会帮助你了。

实话实说，求助于别人真的不丢人，丢人的是“怕丢脸”而没有完成任务。就如成长中学习各种技能，向别人求教并不丢人，谁也不是天生就会的。作为一个学习者，不耻下问自然是美德，更重要的是，要敢于向高人学习，而我们面对高人的时候，往往有畏惧心理，不敢求教，从而错失了获得更快成长的机会。就山人的经验而言，向高人学习是成长的最好途径，因为现实生活中，有些问题站在更高层次来看，会有不同的思路，你身边的人也许并没有见识过这种状况，或者说他们除了失败的经历，很难提供成功的途径。

第一遍就把事情做正确

简单生活比较容易，老年人的生活就比较简单。而我们面对复杂的人际关系和不断变化的工作环境，想要简单生活就不容易了。那我们要学会的就是简化生活、有条理地生活，厘清楚自己生活中的价值，分清楚工作的轻重缓急。

比如，不要给自己确立太多的小目标，而是要在一段时间内只做有限的几个目标，这样更有利于精力的专注，也能够促进目标的真正实现。放弃一些不必要的事情，也不要把自己培养成为让每个人都喜欢的人，也做不到人人满意。给自己留出一个属于自己的专属空间以及属于自己的专属时间，在这特定的时空里，你就是你自己，做你自己喜欢的事情。

山人在教育教学过程中，还通过课堂阅读，让学生学会清理书桌，在阅读的时候桌面要干净整洁，只留阅读的书籍、笔记本、笔和水杯。每次上课的时候，也要求桌面上只能有本学科的资料，不准把桌子上堆得满满的，表示自己“爱学习”。阅读，就是享受这一刻的宁静和舒适。其实在生活中，山人也是一直主张享受这一刻的过程。工作要享受工作的快乐，生活要享受生活的温馨。

山人仿佛有强迫症，喜欢把用过的东西“复位”，哪里拿的放回哪里，也严格要求学生学会整理自己的资料，有人认为整理的过程浪费了时间，却没有看到到处乱翻寻找的时候更浪费时间。我们常常说，最节约时间的方式就是第一遍就做正确。如果我们常常感到自己手忙脚乱，时间总是不够，事情总是不断涌来，你首先看看是不是有事情需要“返工”的，如果是因为原来没有想仔细就鲁莽行动，或者做错了而必须重新再来一遍，那就意味着你是自找麻烦。如果你想简化你的生活，那就从细节入手，第一遍就做正确，让自己面对的都是生活中的新任务。实际上，你完全可以因此获得更多的空余时间来安排自己的工作与生活。

用心感受做事情的过程

我们在做事情的时候，思考的只是眼前的“完成任务”，还是把事情当作一件艺术品来修炼自己的内心？真正找到你所需要的东西，并在做事情的过程中乐在其中，这当然需要改变你固有的思维模式，用新的思维习惯来代替它。

导读：向高人学习，是你快速成长的捷径。与其临渊羡鱼，不如退而结网。好好珍惜自己的时光，让自己尽快成长，才能够更好地抵御未来的风险。

只问你肯不肯学

提升自己，维持高质量的朋友圈

如果不想看书，又想提升自己的知识水平，怎么办？

办法当然很多，其中之一就是：善于与人交流，听人讲述。不是有句话说，听君一席话，胜读十年书吗？多向具备某方面专业知识的人请教，脸皮厚一点，积极主动一点，是完全可以的。就算是被拒绝，被嫌弃，也一定能够感悟到新的东西。

当然，我们很多人的想法是，求人不如求己，怕麻烦，怕被拒绝，还没有行动就已经输了。这可不是输在起跑线上哦，说不定你的终点线，就是人家的起跑线呢！

多交友，交高质量的朋友，可以给你的人生带来不一样的体验，或者说是在你平淡生活中，带来多样的体验。《论语·季氏》：友直、友谅、友多闻，益矣。这是益友有三的来源。我们的朋友圈不一定要多宽广，但是所交的朋友一定要是见多识广、有心胸有气度的，这样才能够促进你自我提升。

有人说，人家也不见得接纳自己啊！是的，但这不恰好是你努力提升自己的动力吗？维持高质量的朋友圈，远远胜过低质量的社交。你把虚与委蛇的时间用来提升自己，甘坐冷板凳，从量变到质变，总会有让人刮目相看的一天。

深刻理解每一种变化后面的原理，是真正学懂的关键

如果是一项工作发展的不同时期有不同的变化，更要在学习的时候，紧跟师傅，随时请教。因为，理论的东西，都很容易解释，也容易知晓。但落实到具体实践中，由于情况千差万别，从因地制宜出发，肯定会有随机应变的策略。因此，观察师傅日常工作中处理具体问题的不同方法，随时请教和交流，深刻理解每一种变化后面的原理，是真正学懂的关键。

比如作为班主任，想知道如何激发学生的学习兴趣，如何激发学生的斗志，如何团结班级学生，如何给学生分析处理人际关系的方法等等，或许在各种书本

中已经有很多的方法，但是在面对具体的学生时，操作策略是不同的。你需要的是学会聆听，领会其他老师是如何用不同的表述方式，来唤醒学生的自尊心，来调动学生的情绪。语言表述方式的不同，同样的内容带给学生的感受就不一样，达到的最终效果就不一样。

“择其善者而从之”，前面还有个“三人行”，行，散步，就是在最放松的时候，学会了更多的东西。台面上的话，大家都会说，可是在最放松的时候，语言表述方式是最自由的，这时候可能才是真实想法流露的时候。所以这个时候的学习才是“过筋过脉”的，最值得留心的。

导读：如果班主任自己特别能干，有时候可能反而是一种灾难，因为学生在你一枝独秀中，失去了锤炼自己的机会。学生成长中能够不断收获，从失败中汲取智慧，才是走向成功的一种途径。

成功者的傲慢与偏见

成功者的傲慢与偏见，将导致失败

有一种失败是成功者的傲慢与偏见造成的，因为胜利者一直的自以为是，不再能够听得进别人的意见。比如，邀请朋友们来帮忙谋划，但最后是所有人的建议都被有力地驳斥了，主人家以胜利者的姿态舌战群儒，取得成功，找到了自己的“自信”，这样的聚会一次次成为主人家炫耀自己的机会。直到后来，来者都知道该说什么了，然后，失败自然就很快来临了。

就如，自己教书的时间稍微长了一点，就开始不太接受别人的意见和建议了。曾经有用的方法，以为将永远有用，不知道变更，不知道随着时间的流逝、形势的发展变化，很多旧方法是需要具体问题具体分析，做出变通才行的。执著于自己的方法，听不进别人的建议，自然就会逐渐离事情真相越来越远，离成功的距离也会越来越远。

记得，在某些事情的处理上，学生们也曾经提出了很诚恳的建议，我虽然有可能耐心地听完，但是，往往会说一句：“以前曾经有过这样的方法，但是最后失败了”或者说“这样做的结局，会是什么什么的，别尝试了”。当然，事情在我的建议下，可以四平八稳地完成，不受到表扬，但也不会挨批评。这就是一种求稳的平庸的思想，不是学生们所期望的积极进取的思想。

我也曾经组织过所谓的学生参谋团，对班级事务进行探讨，提出建议。只可惜，当需要让学生尝试的事情多了，而作为班主任需要承担更多风险的时候，就有些不想“这么麻烦”了，学生的参谋最后也就不了了之，转而变为班主任的自行决定。一旦这种自行决定，接连取得成功，那么作为成功者的傲慢与偏见就很快产生作用，将导致失败了。

需要一种勇气：不计较名利，不在乎荣辱

培养学生的参与意识，要真正地落实，意味着作为班主任要敢于承担尝试失

败的责任，敢于放下以胜利夺取个人荣誉的虚荣心，而真正让学生从实践中得到知识，得到锻炼，得到经验和教训。其实，真正的知识不仅仅是你的教导，而更重要的是他自己的感悟，真正的智慧来自失败，来自对自我的不断反省与总结。

这是需要一种勇气，一种不计较名利、不在乎荣辱的心态。

而人总是有一种习惯：不喜欢改变，尤其不喜欢别人的意见主宰了自己，让自己有一种被人控制的感觉。我们做一件事情，越富有创造性，承担的风险就会越大，因此尝试新事物，运用新方法，关键是要有承担比循规蹈矩更多风险的勇气。要打破自己的惯性思维，打破自己的常规，那一定要有一种精神一种毅力。

我们知道的道理往往是很多的，也知道胜不骄败不馁的真理，也知道要坚持做事，虚心使人进步，可是能不能在关键时刻也不忘记这些道理？当我们一次次成功的时候，有没有一种盲目乐观的情绪在主宰着我们的意志？所以说，知易行难。

感谢那些不断到来的挫折，感谢那些不断到来的小风险，让我们时刻保持着警惕的心，让我们在危机中一直睁大眼睛，小心地驾驶自己人生的航船。人生的一帆风顺，有时候真的不见得是幸运，因为那意味着更大的风险就在盲目的乐观情绪的包围中。

挫折既折磨我们，也促使我们知道自己的不足，知道需要不断地提高自己。困难往往就是我们改变自己，增加机遇的时刻。

一切安好的时候，可以说绝大多数的人都是不愿意改变自己的，因为没有改变自己的压力，也就觉得没有改变自己的必要。当我们面对困境开始哭泣的时候，请不要忘记好好关爱自己继续奋斗，感谢生活带来的这些让我们终于自知的机会！

成功者往往有傲慢和偏见，那么，我们要不要妄自菲薄呢？我们如果时刻知道自己的平凡与普通，知道自己的长处与劣势，好好地扬长避短，居安思危，一定可以成为“满招损谦受益”的成功者！

导读：别人家的校园来之不易，理应敬重。我们自身呢？“先定为，再装为，后变为”。走一条属于自己想走的路，才有可能坚持下来，最终到达目的地。三年，你可以的。

过犹不及

没有平庸的人，只有平庸的管理。

——读书笔记

管理没有捷径，严密、严酷，才会有如此“精致”的结果

为什么他们的校园如此纤尘不染？找不到垃圾桶，又看不到垃圾？当我们不断赞叹的时候，是因为什么？有人问：是不是他们的学生家长平均素质更高？有人问，是不是因为周边环境？有人直接认为是学生素质问题。其他原因我倒是没有兴趣讨论，不过什么东西最终都落脚到“学生素质问题”上，是不是问题就得到了解决？

山人从来不否认，学生的基本素养对班风学风的影响很大，但是又不得不强调，后期的管理更是不可忽视的。当他们在赞叹“别人家的学校”，在哀叹“自家的学校”的时候，山人幽幽地问了一句：“可能你们要去问问他们的老师，这样生活累不累。”

是的，这样“纤尘不染”，这样的“素质高”是不是自然而然得来的？如果我们要效仿，山人倒是紧张起来了：那我们这些班主任们又要辛苦到什么程度？我们做好准备迎接管理者即将到来的各种要求了吗？

反正我知道，管理没有捷径，只有严密、严酷，才会有如此“精致”的结果。我只是想说，当我们赞叹别人的美好的时候，可以赞扬，可以仰慕，但是要真的让自己也达到，恐怕就得有改变自己现状的心理准备——尤其是让自己更忙碌和辛苦起来。

不断地激发学生提升自我的激情

山人最怕被叫去教实验班——也许有人觉得是一种荣耀，但是山人觉得是一种折磨——教得好吧，是人家素质高；教得不好吧，那就是你的水平不行，两面不讨好。而平行班呢？学生有素质高的，有水平差的，没关系，什么样的学生你

都可以看到，于是我们就可以轻松上阵，如山人的常用语所说：“还有很大的提升空间。”

管理出效应，最好的管理，就是不断地激发学生提升自我的激情，让他们觉得自己就是应该优秀起来的。人的行为形成的最大的秘密，就是“先定为，再装为，后变为”，如果我们自己都不知道什么叫作优秀，然后叫学生要“优秀起来”，是不是有些离谱？优秀首先需要榜样，然后才是超越榜样，让自己成为标杆。

你知道怎么给学生定位？或者说，先把自己的学生“定为”什么？出类拔萃，当然可以作为榜样，如果真的按照这样的标准，我们作为班主任可能会需要做出什么样的管理调整？我们增加的辛苦程度会是什么样的？

当然，不是说我们就无所作为，只是说可能每个学校的管理重点稍有不同，学校的传统习惯也有差异。在“方便合适”的条件下给学生树立榜样，管理力度也就正好合适。

“先定为，再装为，后变为”

“先定为”。我们跑步应该什么标准？天天吼得凶，说什么不好什么不对，但是我们压根儿就没看过“好的”“对的”，怎么知道标准？我们觉得自己还蛮好的呢！我们已经很辛苦的啦！后来，电视里放了一下“别人的学校”，于是乎小伙伴们惊呆了，原来跑步还有那么“奇葩”的队形？那么“变态”的状态？后来，我们就找到标杆了，虽然我们还达不到，但我们知道自己现在的状态真的很糟糕，“同志仍须努力”！

“再装为”。知道了，我们努力去做，三分钟热度自然是不够的。任何事情，其实最怕开头，开始之前想得太多，结果阻止了自己的行动，最后成为笑谈。一旦开头，剩下的事情就是如何坚持下去，如何不断地修正自己航向，义无反顾地往前走。内心反感？没事，你先“假装自己”能够做到，并且在行动上积极起来，“装”下去，继续“装”！“我可以”给人的心理暗示效果是很明显的，我们行动的改变往往首先是因为我们观念上改变了，观念是影响我们改变的重要因素之一。

“后变为”。习惯成自然，当我们面具戴久了，面具与我们的脸皮就融合了，我们就与面具成为一体了。所以他们说，四十岁以后的人，你的成就看你的脸就知道了，你的善与恶、你的艰辛与幸福，都可以从你的脸部看出来。我们的思维观念和我们的行为模式达到了统一。在某种环境中长期的教育熏陶下，学生自然会受到影响，从思维观念到行为习惯，都有着这个学校的烙印，无论影响的好坏。所以，很多家长给孩子择校的时候，很看重校风学风，很多老师在选择学校的时候，很看重学校的管理方式和人际关系状况，当然也不排除有老师看的是物质报酬的多少。人的幸福感、人际关系状况所带来的感受是非常重要的，而管理方式是否人性化也是非常重要的。

生命的幸福与满足在人生旅途中

名气大的学校，不见得所有些老师都向往。无论工资多少，收入如何丰厚，如果我们的生命中没有了自我，至少山人是不愿意去“别人家的学校”。因为，生命的幸福与满足是在人生旅途中，不是“辛劳之后”、退休时再去享受。生命是一个过程，不是一个结果。其实老了的时候，还有多少心绪、多少能力去遨游？你几十年来培养的思维观念，也不可能让你真正感受生命的美好，你的意识里恐怕就只有“忙碌”二字了。

放慢脚步，感受生活。在悠闲中，不见得就没有成就。我们的管理之中，其实也蕴含了很多的优点，也有着别人艳羡的地方。所以山人说：“别人的学校甚好，但是我想知道老师们是不是很幸福，是不是很辛苦。”

抓住核心的问题，用三年来完成

回到“我们的学校”，我们怎么来评价自己的学生？你先“定为”什么？有没有帮助他们“装为”什么？看到他们“变为”什么？想让别人变成什么样的人，就以他们是什么样的人来对待他们，这不就是“期望效应”的核心吗？我们做教师的肯定知道吧？

当我们纠结于“学生素质问题”的时候，我们是否想过要努力去引导学生提升素质？难道学生应该开始就有“高素质”来成为我们炫耀的资本？培养我们需要的学生，才是我们的最佳方案。伯乐相马，其实是基于人家已经有的才能，是去发现而已。善于任用人才，当然是进一层的境界，但是，如果伯乐没有发现，你也一时找不到人才，难道就让事情搁在那里，不进行了？

当然不能，要运转起来，必须要人才。人才有层次，我们自然要量才录用，优劣得所。关键是，人才的来源，除了发现、引进之外，你有没有勇气去培养人才，至少说，你必须得有这样的思维观念：最好用的人才其实是自己培养出来的人才。

“学生素质问题”有时候貌似也是“教师素质问题”。平行班也可以做得更好，至少在某些方面，学生还是可塑性很强的。有没有在接手之初，就为自己的班级设定了目标？未来三年的发展有什么基本的规划，让学生达到什么样的状态，是很重要的值得研究的问题。抓住这三年核心的问题，从开始就设定目标，并且坚持下来，一定会有收获的。

多为成功找方法，善因结善果

一分耕耘一分收获，这个道理何其简单。当你期望有更多的收获时，请不要忘记了，你一定得付出超过现状的努力。“志当存高远”，我们喜欢用来作为班训。但是什么样的“志”才是高远的？不知道。你可以说，人各有志，但是对于现在的学生来讲，我们能不能给予一个初级的目标，一个班级共同努力可以实现的目标？山人目光短浅，只希望三年之中，我们培养出来一个“好学不倦，与人为善”的团队。于是，我们就这样努力吧！核心目标之外的，就看淡了，与世无争了。

多为成功找方法，少给失败找借口。

导读：培养学生创新精神，本质上就是少一些压制；鼓励学生前进，就要适度思考，不回避困难和挫折，打开心扉去挑战和体验。

打开方式

简单制胜，长期制胜。

——读书笔记

过度的思考，常常很顺理成章地成为行动的绊脚石

真正能够改变我们的不是想法，而应该是行动。很多道理其实我们都知道，但当面临实践的时候，由于自己的信心、勇气、习惯等等，实际操纵我们的就从真理变成了谬误，于是我们常常怀揣美好的梦想，却依然在堕落的老路上狂奔。想得美好，却没有行动，这是我们很多人都会遇到的瓶颈。最多的借口就是，“我还没有完全想好”，思考从来不是一件坏事，但是过度的思考常常成为行动的绊脚石。

人生的路，你走着走着就会明白，这世上真的有些事是以你现在的视野看不清楚的，你必须先走两步。让现实的问题真正暴露出来，你才有机会去面对，有机会去解决，而不是永远停留在设想当中。于是有人说，每天拿出五成的时间来思考就够了，因为剩下的要留给行动，我觉得用两成来思考，三成来学习，五成来行动最好。

把困难看成是一次有趣的挑战

走两步？Go！仔细思考那句广告词，真的很有积极意义：Just do it！学习、思考、行动，一气呵成！我之所以特别强调看书学习，也特别敬佩那些参加系统学习的人，是因为随着信息接触方式的改变，我们每天都被大量的信息淹没着，我们自以为获得的信息已经够多了——尤其是以为有用信息够多了，实际上则是信息泛滥，却完全是碎片化的。它们只是你脑海中零散的存在，并没有成为一个完整的知识体系。

静下心来阅读，或者静下心来进修，则是让你的知识系统化、让你的思考更有深度的好方法。我因为惧怕考试，所以不想参加各种凡是带考试的培训了——“司考后遗症”。但是阅读却依然成为首选。书籍将所有的点连成一个面，进行

系统的知识归类和梳理。书籍带给我们更多的是梳理问题的方法和思维方式，而这些既不是经验可以代替的，也不是零散的阅读——近似于道听途说——所能够给予的。

常常对学生讲，学习期间遇到了困难，悲伤是难免的，但不要太较真。当某事不顺利的时候，你可以把它看成是一次有趣的挑战，或者仅仅是一次积极学习的体验。做学生是人生最幸福的阶段，允许你多次去尝试，因为你有的是时间，有的是机会。本来失败就是一种学习，甚至可以说，我们从失败中学到的要比从成功中得来的更多。“失败是成功之母”，其实是很有道理的。

不压抑人家的“不务正业”，就已经很不错了

我们常常责备中国教育“怎么了”，认为没有培养出“诺贝尔奖”获得者，就是我们老师出问题了。不可否认，老师的教育管理方式——不，是教育制度给予老师的教育管理空间，和教师的个体素质，可能确实给一些有创造力的孩子设置了障碍，但真正的想象力和创造力是扼杀不了的，因为创造力和想象力是人的天性，只要有机会一定会爆发出来的。就犹如一个刻板木讷的人可能在某些场合也会变得风趣幽默一样。创新能不能实现，还和社会大环境有没有给予创新最大的宽容度有关。与其责备老师，不如让那些敢想敢做的人有更大的发挥空间，让制度去保障创新者获得应该有的荣誉和利益。

这里想说的就是，不要老想着如何培养孩子的创新能力，只要你不压抑人家的“不务正业”，就已经很不错了。新生事物可能我们不懂，不如先让人家走几步看看。真正是代表发展潮流的，你挡也挡不住的，你必须得改变自己来适应。如果你还支持和帮助创新，那真的是谢天谢地啦！创新，尤其是颠覆式创新，在现实生活中大多数都会失败，即使真正能够成功，也需要几十年才能够被人们所接受。由此可见，随着时间的推移、社会的发展，随着接受教育的深度和广度变化，我们正在迎来一个创业创新的时代。

当大环境给你提供了一个良好的机会，那么你最好的方式就是好好利用这样的机会来发展自己，去实现自己的梦想，尤其是马上行动。从练好内功到发挥出来，自然有一个过程，不要着急，只要顺其自然即可。如果你陷入了困境，请尝试其他的打开方式——尝试别的方式可不可以做到。

对于自己，我们要敢于积极行动；而对于别人呢？“除非你做得更好，否则不要批评。”

导读：批评与团结达到矛盾统一，尤其是运用好批评的艺术与技术，就能让你在“咆哮”中越来越平静，越来越善于成就班级的未来。

批评与团结

“一切成功的教育都是和谐的教育。”“无批评教育是伪教育。”

——孙云晓

从学生的角度出发来分析批评教育的重要性

和谐的教育也需要恰当的批评来予以保证。关于如何批评学生个体，并让其乐于接受教育，很多的文章已经阐述得非常清楚的了。

而对于如何通过批评教育来营造一种和谐的教育氛围，却是我们很多新教师遇到的问题。新教师往往要么温柔有余而严格不足，时间长了就管不住学生；要么严肃过分而课堂活跃不够，有时候声色俱厉的批评甚至引来学生的强烈反感，于是在“斗智斗勇”中屡战屡败。

和谐的教育，才能成就成功的教育，而和谐一定离不开必需且恰当的批评，来保证氛围的融洽。由此，我们可以这样说，批评正是为了学习氛围的融洽，也正是为了教师教学秩序的正常运行。但是我们在批评的时候，不能够过于强调教学秩序的维护，而应该从学生的角度出发来分析课堂秩序的重要性。

为对方着想，这是我们面对学生时需要树立的一种新理念。你需要想方设法向学生说明，你所做的事情，其实是为了他自己的未来着想的，特别是在班级教育中，你更应该说明是为了班级的整体利益着想的。因此，可以说，既需要着眼点，也需要落脚点。着眼点就是战略，就是你的教育理念，必须要及时更新并站在一定的高度上，比如，你是为了班集体所有学生的整体利益而进行批评教育的；落脚点就是我们的具体战术，就是如何巧妙地表达自己的观点，巧妙地把学生的利益与自己的利益相结合，让学生中愿意学习的那部分人与自己结成同盟，让自己不再孤军奋战因为你不是一个人在战斗！

批评的艺术

我曾经就强调过，教师一定要有自己的同盟军。

首先就是那些特别喜欢你的人，把他们团结起来，不仅仅是给你提供“情报”，更重要的是，为你传达教育理念，起到积极的宣传作用，成为班集体中的正能量。这就是我们的同盟军，是我们必须死守的阵地。集中力量让这些学科爱好者不断地发展进步，也是我们科任老师必须思考和行动的。

其次，就是在批评中，要做到“举一反三”。这里的举一反三是说，如果你批评了一个学生，一定要找出三个学生的正面例子，来说明班级的主流是好的。为什么呢？因为，如果你在班级中只有批评，没有表扬，那么这是人人都不愿意接受的，谁愿意老是被批评？而且，由于只有批评，没有表扬，容易给学生一种错觉，就是班集体太没有激情了，太差了，这是一种消极的情绪。也就是说，批评是属于消极的，是负能量；而表扬是积极的，是正能量，二者之和应该呈现出正能量才利于班级的积极向上发展。那么，把那些负能量单独挑出来看，就使其能量得不到扩散，而你表扬的正能量够多，那么让更多的人看到了希望，看到了教师对学生积极的期望，对立情绪显然容易得到缓和。

最后，教师自己要看到主流，同样是“举一反三”，刚才说到的是公开批评，现在说说私下批评，就是有些学生适合于在私下里进行批评教育。批评不仅带给学生的多半是负面情绪，带给教师的也往往是一种教育的挫败感。为了让教师自己也能够奋起，能够找到一种积极的心态，那就得批评了一个学生，找三个最近表现好的学生来好好表扬一下，让自己看到学生身上的闪光点。从其他学生身上找到让自己满意的地方，这个比从受批评的学生身上找到优点，要容易得多。当你再找了三个（甚至以上）的学生来好好地鼓励、好好地表扬之后，你发现自己也快乐了许多，这个世界，努力向上的人毕竟是多数嘛！

批评的技术

“举一反三”这一策略，是我多年的心血啊，一般人我还不告诉他！其实这种策略当中，必须明白的就是要对未来有信心，对学生成长有热切期待，对学生有发自内心的热爱，只有这样，你才可能真正地运用好。

从心理学的角度来说，这种以“积极向上”为切入点的暗示效果是非常好的，能够让学生感受到班级的正能量，感受到老师对他们的关爱。而且，这种关爱是有技术保障的，是有可以达到的途径的，是一种可以感知到的可以实现的关爱。在你批评一个人，也就是树立了一个“敌人”的同时，你能够发现并发展三个“朋友”，这样你就不会孤立了，你就会在战斗中有越来越多的朋友，越来越强大，而心境也越来越淡定，未来越来越光明。

从纯技术的角度来讲，孤立敌人，壮大自己，这正是毛主席当年的斗争经验啊！只有战斗，我们才能越来越强大，没有战斗，我们的实力就无法显示出来！而为什么我们有的老师在战斗中却越来越虚弱？不是没有战斗力，而是火力太猛，把原本属于自己的盟友也误伤了，结果，当然是人气淡了，心也冷了。孟子说：“得道多助，失道寡助。”团结是必要的。

为什么我们会误伤友军？信息沟通不畅是主因，当然也可能是老师没有意识到自己还有“盟军”。从信息沟通的角度，我们的“举一反三”，就是一种沟通，就是一种不断地扩大“盟军”的方式。我们不可能不发脾气，关键是发了脾气之后，怎么来恢复到满血状态！我的建议就是如果能够当时沟通，当然可以讲讲自己为什么发脾气；如果不能，那下来可以进行部分沟通，不是和敌人，而是和“友军”。敌人可以缓一缓，让他先反思一下，痛苦一下，思考才能使人进步，使人知道老师的威严。我们沟通的是“友军”，让“友军”站在我们这里，知道我们的想法，并且在私底下一定会给其他人解释的，说不定，这些“友军”的力挺，让敌人在下次就不敢进攻你了！

大度要恰当地表现，才不会被蔑视

班级中，总有些人在某些时候的表现让我们生气，我们不得不花时间来进行纪律的维持。但是，不能因为某个人就浪费了大家宝贵的学习时间。因此，我们有些时候可以忍一忍，可以缓一缓，微笑着说：“出于对其他同学的负责，我们继续上课，但我要提醒这位同学，不要成为全班的‘敌人’！你们说是吗？”把其他人拉到你的战线上来。

总结起来，就是“举一反三”的策略，让你的表扬是你的批评的至少三倍，让班级感受到即使有少部分人不学习，但是我们依然是个爱学上进的集体！老师依然喜爱那些积极上进的、努力的同学（虽然暂时成绩也许不够好）！在老师眼里，你们即使有缺点，但是那好学上进的心依然感动着老师，即使老师受到了部分同学的欺负，感到委屈，但是老师不会放弃那些热爱学习的同学！老师的爱一直都在！

铭记：批评，其实就是团结的一部分

当然，作为班主任，更要让学生懂得老师的批评也是一种爱，而且是一种不可或缺的成长养料！记得有次某同学来主动问，想知道自己有什么缺点，绞尽脑

汁还真找出了一点，这就是一种求进步的表现。其实，该同学真的不错的啦！

没有批评就是最大的表扬，如果得到了表扬，那岂不是更了不得了？

其实，学生何尝不知道自己的不完美？我们永远处在“追求完美”的过程中，而不是“已经完美”的境界里。那么，成长的过程中，自然会受到批评，但老师平时有根有据的表扬、鼓励的眼神、温暖的话语，总是带给人很多的感动。在我的生活当中，就常常受到朋友们的鼓励和支持，即使遇到了很多的困难，也有勇气去面对，也有决心去争取进步。

人生中能够遇到一些有着远见卓识的人，而他们也乐于倾囊相授，真的是一种幸福。记得我刚刚毕业的时候，就遇到了很多人的帮助、指点。有时候，仅仅是一句话，甚至只是鼓励的眼神，都让人倍感温暖。学生同样需要老师的指点和帮助，很多的人也一定会记得你的！

网络上有句话，“团结能人做大事，团结好人做实事，团结‘坏人’不坏事”。班级管理中其实也是如此，不能说有“坏人”，但是那部分人“坏事”还是有可能的。那么，这种团结，不是讨好不是纵容，而是有礼有节、有针对性地教育管理，让他们不坏班级之风，不坏课堂之氛围。怕批评，逃避批评，也许会带来更多让你忍无可忍的事情。同样，想让每个人都高兴，一定会让人人都不快乐，既然不和谐，就一定不会成功！

其实，教书事不小，有时候这种重复的事情，我们也可以创造性地去做，让自己的生活不断地有着新鲜的东西，让自己的脸上能泛起笑容，让学生能在温馨的氛围中，感受到成长的快乐，我们也有着快乐的人生！

批评，其实就是团结的一部分！这也是哲学中的矛盾律吧！

导读： 取“绰号”的教育方式是什么？如果你理解了常识，理解了人之常情，你也许会付之一笑。

常识即真理

把生活常识运用到教育当中，找出本质问题并确立切实的行动方案

亚伯拉罕·林肯说：“你必须利用语言、逻辑和简单常识找出本质问题并确立切实的行动方案。”

面对学生每天层出不穷的问题，你的解决方案是基于什么呢？好的判断基于事实，如果我们没有学会倾听，而是基于我们的自我意识，一厢情愿去开始我们的说教，那么我们离事实也就会越来越远，我们解决问题的实效就会越来越小。

把生活常识运用到教育当中，是一种质朴的回归。当我们被越来越多、越来越炫目的教育理念所困扰时，回到常识，是一种智慧的选择。

教育促进人的发展，帮助人选择正确的生活道路，并找到幸福生活的方法。既然如此，如果一个学生精神面貌积极向上，学习上努力克服自己的缺点，生活上友善待人，逐渐学会独立，那么就是值得肯定的。为什么一定要拿成绩来抹杀他在成长道路上的艰辛与付出？

也许这些道理我们都懂得，但是在面对成绩单的时候，内心还是不平静。那是因为我们在某种功利目的驱使下，暂时忘记了教育的常识。要知道，在芸芸众生之中，有拥有极高智慧的天才，更多的是踏踏实实生活、平平凡凡过日子的普罗大众。我们应该给予学生的不是面对成绩时的怒其不争，而是欣然地看到他们健康快乐的成长。

初中学生在从少年走向青年的过渡时期，有着美好的梦想，也有着顽皮的天性，正是一个撒欢的季节。我们的约束，是奔跑的方向，不是奔跑的姿态。

取“绰号”的教育方式

当一个学生违反纪律的时候，我们是否认真倾听过学生的解释？即使我们觉得那样的解释是一种掩饰，是一种借口，但我们是否给予了学生解释的机会，给予学生如对待成人的尊重？有时候，认真地听完，你会觉得其实问题已经解决了，他们的叙述中，何尝没有对违反纪律的深刻认知和反省？

而有些问题，其实听完之后，你会发现在叙述中，他们自己都觉得自己的行为可笑，于是一场误会一场纷争就自我消融了。记得，曾经有几个学生因为互相取绰号，最后都觉得很受伤，而“闹”了起来，来到班主任面前，各执一词。当班主任让他们一一叙述之后，淡淡地问：你们最初为什么取绰号？那为什么又都发展到这样了？因为开玩笑而快乐开始，为什么不以开玩笑而快乐结束？

当然，有的老师可以把这些上升到对别人的尊重，接着说明对取绰号有多少点注意事项。然而，用生活的常识来看，其实就是一个玩笑而已，只要大家都认识到这一点，其实都不必当真。

如果，开玩笑过头了，及时刹车，蓦然回首，几个小小的大男生，还在乎这些？倘若婆婆妈妈教育半天，你会发现，你还在愤然教育之中，其实他们可能已然冰释前嫌了，只是在“恭敬”地等待你的教育结束，几个人好一同去操场疯跑去了。看，有时候我们是不是自作多情了？让他们叙述，让他们在自我解释中发现自己的荒唐可笑，比起你的严肃说教，对孩子自我判别是非能力的培养，也许更重要。

导读：班主任的状态，不外乎“有目标有规划”“有思考有行动”“有效果有总结”而已。

状态

不在状态？随时脉动回来！

——广告语

第一次欣闻“不在状态”，是十年前吧，都已经进入初三了，班主任工作都进行了两年了，感觉差强人意。突然之间换了科任老师，不久秋风吹来，说我们两个班主任“不在状态”。

什么叫作“不在状态”？至今也没有弄明白，也就不明觉厉了。那应有的状态是什么呢？这个可能才是值得思索的了。不必纠结于“这个不对”“那个不对”，最好的是告诉自己什么才是对的。

那就是问自己：班主任状态是什么样的？

有目标，有规划

接手新班时，就应该对自己班级发展的方向有一个初步的设想——只能是初步，因为每个团体成员不同，可能潜质就不一样，发展目标也有差别。说起来很深奥，其实很简单：建立适合自己管理风格的班级，适合自己个性的班级，用自己最擅长的方式驾驭的班级。喜欢自治型班级，那么就多多培养班干部，多多培养学生的责任心和自制能力；喜欢统治型的班级，那么就多下令，多事必躬亲，多详细规划学生的学习、生活等等方面。

有规划，肯定有很多的细节有待处理，不过我们这里不谈细节，而是说一种思维方式。作为初三毕业班，我常常在思考：如今的班级结果，是我当初设想的样子吗？如果是，说明三年的风风雨雨，我们还是不改初衷，坚持了下来，也说明我的管理模式有一定的成效。如果不是，那么就说明在中途一定是因为某些原因，我放弃了一些设想，错过了一些机会，或者说是我放弃了初衷，放弃了自己的梦想。

幸好，山人这些年来的治班理念，貌似都是一致的：好学不倦，与人为善。无论班级外在形态怎么变化，班级学生怎么的个性不一致，但是作为学生来讲，好学与友善始终是我们的核心理念，甚至可以说就是一种信仰。当一种坚定的信念成为始终追求的目标时，它就成了我们的信仰。而所有的发展规划都是以此为核心的。只要是好学的行为、友善的行为，都是正确的，都是允许的，都是值得赞赏的。

以此为标准，我们制定的班规，也是要积极围绕这两点来进行鼓励——“法无禁止即可为”，若有鼓励积极为。这就尽量区别于以往的班规，把处处禁止变为多多鼓励。如果学生只知道这样不可以、那样不可以，就是不知道什么可以，也就无法形成你想要的班级状态。让学生知道什么不可以的“底线”当然很重要，也很必要；但是对于正在寻找方向的初中生而言，告诉他怎么去做更有发展意义。做正确的事，正确地做事，这才是我们教育学生有意义的方面。

教育理念，是实实在在地在班级治理中落实的思想。

有思考，有行动

学生是动态发展的，也包括每一届遇到的班级班情也是有区别的。所以即使有着始终如一的班级理念，但是在面对不同时期的班级和学生时，我们也要具体问题具体分析，采取最适合学生的管理模式，这就是思考的魔力。

如何才能切合实际？首先就要给学生明确你的理念是什么，让学生知道在你的心中你明确赞扬的行为是什么，你最欣赏的行为是什么，你一定要达到的目标是什么。统一目标比统一思想更容易一些，所以在班级治理的初期，不仅仅是理念的循循善诱，更重要的是在一系列具体治理行为中落实下去。在活动中，表扬鼓励与批评惩罚都可能出现，这样能够让学生明辨是非，能够识别该为与不该为。

统一了要达到的目标，在行进的过程中，我们不断地指导学生如何达到目标，会在冲突矛盾中逐渐加深对班级理念的了解，加深对团队合作的理解。有些东西不是灌输就可以得来的，而应该在活动中亲身体验得到，即使是行动中有偏差、有失误，只要不是原则性的，都应该宽容对待。学生常常会有自主创新的东西，而这些东西会带来什么样的效果，有些是老师经历过了，有些甚至连老师都无法预测，这时候其实可以让学生尝试，事实上也是给老师自己一个惊喜。

给予一个班级积极向上的精神

有所为，有所不为，其实是班主任在不在状态的一个重要标志。以前，我们总是对班主任要求整齐划一，似乎歌唱不努力就不对，运动会没有获奖就差得很，其实想想，班级也是有优缺点的，而班主任的能力也各有不同，为什么要班主任都全能？有人愿意全能，我们祝福他，而有人只想做好某一方面，我们为什么不能宽容？班主任累，是因为很多时候是在做自己不擅长的事情、自己能力不及的事情。相反，如果班主任不遗余力地发展自己的优势，带领班级积极向上，不仅会轻松很多，也会让班级更加出色——至少在某一方面是如此。

“高大全”式的班主任，让人仰慕，可惜“山人做不到”。但是，给予一个班级积极向上的精神氛围，却是我们班主任可以做到的。如果我们立足于此，也许更让人惊喜的是：班主任不擅长的，学生却擅长，你的鼓励与宽容、支持与协调，也可以让班级在这些方面获得成功。说到此，班主任不见得是这方面的专家，但是你善于鼓励“小专家”，动员这些“小能人”，效果是杠杠的！说白了，实现梦想的主角，其实是学生——培养优秀的学生才是我们的目标。

班主任对于班级中的创新活动，一定要站在发展的角度，来思考和采取措施，不能囿于自己过往的经验，就一味否。每一届，山人都能发现学生有惊喜的地方，都有可圈可点的地方，而不是一届一届的简单重复。这份不一样，就是来自敢于放手让学生自己创新。

有效果，有总结

不同的阶段，我们也要有不同的效果。随时感受到成长中的快乐，这才是真正的成长。过程与结果都是我们所追求的。当然，最终的效果也可以体现为升学。

作为班主任，能不能随着年级的变化，给予学生更多新的东西，而不是老调重弹。当然，我们也看到，教师的观念、教师的行动，也给学生带来不可估量的影响。

教给学生做阶段总结的习惯，是非常必要的。总结，让学生找到自己的优势和不足，特别是看到自身的潜力在行动中得到了开发，看到自己的辛苦付出，有收获——自信、尊重等等精神上的收获，甚至是物质上的奖励。一路走来，我们风雨兼程，但是我们同样充满欢歌笑语，这才是人生。

不忘初心，方得始终。以前，我们常常以结果作为终极目的，而强调过程的艰苦是“理所当然”。教师在教导的过程中，不太注重教育温情的一面，结果是学生到了初三，要毕业了，才去“留”优生，去说服学生——这个太难了，难道还要让学生再受三年的磨难？学生会同意吗？在平时的点点滴滴，一路走来都是愉快的，还有什么理由不在这里继续三年的快乐？

工夫在诗外，其实教育的效果往往也在训斥之外。越到高年级，共同探讨，共同修正，比居高临下的训导效果要好得多。所以，每当看到毕业班老师还在天天呵斥学生，才能维持纪律，就感到遗憾。三年了，没有培养起来学生的自治能力，还是太遗憾了。

治大国如烹小鲜，治理班级同样如此，一旦确定了班级理念，就不要随时变化，让学生无所适从。最好的就是始终如一，让学生把这样的理念变得根深蒂固，指导自己的行为。到了初三，自然大家都知道自己该做什么，即使偶有违纪，也可以从容分析思考，按“老规矩”办。

善于总结，善于因地制宜，善于和学生一起为共同的目标奋斗，让学生找到自己人的感觉，能达到这样就太好了。

不在状态？只要有坚定的信念，随时“脉动回来”！

导读：班主任应该重视“防火”胜过“救火”，为学生的成长做好必备的铺垫，让一切都水到渠成，虽然少了“救人于水火”的荣耀，却有着永不被生活和工作击败的平淡甜美。

不完美

管理得好的工厂，总是单调乏味，没有任何激动人心的事件发生。

——德鲁克

“救火”与“防火”

生活，其实就是有遗憾的美好，因为不完美，从而总是让我们充满着期待，充满着新的渴望。幸福的人生，最终总是平凡与朴实的，而不是惊心动魄。然而，除非你生活的世界本身就是封闭的世界，否则总是充满着各种诱惑，你只能在“绚烂之极，归于平淡”中去体味了。

有位朋友说：对完美起疑，对不完美深信不疑。是的，那些看似完美的东西，往往掩盖着很多不完美的遗憾。不完美才是世界的真实面目。从事管理工作也是如此，当我们赞叹自己又解决了多少困难，有多么善于应付“危机”时，其实意味着我们只是“救火”队长，而不是“防火”队长。

所谓“防患于未然”，告诉我们，预防比“救火”更不容易，但是如果做得好，则最显示一个人的实力——不过没有这种“救火”场面，别人也不大会认可你的智慧的。就如扁鹊曾经回答别人的提问：“你们家三兄弟哪个的医术最好？”大家一定以为，扁鹊这么天下闻名的人，一定是医术最好的了。然而扁鹊却说，医术最好的是大哥，大哥善于治未发之病，让你调养好不发病。当然，人一直健康，也就不大容易认为是医生的功劳。所以大哥名声最小，而扁鹊自己因为医治的是重大疾病，善于“救死扶伤”，容易被别人吹捧。看来，扁鹊才真正领悟到了人生本领的真谛。

管理工作常常也是这样，善于管理的人，计划周密，行动有序，一切都按部就班，一切都水到渠成。久而久之，大家以为这样的人没有啥本事，只不过是“运气好”罢了。而那些常常会处理危机的人，反而被认为是“能力超群”。事实上，除了“空降兵”去管理新任务外，如果是自己原来的任务出现了危机才去处理，其实是没有预见性的表现，也就是能力不足的表现。不管后面处理得多么

“巧妙绝伦”，实际上也是不完美的。现实生活中，往往结果是各方一起花费了巨大的资源，才得以解决问题。

山人常常在想，那些在总结工作中，不断地高调宣布自己处理了多少“危机”，自己管理的事务多么困难，人员多么素质不高，而自己又是如何建立了丰功伟绩的，是一种自我表扬呢？还是一种自我缺点暴露？而有些人，汇报工作则是风平浪静，平平淡淡，一切事情都是自然发展。

认真做事，你的霸气与谦逊会如此巧妙地结合

当然，被人看作“没什么”，其实也没有什么。对质疑最好的回应，就是不断地向前发展。曾经有一位朋友就遇到过这样的事情，因为工作习惯于积极认真，而被人认为是“挣表现”，开始他还去解释一下，后来发现，这样也无法回避别人的议论，并且因此浪费了很多时间与精力，实在不划算。后来，他就懒得解释，一如既往地过自己喜欢的生活。时间久了，大家发现原来人家就是优秀，就是那种工作态度与方式，不断取得的成功让那些质疑烟消云散了。

有时候想想，“如果没有那些来自各方面的质疑，甚至是个别的恶意中伤，就不可能培养出可以驾驭复杂局面的能力”。换句话说，质疑让你成长。被人所忽略，被人认为“没什么”，真不见得是一件坏事，至少你可以有充足的时间，减少各种干扰，去努力发展自己，去提升自己，去实现自己的梦想。所谓的“能者多劳”，有时候的劳，不见得是一种奖赏，反而可能变成能者多劳而无功，懒惰者不劳而获。

我们无法阻止任何人给我们“差评”，唯一能够做的，就是多给予自己一些温情。靠近梦想，温暖自己。

当然，很多人会因为被人忽略，而感觉到一种失落，一种被遗弃的感觉。那是因为这些人的内心没有值得自己自豪的东西，或者说没有一种坚定的信念。想想，你能够改变别人对你的看法吗？当然可以，但是好坏方面就很难说了。想要每个人都满意，一定会弄得人人都不满意，因为身边的人对于事情的看法，往往各有各的角度，不见得一致。而你如果是墙头草，随风倒，最后大家发现你没有原则，就会怀疑你的真诚。相反，那些有坚定信念的人，往往会赢得别人的敬重，从而拥有自己的“粉丝”。事情的完成也往往在于这种信念、这种斗志——不是因为有些事情难以做到，我们才失去了斗志，而是因为我们失去了斗志，那些事情才难以做到。

当我们坚信的梦想实现了，自然而然地，你就不会被人所忽略了。那个时候，你会发现你的霸气与谦逊会如此巧妙地结合在一起。

集中力量去改变那些能够改变的

不完美，其实才是一种幸运。太完美，我们会敬而远之，不完美，才是我们芸芸众生的一员。可以追求完美，但是不可苛求完美。

山人也曾经嫉妒完美，看着别人的成功，总是挑剔，总是去找别人的“不足”，仿佛这样就可以显示出自己的能耐，就可以抹去别人的光辉。后来才知道，正是这种嫉妒之心阻碍了自己的成长。当你把所有精力都耗费在无聊的“评说”、无聊的诋毁中，把有限的智慧都花费在“找茬”中，就会发现世界的黑暗与可耻，自身甚至也变得“暗黑”了，变得越来越卑下。相反，当你把目光投向光明，把智慧用在提升自己的实力上，你会发现自己越来越强大，别人也越来越“亲切”——一个充满自信的人是不在意别人的眼光的。成功者影响别人，失败者被别人影响。

于是，所谓的忽略也可以用在自己身上。生活的智慧就在于，集中力量去改变那些能够改变的，而把那些不能改变的暂时忽略掉。想想，一个人的精力和智慧都是有限的，浪费在嫉妒上，是多么不明智！一个人的时间是有限的，浪费在无聊的事情上，是多么可惜！

最恰当的对手——提升自己

管理的本质，不在于控制别人的行为，而在于给予别人自由成长的空间。顺势而为，往往是管理者的智慧，也就是让管理“活起来”，充满着前进的正能量。管理效果到了一定的境界时，却又在于细节的差异。所以我们常常看到，那些成功者往往在别人不注意的地方也做得毫无瑕疵。当然，我们可以称之为“完美”，不过在他们的眼中，世界永远是发展变化的，没有定格不变的完美。

他们找到了最恰当的对手，不是嫉妒对手，而是另辟蹊径，找到了超越对手的地方——提升自己，面对正确的“敌人”。认清所应该面对的现实，比如客户的需求，让自己的服务做得更好，吸引住忠诚的顾客。

话又说回来，有些时候我们缺少一种服务的精神，而满脑子都是自己是“上帝”的被服务的思想。人际关系是一种互动，服务也是有一定基础的，如果缺少了一定的回馈作为基础，只会造成互相之间的敌对的情形，最后只能不欢而散——因为我们追求完美，结果造成了不完美。

导读： 班级确定了小目标以后，就要从小事情入手，一步一步建立班级向上的氛围。特别是要让学生懂得，锻炼的机会是有限的，你必须珍惜、慎用，直到班级以“乐用”为荣。这不是别人的学生，是我们自己培养的学生。

别人的学生

一个人一时的努力可以决定其短期的成败，但是长期的成功却有赖于持续的学习。

——读书笔记

谁把周末作业看得很重要

周末发试卷，少了一张试卷，而又找不到老师拿，那么你该怎么办?

当然，有马大哈同学自然不知道自己少了一张试卷，也有同学明知道自己缺试卷，但是心中窃喜——可以少做一张，当然也有比较靠谱的学生，立即把同学的试卷拿去复印，然后回家认真做题。

其实，我一直相信，这三类学生都必然存在，无论老师怎么强调，怎么教育，但是各种状况依然是会存在的——其实真的不值得去焦虑。承认现实，面对现实，才是我们最好的选择。然后你才会努力去想，怎么避免这些问题。

其核心就是，谁把周末作业看得很重要。

不接招，没事的

“别人家的学生”应该都是很好的吧？我也不敢妄下断语。

有时候想想，家长面对自己的孩子，都没有老师这么着急，那老师急什么？记得有学生因为学习、行为习惯等等原因，老师想请家长到学校来交换意见，共同为孩子的未来做一些规划，结果多次邀请，家长就是“不接招”——太忙啦！

管理不要“心慈手软”

于是，作为班主任，最好的状态就是以不变应万变，如果学生自己比较积极上进，那么我们可以多给予一些指点，多给予一些发展的机会。要知道，这个世界存在的机会是有限的，资源是有限的，因此，不可能任由你随便的浪费，也不可能集中在几个人的身上。

机会有限，我们要珍惜；机会有限，我们要让更多的孩子有参与的可能性。记得年轻老师常常“怕打击学生的积极性”，于是面对那些老师“扶不起来”的课代表，还要满腹牢骚不能言地“给予机会重新开始”，我是反对这样的做法的，因为这样实在是浪费了锻炼的机会，还有那么多的学生为什么不让他们也来尝试一下？这样既保护学生的自尊心，又尽量相对公平地让更多学生得到锻炼，也为老师选出自己最中意的学科助手创造机会！

我们的数学老师就做得比较干脆，每半期换一次课代表，无论做得好不好都轮换，在这个过程中，学生也逐渐认可了这种轮换制，丝毫不会觉得自己没有做课代表就是丢脸。实际上，这样的轮换，学生也有一种新鲜感，相对来说还是很乐于去完成老师的任务的，即使有些不尽职的学生，也不过就是半期而已，更何况课代表的数量大多在四人左右，里面总有些学生比较认真负责，所以不会影响大局。

机会是有限的，不珍惜就会溜走

我觉得无论是学生还是家长，都应该明白，给予锻炼，那是必要的，但是要明白不会有那么多的机会给你不断地重复同样的错误。如果你不尊重这个机会，那么也就不要责备别人不再给你机会，不再“尊重”你的自尊心。

我们以前就是太习惯了无条件给予，所以有些所谓的“优生”就觉得机会来得太容易，可以任意挥霍，甚至于唱唱反调表明自己的能干，而老师又“惜才”忍下去了，似乎这是培养锻炼人。其实不然，学生中是有很多的人才的，你完全可以找不同的学生来尝试，让更多的人能够有机会适逢其岗，得到展示自己的机会。同时也不会娇惯那些所谓的“优生”，也可以体现一部分教育的公平！

无条件给予，学生习惯了，要是哪天你不给予了，他就不满意了，肯定会造谣生事，也就给班级的管理会带来很大的困难。有条件的给予，让学生明白，这些机会对于班级的每个人来说，都是应有的权利，如果有幸让你锻炼，而你不珍惜，那么下次我们就必然换别人来锻炼。更何况，这些锻炼的机会，既是对自己的锻炼，也是对班级的义务，更重要的就是对班级的奉献。

班主任管理带来的班级烙印

我们班级管理如果实现每个人所做的事情利人利己，那么积极向上的心态自然容易建立起来。别人的学生怎么样呢？我不知道，但是我在不断地强调，积极参与这些活动，是能够给班级和个人带来积极影响的，而且对自己的成长有着深远意义，让大家把付出、奉献看作是一种愉快的事情，而不是“老师交代的苦差事”。

作为班主任，你希望自己的班级变成什么样，就要开动脑筋，积极培养学生达到这样的境界，而不要一味地模仿别人，一味地赞扬别人的学生，而贬低自己的学生。

要知道，经过三年的教育，学生最后做事情的风格——至少在班级活动中——是和班主任的风格极其相似的，而这个班级的整体风格，也会和班主任的风格极其相似。虽然我们说科任老师也会给学生带来较大的影响，但是这个影响可能对少数学生——对那些“粉丝”来讲——要大一些，而班级的整体风格，必然会打上班主任的烙印。

有参与活动的自由，才能够激发学生的潜能

有时候守晚自习，我常常看着学生，然后沉思。这些不同个性的学生，有着不同的天资，也有着不同的学养，来自不同的家庭，家长的期望值也不一样，他们自然就是不同的个体，自然就会有不同的表现。而面对现实教育教学中学生可以参与的各项活动，自然就会有不同的学生可以参加，为什么一定要限制在那些少数学生身上？想当年我当了那么多年的班干部，班级中有多少人也得到了这样的锻炼？虽然我很感谢让我在不同的活动中得到锻炼的各位老师，但是，我依然会为那些没有得到锻炼机会的同学而感到遗憾。

常常回忆自己的学生时代，不仅仅是找到和学生一样的对老师的认知状态，更重要的是理解学生的所思所想，并且去努力发现教育教学中值得改进的地方。我总是期望在班级活动中，有更多同学可以去尝试一下，去发现自己，去锻炼自己。这个过程中，有自愿参与，也有赶鸭子上架，学生的个性不同，需要我们“因材施教”。

可能这也是我们班级中的自由——参与活动的自由。亚当·弗格森说：“自由并不像这个名称的含义可能显示的那样，是指摆脱了一切限制，而是指使一切公正的限制最有效地适用于自由社会的全体成员，不管他们是权贵还是平民。”有参与活动的自由，才能够激发学生的潜能，因为这个自由当中意味着有竞争，这个竞争实力不是来自单一的成绩，而是来自一个人的综合表现。让优秀的同学知道自己身后还有很多的人可能在某些方面超越自己，也是让他们明白这个世界

对成功的认可是多方面的，成功的标准不是唯一的，无论你现在多么优秀，你都必须继续努力下去。

班级小目标，从小事情起步

班级是不是应该有一个目标？当然应该，但是这个目标不应该是唯成绩论，毕竟学生是智能多元的，每个人所擅长的是不一样的。我们要做到的是鼓励他们去发现自己的特长，发展自己的特长，当然在这个过程中，基础的人类社会知识还是应该具备的。我们提供一个无论是哪个成员都可以将自己的知识用于个人目标的架构，让每个人都有机会让自己更加优秀。

比如我们现在开始的体育立定跳远训练，虽然离中考体考还很遥远，但是我们依然可以利用每天的课间时间，就那么认真跳五次，既是大课间锻炼的要求，也是提升体育成绩的一项训练。开始的时候，有些学生很认真，也有些学生不太认真，排队的时候总是悄悄溜到后面，跳的次数是尽可能地少。老师能不能抱怨？当然可以，但我没有，只是增加了一项要求，即体育委员每天跳远的时候站在旁边“打正字”，记录每个人跳的次数。很多时候就是我们教育管理方法的小小改动，就从量上得到了保证，而无需你声嘶力竭地批评学生。我们不能只会对错误发牢骚，而应该从错误中去学习。

并且我们很好地利用了上次活动带来的愉快感觉——我们通过训练把一盘散沙的人群成功变成夺取亚军的跳绳团队——让我们新的决策也有着光明的未来，至少我们有这样的信心、这种成就感，因为同样的管理方法所取得的成绩坚定了坚持下去的信心。虽然这只是我们大课间锻炼的小小改变，但可能带来的积极影响是深远的。

别人家的学生怎么样？

其实我不晓得，我只是每天和自己的这一帮学生混在一起，渐渐忘却了自我，我们只记得“好学不倦，与人为善”。

如此，而已。

导读：一个有着明确的目标、有众所周知的理念的班级所倡导做的每一件事，都在不断地完善着班级的“个性”。阅读、写作，鼓励维持友善的人际关系，与班级的发展浑然一体。

做好自己更重要

在大多数情况下，改变人们观点和想法的是观察和体验，而不是争执辩论。

——读书笔记

有位哲人说：“人们寻求什么，就能发现什么。”山人一直追求的就是“好学不倦，与人为善”，即使不被人所理解，也坚定前行。

关注的是好学的状态

因为公开宣扬喜欢那些积极向上、不断努力的学生，所以不怕被人说成是“偏心”。人生活法可以有多种多样，但是阳光向上却只有一种。山人笃信“好学”带来的力量，所以也就时常在班级发现那些好学向上的苗子，及时地鼓励、扶助他们把这一行为养成习惯。

关注好学的学生，发现好学的苗子，培养好学的习惯，营造好学的氛围，是一个系统的教育工程。比如，山人强调的阅读习惯，就是从实实在在给予时间、给予阅读方向出发，真正让学生坐下来、翻开书、看下去。在这个过程中，渲染的是阅读带来的愉悦感、成就感，是让学生自己体会到这种安静的氛围中，那种时光悠悠，却又充实的感觉。

不仅仅是阅读，还要有分享。每当“同读一本书”一段时间后，山人就组织学生进行阅读分享，每个人给3分钟时间，可以使用PPT，站上讲台，为同学们讲解自己最有感触的地方。上一次我们分享的是《致加西亚的信》，一个45人左右的班级，可以选拔15人来分享。一次就有近三分之一的学生，可以走上讲台，畅谈自己的阅读感悟。对于学生来讲，既能展示自己阅读的收获，也是锻炼自己口头表达能力的机会。山人在旁边还要指点演讲的技巧、学生的台风，要让学生每一次参与都是提高综合能力的机会。有不少的学生制作了精美而又简洁的PPT，台上的气势很足，是不错的苗子！

读和写总是结合在一起的。我们的班刊作文集还会把这些内容以文字的方式展示。山人喜欢把那些写作比较好，但是性格内向的学生，“赶鸭子上架”，让他们去锻炼，去体会和感悟，让他们在一次次的“逼迫”中，逐渐提高自己的展示能力，让学生成为能说会写的多面选手。

培养学生的好学，教师自己是要做出榜样的，因此山人也喜欢分享。“好为人师”，既可以不客气地提出自己的见解，又可以温婉地提出帮助的方面。“学我者生，似我者死”，不晓得这是谁的名言，但是山人希望不管学自己还是似自己的人，都能够比山人更强大、更优秀。

因为关注的是好学的状态，因此山人不仅能够指出哪些行为是好学，更能够引导学生去发现自己好学的可能性，帮助学生建立好学的信心。眼中看到的是好学的人，感受到的是好学的氛围，那么对于山人自己来讲，心情当然就愉悦了。

没有批评就是最好的表扬

与人为善，并不意味着一味地做老好人。山人从来不是老好人，甚至也公开宣称自己是一个非常严格的人：“没有批评就是最好的表扬。”走进教室，总是能够发现做得不够好的地方；翻开作业本，总是能够发现不够规范的地方，也会毫不客气地指出来。也许是因为自己从前所经历的环境，对这些要求很高，因此也就秉承了这样的管理理念。

如果，山人说你哪一件事做得好，那一定是对你充满佩服之情的。毕竟，山人是不那么容易被人折服的。毕竟管理中，总是有不可触碰的“火炉”的，你要是胆大妄为敢触摸，就会烫到你的“爪爪”。而你做得好的、山人激赏的，一定是超乎了山人对你的预估，比完美更完美。

最大的友善，就是和你一起变得更好

与人为善，是说要保持一颗充满善意的心，能够多体谅别人，乐于助人。但是，生活并非事事顺从别人就是善意的表现，有时候看到别人做了不应该做的事情，为了避免别人走入误区，及时地提醒和阻止，也是善意的表现。

有人说，孩子的世界才有对错，成年人的世界里只有利弊与计较。山人不敢苟同，至少在斟酌损益中，我们还是愿意与那些我们能够预测到行为的人相处——即使他们常常与我们意见不合，但至少比那些与我们意见相合却经常改变立场的人好。

山人喜欢简单的生活，希望自己是一个能够把握住自己人生的人。心之所

向，身之所往。相信这样的个性，也能够得到有同样品格的人的欣赏。即使要求很严格，也深信会得到有同样渴望不断成长的人的喜欢。

就如山人不断地学习、不断地反思，既是为了自己个人成长，也是相信自己的快速进步能够让那些追随山人的人能够加快成长的速度。有些时候，还没有思考成熟，就已经开始初步的行动，并非鲁莽，而是不想因为拖延症而错失了机会。如果一个人总是坐等所有的事情都完美无缺、没有瑕疵后才开始规划未来的目标，那么他将注定一事无成。

最大的友善，就是和你一起变得更好。山人所讲授的，是自己所掌握的，重视的是自己的切身体会。如果有人能够理解山人，那山人就已经得到了他的关注；如果他相信山人，山人一定会看到他的行动，因为没有比行动更能够证明一个人的信仰了。

导读：学生要懂得锻炼的机会有限，应该珍惜；教师要懂得给予学生锻炼的机会，即使采用示弱的方式，也是一种激励。而你的表扬应该着眼于能够激发学生未来的积极行动。

三分地

守着两亩三分薄地，过着两点一线的生活，最终成为一个很“2”的人。

——读书笔记

农民教育孩子也是有绝招的

教育不应该是拼体力的活儿吧？其实教育和种地倒是有些相似的地方，比如，不能做揠苗助长的事情，要懂得孩子的成长就如庄稼的成长，是有规律的，天时地利人和很重要，要耐心等待。又比如，适时修枝剪叶、施肥浇水，那是必不可少的，特别是修枝剪叶，那是必然的事情。成长既有顺其自然的一面，也有矫正方向的必要，而修枝剪叶，也不是一下子就能全部完成的，往往是要逐步进行，慢慢矫正，欲速则不达；同时，修枝剪叶是必然之事，那么虽则可能痛苦，但也要狠心忍痛做到。

据说，农民教育孩子也是有绝招的，比如特别让人感动的话是：孩子，撒开手闯吧，实在不行，回家还有饭吃。我觉得现在很多家长，都忘却了这句话的价值。很多时候，我们给孩子说的都是，我们如何安排孩子发展，孩子不用担心未来的前途，只要好好学习就可以了。可是，我们安排给孩子的生活已经很好了，让孩子觉得其实不用这么辛苦地学习，以后也当之无愧地可以享受美好生活。也就是说，学习其实是没有什么价值的，在学校，不过是提前养老罢了！换作是我，也不想努力了。我们该给孩子的，究竟是什么呢？值得我们思考。

通过适当的挫折教育来锻炼孩子

让孩子去闯，还意味着，我们不能对孩子过度保护，生怕孩子受到风雨的洗礼。很多班级活动都是可以锻炼人的，家长一般都比较支持。但是，对于通过适当的挫折教育来锻炼孩子，就不见得每个家长都支持了。但是现实社会中，一帆风顺是一种浪漫的神话故事。图书角放了两本书，一本《公司帝国》，讲述那些世界级的公司在成长的过程中都遇到过种种危机，最终在管理层的共同努力、职工的共同奋斗下，化危机为转机，获得了更上一层楼的发展。另一本《资本之王》，黑石集团成为资本市场的大鳄，其实在投资中也是出现过多次失败的，只不过，成功的次数比失败的多，成功带来的收获比失败失去的东西更多而已。

在学生的发展过程中，是不是每个锻炼的机会都必须给你？是不是班级的每项事务都必须给你一个人？当然不是，也不可能是。那么，很可能在某些活动中，你就要成为旁观者，或许你就认为自己是个“失败”者，就沮丧，就抱怨，那是多么的遗憾啊！再比如，在学习中，非常期待非常努力的某些科目一时的失败，是不是意味着你就无力回天了？或者，你在某些科目上久攻不克，是不是就意味着你永远都没有用了？人际关系紧张，是不是就没得救了？每天，班主任都得面对着诸多事情，学生之间的小小纠纷何其之多，是不是就崩溃了？

示弱，某种程度上也是对学生的鼓励

鼓励去闯，对班主任来说，就是懂得放权，学会信任，学会迎接学生可能出现的失误，并且善于帮助学生去面对遇到的困难，甚至是失败。过于追求强权和完美主义的班主任，通常会事事插手，不给学生“不完美”的机会，结果学生成为完成事项的机器而已，没有起到锻炼的作用。而善于引导和鼓励学生的班主任，也许面对的结果是不完美的，但可以微笑着对学生说，加油，下次可以做得更好。当然，最好是每次都开个总结会，大家想想事情的始末，做一些总结、推测，为以后做同样的事情积累经验，班主任也可以更多地提供建议，学生如没有提高的认识和方法，可以给一些启示。

班主任的示弱，某种程度上也是对学生的鼓励。反正，我不懂得不擅长的地方太多了，很多事情就只有拜托学生去做了。很多时候，学生做得比我设想的都好。上次的班会课，我汲取以前完全放手的教训，对节目进行了审查，毙了几个屡次修改都达不到标准的节目。在最后的班会课上，大家的表演就显得特别精彩。其实，适当的否决技术就是一门艺术，是激发学生创造力的一种方式。

新表现出来的特点和优势，就完全应该表扬

班主任的工作也是有技术含量的。

说是农民活儿，有人就真的把学生当牛羊来放养、来管理，那真是可悲。学生是有思想的，是有生机活力的，也是在成长中的人。因材施教，知人善任，是

班主任的必修课。不同阶段的孩子，不同的学生，的确都要鼓励他们积极参与活动，但都是有不同的要求和不同方式的。有些学生，在前一阶段是鼓励参与活动来激发动力，在后一阶段，很有可能就是通过设计学习目标来完善自我的。这就是因为阶段不同，教育的层次目的不同。

教育应该多一点科技含量才对。善于借助学生的力量，教育学生，鼓励学生，完成管理任务和教学任务，解放班主任自己，那才是高明的班主任。从繁重的日常管理中走出来，善于抓住重点，抓住要点，该出手时才出手，教师就会拥有更多的自由时间，来阅读、思考、总结、策划。

特别是，我们要多观察了解孩子在课堂之外的表现，因为这些更体现出孩子可能拥有某些非智力方面的优势。在班会课上，我们也会发现许多学生所表现出来的令人赞赏的地方。

不见得学生的每个表现都要表扬，但是对于一些新表现出来的特点和优势，就完全应该表扬。表扬也是有尺度的，份内的事情一般我都不再表扬了，我开始着力于表扬更高层次的行为。比如现在有些学生开始在自习课上完成作业之后参阅一些参考书，巩固和拓展自己的学科知识，这种主动精神就及时地鼓励表扬。当然，适当的指点和要求随后就会循序渐进地进行。但在开始之初，重在培养兴趣、培养习惯，过于复杂的要求反而会让学生望而却步，从而放弃。

班主任就是要把复杂的事情，有科技含量地、艺术性地弄得简单明确。那就是，从农民的思维中汲取营养，同时又走入现代化的行列。

导读：培养学生关键时刻能够自动自发地完成各种任务的能力，不是简单机械重复命令，而是采用“故事”所带来的启发性思维作用。

讲故事

受敬使人气平，受礼使人气消。

——读书笔记

明白自己的能力范围，才能够给予别人展示的空间

我依然在彷徨，但是我已经别无选择。因为我不是想改变世界，我只是不想改变我自己而已。虽然我们不能决定明天太阳是几点升起，但是我们能够决定明天几点钟起床！

小伙伴们成绩出来了，各自都在找学校了，虽然多早前山人就说实在无法帮忙，只能帮你们到中考，如今，还是很想知道你们各自的归宿。有时候，还是会接到一些感谢的电话，我也只能偶尔提供一些信息而已。毕业了，各自散去，各自珍重。

越来越发现，每个人的能力都是有限的，而作为山人自己，从第一次家长会到最后一次家长会，都在实打实地表明自己的能力范围，不想给人以虚假的高明。偶尔一些建议或者信息对小伙伴的成长起到了作用，那是一种幸运。因为明白自己的能力范围，才能够给予别人展示的空间，也不耽误别人发挥自己能力的机会——更不耽误别人的宝贵时间！

敢于放权，敢于让别人去获得成功

当然，有时候就会想到“勤政”与“懒政”，勤与懒实际上是相对而言的。你不是想勤吗？你就走路到上海去啊！

事必躬亲，确实能够显示出你的“诚心”，但是如果做的是力所不逮的事情，很有可能帮倒忙，加速事情的失败，并且阻挡了别人尝试获得成功的机会。这是好心做了坏事——记住最终结果还是坏事！相反，敢于放权，敢于让别人去获得成功，也许更能显示出你的虚怀若谷、你的德高望重、你对历史进步的促进作用。

勤与惰，是要看我们怎么去实施。“勤”应该放在事情之前的种种准备，犹

如在教育中，我们的老师常常使用“严禁”之类的命令，而不是把相关要求实施的原因进行解释，或者说不善于通过鲜活的故事来让学生明白这些要求与学生自己成长之间的关系。上课前说要“入室即静”，却没有告知如何才能够做到快速进入状态，学生不明方法，自然做不好，然后又会遭到老师更严厉的批评——恶性循环开始了。

培养学生关键时刻能够自动自发地完成各种任务的能力

有的老师可能很善于说教，把那些至理名言一遍遍地重复，学生听得多了，免疫力就强了，就能够自动屏蔽了。事实上，我们常常记住的不是道理本身，而是某个生动有趣的故事——故事让我们从中悟出了某个道理、某种方法。于是想起有个老师的绝招——对自己曾经教过的学生的发展状态持续关注，让这些学长学姐有机会来和这些学弟学妹们进行交流——我想更多的可能还是用他们的故事来打动现在的小伙伴们。这就是一种引领，一种有理有据、真实可信的熏陶。当然，更有甚者，有些老师多少年来都是从书本中来到书本中去，从作业中来到作业中去，于是有些故事已经老掉牙了，学生至今已觉不新鲜了。当面对新学生的时候，管理起来总是有些捉襟见肘、力不从心。

勤，就是通过自己的方式，一步步建立学生的自信心，帮助学生习得良好习惯，学生知其然，还知其所以然，在关键时刻能够自动自发地完成各种任务。与其天天骂学生安静不下来，不如告诉他们怎么做可以让自己快速地安静。如果一路走来都在锻炼这些，那么到后来自然需要你事必躬亲的地方就少了，那时候你一切从简，自然闲下来了。在那些手忙脚乱的人面前，自然就是有些“懒惰”了。不知道现在的管理者是不是还是那种必须“忙”才是优秀员工的观念，但如果让聪明的员工为了不被批评而无奈地降低效率，实在不是一种明智之举。对于这个员工来讲，如果不想跳槽而窝在这里，实际上是对自己能力的浪费，对自己人生也许是一种毁灭性的打击。

懂得休息与学习之间的辩证关系并严格贯彻

管理的最高境界，就是让每个人都努力去发挥自己的长处，都被激发出澎湃的热情来工作。人还是那些人，事还是那些事，在不同观念的管理者指挥下，其效率和效果往往就会有很大的不同——甚至就是那些人，可以做出更多更好的事情来——反之亦然。有没有人说过，充分的休息也是工作的一种良好表现？敢于让员工好好地休息，也就敢于理直气壮地带领员工去“拼命”。一直处于疲惫状态，是绝对不可能让员工高效率地工作的。学生学习也是同样的道理。如果家长让孩子每周七天都在学习，那个效率可想而知！生活都没有盼头了，学习有什么意义？学习上还有动力吗？

说起这些，倒是想起了好多的故事。也罢，以后再说吧！

导读：建立学习型的组织，是我们班级的重要目标。我们做一些小小的改进，来让我们的教育活动更愉快。不奢求“脱胎换骨”，只希望能够改善我们的处境。

静静

今天的成就是昨天的积累，明天的成功则有赖于今天的努力。

——读书笔记

长期的成功有赖于持续的学习

一个人一时的努力可以决定其短期的成败，但是长期的成功却有赖于持续的学习。诸葛亮说：“非淡泊无以明志，非宁静无以致远。”我想静静，不念过往，不畏将来。

从管理学的角度来说，只要高层的决策大体上是正确的，员工犯些小错误是不会影响大局。从班级的管理来说，只要我们的教育理念是正确的，我们的培养方向是明确的，那么面对这些活泼好动时而有小错误的学生，我们就应该以一种较为宽容的态度来对待；对于班级在某些评比中的偶尔失利，应该作为一种教训一种经验，是对学生成长的警醒，甚至可以说是一种体验失败带来的挫败感的机会。不是说失败是成功之母吗？

我们班级重在打造一个学习型的组织，就是在班级中营造一种喜欢阅读、喜欢学习的氛围。当然这绝对不是一朝一夕之功，也不单纯是老师和学生的责任，更需要家长的密切配合。是的，我们看到的现象是学生在教室里安静看书，或者在热烈讨论，但这背后是家长、老师的引导和鼓励在起着推动作用。

作为成年人来讲，自己的学习兴趣、学习热情，可以用我们的理智去发掘，我们可以清醒地知道自己的学习热情应该由自己负责，我们深刻地知道别人不会为我们的前进加油打气。但对于学生来讲，在良好的思维习惯建立之前，在良好的行为习惯建立之前，还是需要老师和家长的指点、监督、鼓励。教育就是一种让学生成长、让学生找到自我的方式。

学生的成功，总有离不开老师的一面

我们可能因为兴趣而选择了某一门知识，但是学久了，我们会发现，支持我们充满热情学下去的不再是初始的兴趣，更多的是一种成就感，一种因为熟悉而产生的眷恋，一种因为取得成绩而坚持下去的信心。因此，在学生的学习中，能为他们创造机会来获得成就感，是让一个学生喜欢这个科目的很好方法。学习，并不一定是快乐的——每一门学科学到一定的阶段，都会遇到困难，产生惰性，在这个时候，能不能坚持下来，需要我们从多方面来进行调试——既包括自己对自己的鼓励，也包括教师的指点来协助渡过难关，从而建立新的信心。

学习的另一种表现就是努力去尝试，然而尝试总是会产生成功或者失败的结果，我们怎么去看待呢？有时候我们讲，其实我们往往是叶公好龙的，我们喜欢创新，但是我们惧怕失败，我们更害怕创新产生的力量破坏了我们熟悉的现状——人就是这么的矛盾。创新，实际上就是一种建设性的破坏——对旧观念的冲击的必然结果。如果冒险和失败带来的更多是学习而不是惩罚，那么，人们就愿意冒险，因此也就有了创新的可能。

做一些让自己的工作轻松愉快的小改进

听课的时候，有时候真的能感受到老师们在日常教学中对创新的用心，从回答问题的方式、学生口头或者文字表达的优美流畅，完全可以看出学生在读书，学生在思考，学生没有被字词句段所束缚。

建立学习型组织，就是要通过培养弥漫于整个组织的学习氛围、充分发挥组织成员的创造性思维而建立起一种有机的、能持续发展的组织。这种组织具有持续学习的能力，具有高于个人绩效总和的综合绩效。我们知道，再平凡的人，骨子里也是抗拒平庸的，那么如何让他们爆发出一种向上的能量？很值得我们的组织者思考。

现实生活中，一般团体中的个体成员往往是比较被动地接受领导所安排的任务，并且在创新方面不会有更多的想法，或者即使有也不愿意去实施——甚至连说说都不肯。当一个大环境不允许你大刀阔斧地去改变的时候，做一些让自己的工作轻松愉快的小改进，比按部就班地完成任务还是要有意义一点。当你的小改进让自己变得更有自信，让自己的生活也更轻松愉快，让你工作的效果明显强化的时候，其实你不要再去奢望什么了——这已经是你最好的回报了！

定位于让自己的工作得以改善，让自己可以从冗杂无趣的工作中得以解脱

其实，创新，是从身边的小事情出发，然后一点一滴地转变，只要开始，就一定会发生你意想不到的超额回报。你一旦选择了改变自己的生活工作状态，那

么你面对的对手就从领导的态度转移到自身的决心以及坚持的时间上了。在审慎中前进，在阳光春风中独自前行，你需要有一份欣赏自己杰作的孤独的心情。当我们有意识地明确自己的行动目标，并把自己的行动与目标不断地加以对照，知道自己前进的速度并不断缩小达到目标的距离时，行动的积极性就会持续和保持高涨。

没有远见的行动只能是一种苦役。我们的目标一定要定位于让自己的工作得以改善，让自己可以从冗杂无趣的工作中得以解脱，这样才会让我们感受到创新带来的实实在在的益处，以支撑我们不断地前进。

无论你在创新中取得了多大的成就，都务必要保持一份谦虚的精神，这是在神州大地上的生存之道。诚如亚里士多德所说："对上级谦恭是本分，对平辈谦虚是和善，对下级谦虚是高贵，对所有的人谦虚是安全。"

我想静静，去做一点自己喜欢的事情。

导读： 培养未来的管理者，就是培养他们学会观察、思考、总结，能够提出问题并找出解决的方法。班主任广泛“纳谏”，不仅仅是胸怀的体现，更是一种班级治理的有效方式。

班主任的“纳谏”与指导

快乐，是精神和肉体的朝气，是希望和信念，是对自己的现在和未来的信心，是一切都该如此进行的信心。

——果戈理

未来的领导者必将是一个知道如何提问的人

认真阅读，了解了同学们第二学月的意见和建议，感受到了大家“滚烫的心”啊！是的，最让人有所思的，是同学们对班级某些现象的抱怨。这不是什么难堪的事情，也不是有辱于班级的管理，相反，这是对班级的一颗赤诚的心。因为，抱怨产生的根源在于尚有未获满足的期望——希望我们的班级、我们的团队能够更加优秀。

“承担责任，不找借口”，这是我们现在的准则之一。班级管理就是要成就一个健康积极向上的团队，让班级成员在班级中能够学会学习，学会做人，学会成长。而实现这一目标的手段是多种多样的，不同的班主任有不同的绝活，不可能千人一面。即使是同一个班主任，在面对新一届学生的时候，也应该有所不同。有些在当时条件下最合适的一种解决问题的方法，随着个体学生组成的班级的不同、客观环境的变化，原来的方法现在使用起来并不一定最好，这就需要回到我们当初的目标上来，重新为之定义出更为合适的新方法。

山人正是在这种状况下开始新的探索。“过去的教师，可能是一个知道如何解答问题的人，但未来的教师必将是一个知道如何提问的人。”借用学生自己的思维，从学生的角度来观察班级的状况，然后从教师的角度来思考如何帮助学生得到发展，这才是接地气的做法。教师在之前提出那些关于班级的问题，学生就自己观察、琢磨、思考、总结，然后抱着一颗为班级尽心尽力的心，表达了自己的期望。这也是“借脑”的一种方式，且不论学生的思考是否“符合”教师的期待，但是至少给了我们一个不同的视角、一种不同的思维方式，而这些不一致也许正是我们进行管理创新的征兆。

建言，就是学生成长中思考力的增值

班主任管理要学会问问题，问问题可以让人思路清晰，激发创意，指引做事的新方向，同时还能够促使组织与个人快速成长。作为刚刚组建才两个月的新班级，正是需要这种群策群力、全民参与的管理氛围，这是我们营造共同进步氛围的良机。在这个过程中，我们也可以发现人才，并在今后的工作中逐渐让他们得到锻炼，从而培养出更多的人才。“听其言，观其行”，书面建议也是“言”的一部分，值得我们定期或不定期地进行，从而帮助我们对班级的走向做出新的调整。

有文章说，班主任艰辛，有一个重大原因就是，我们在从事着几十个人的管理，但是我们在接受教师培训的时候，并没有学习管理学这一门重要的功课，所以我们的日常管理，很多都是盲目的、仅凭直觉进行的，是一种艰苦的体力劳动，而且不断地重复着，永无宁日。是的，这也是我们职业教育中的不足之处。实际上，管理意味着用思想代替劳动，用知识代替惯例和迷信，用合作代替强制。当我们和一群朝气蓬勃的学生拼体力的时候，那是多么的辛苦而自不待言！

班主任的肩上总是承载着较多的期望，在班级管理中的效果如何，也是家长们最喜欢品头论足的。家长也会有不满意的时候，其实我们班主任也有很多不满意的时候。不满足现状的人，才是具有创新精神的人。在这种不满之中，我们如果看到积极的一面，而不是一味地抱怨，那么不满就变成我们进行革新、取得进步的催化剂。

激励下属当作日常中最优先处理的工作

进行管理，首先要获得信任，信任是获得有效领导的基础，如果不能被人信任，就不会有任何的追随者。在班级管理中，我们发现，如果我们有着一种相互信任的氛围，那么很多工作都可以有效地展开，很多目标都可以有效地推进。而如果缺乏信任，互相埋怨，则任何事情都无法取得尽如人意的效果。这种信任可能来自多种原因，但这都不重要。人与人之间的相互信任，并非一定代表着互相喜爱，而极大可能来自互相之间的了解。换句话说，你不喜欢某人是可能的，但是你对他完成某件事情的能力却是信任的，所以你可以信任他、委托他完成某事。这背后，既是一种胸怀，也是一种理性。

班主任也该深刻地相信，你可能对学生的未来产生相当大的影响。管理是管理者和管理对象之间的一种交流，管理者的精神面貌、气质乃至处世的方式等等都会对管理对象产生影响。学生正处在成长阶段，他们在观察，在模仿，作为教师的我们，也正是他们眼中世界的重要组成部分。我们有必要思考如何给予他们正能量。

管理既然不能用体力活的态度来对待，那么就有必要采取新思维来对待。管理者应该将激励下属作为日常中最优先处理的工作。当然激励的方式有很多，每个人都可以积极开动脑筋，让自己的思维活跃起来。接受不同的意见，是其中一种方法。达・芬奇认为，为了获得有关某个问题的构成知识，首先要学会如何从许多不同的角度重新构建这个问题。班级里每个学生的成长环境不一样，来源的广泛性正是可以提供不同的思维方式。当然，我们最终是要建立多样性状况下统一的目标。班级目标是他们成长的新阶段应该认可的，是我们班主任给予这个班级的重要的精神力量。

“不周”也可以促进班级的健康发展

如果班主任的倡导发出以后，没有学生回应，或者说他们的“意见一致”，这是非常可怕的现象。一方面，可能是我们班主任太过于强势，让学生不敢畅所欲言；另一方面，很可能是因为每一个人都没有认真地做好自己的工作，没有完成自己的工作，没有认真地思考这个问题！学生不重视的问题，你无论如何怎么强调，效果都是弱的！而在这次建议中，大家都认为“问题严重”的，如果我们找到了切实可行的方法，来推动问题的解决，学生往往是乐意接受的。即使这些要求比较苛刻，但是基于大家都认可了问题的严重性，那么接受起来也是有心理基础的，承受能力较强。这也是管理中的心理法则的运用。

我们激励学生去实现新的目标，这个目标越是清晰可见，越是来自大家的感同身受，那么实现目标的可能性也就越高。而我们在管理中，如果目标太多、太复杂，则容易分散大家的精力，那么在行动中由于各种任务的错综复杂，往往很难取得成效。这对于士气的培养是不利的，卓越的领导者应该有大雕塑家罗丹为全局而抛部分、为大利而抛小利的见识与勇气。相应地，我们也不应该求其全能，更不应该因为一些细节而责备班主任管理的“不周”。

正因为如此，最近在班干部的选择上，可能就有很多不周全的地方。回到最初的目标上来思考，为了发现更多的人才，培养更多有一定管理能力的学生，避免班主任的第一印象，因此采取了由第二组班干部根据同学们的自荐以及班干部推荐来组成基本成员，最后再由班主任确定的方式。当然，推荐过程比较复杂，也几易其稿。在这个过程中，也让第二组的班干部懂得了“人尽其才”的道理，多次“退稿”，是对他们识人、用人能力的考验。其结果不仅推荐出班级的人才，更锻炼了自己，一举两得。当然，我们也深知，这些被推荐的学生不见得都是老师心目中的最佳人选，但这是对他们的检验，达到最初的目的，或者说基本上达到最初的目的，就是一大成功。

锻炼，培养更多的优秀力量

也许我们会担心，要是他们管理不好，影响班级荣誉怎么办？是的，我们就要在“班级荣誉”、班主任“口碑”“形象”等等上做权衡了。幸好山人这些年来已经做出了自己的选择。因此，遇到不同的意见，就不是一种责备，而是一种促进。不同的意见刚好能够为山人的班级治理决策提供多种选择，不同的意见可以激发想象力，以避免被自己的某种固执看法所左右。如果学生积极参与的态度得到了认可，学生得到了锻炼，那么在长远的将来，也是一种不可多得的优秀力量。

当然，班干部管理肯定是班主任的重要工作内容，也意味着我们必须严肃认真地对待，要随着形势的发展变化灵活处理。班干部的任用当中，有没有给予他们未来的希望？有没有得到广泛的支持？根据研究，在这种“升迁”的过程中，常常会陷入三个陷阱：一是管理者认为升迁会受到被升迁者的欢迎；二是会导致未获升迁的人士气低落；三是大家对升迁公平性的质疑。这些在现实的操作中总是会存在的，作为班主任应该多思考如何公平公正、合情合理地解决它们。我想，最重要的就是，“升迁”是一种责任、一种义务，而不只是一种单纯的荣耀。因为在过去的两个月中，我们也发现了一些把做班干部当成一种炫耀资本而不是承担重大责任的现象，这对于班级的管理是非常不利的。在这次建议书中，就有同学提出来了，可见学生的眼光也是很犀利的。

保证学生成长平台得以平稳、安定

一个班级是否管理好的标准是什么？那就是你能不能随时离开这个班级，而学生的表现一如既往。推而广之，管理一个部门，管理一个公司是不是也是如此。我们不是保姆，而是引导者。一个公司，也只是帮助员工获得人生的成就，获得自己生存的基础以及实现自己的人生价值的平台而已。班级同样是一个学生成长的平台，班主任和科任老师就是保证这个平台得以平稳、安定的维护人。

既然我们不是救世主，何必把自己抬得太高，给自己太多的压力？兑命曰：“学学半。”我们在这个过程中也是促使自己成长。爱迪生说：“在我的一生中，从未感觉是在工作，一切都是对我的安慰。”这样的人生，将是多么快乐！

那就是：好学不倦，与人为善！

导读：把班级作为一个团队来营造文化氛围，是一种做“大事业”的格局。凡事都需要从现实出发，认真做好每一件事情，积累我们的信心，未来就把握在我们今天的手里。

脚步不能停

要积极行动，不能坐失良机，也不能被动行事。

——读书笔记

不能等到未来到来后才去把握，未来需要在今天就开始把握

创造未来的真正含义，是创造一个不同的事业。这个事业，是由我们的思想决定的。任何时候，在谈论未来之前，我们一定得好好地审视自己目前的状态，因为凡事都需要从现实出发。管理学家德鲁克说：“不能等到未来到来后才去把握，未来需要在今天就开始把握。”

人生也害怕“信心爆棚”的那种错觉，也可以说是一种“成功者的宿命”，那就是得意忘形之后的马失前蹄。当然，失败也不是那么可怕，怕的是没有翻身的机会。每一次人生危机，既包含了失败的根源，也可能孕育着成功的机会。不是说，人都是逼出来的吗？

对于一个管理者来讲，能够完成许多大事的秘诀，可能就是每次都认真做好一件事情。管理是需要思考、需要理性思维的。没有思考的管理是一种愚蠢，而没有原则的管理又是一种渎职。管理不需要我们面面俱到，更不需要我们自己每次都冲锋上阵，赤膊而战，想想看，只有基层人员才需要亲自操作属于自己的每一件工具。管理者的最高境界就是对人的管理，而用人正是领导的最高艺术。

营造一种善学文化的氛围，就是我们发展的未来

人才是需要进行培养的，无论是从管理技巧上，还是人才的思想意识上，都需要有团队文化来熏陶，来帮助其建立牢固的团队行事原则。我们需要的就是那种能上能下、能吃苦能做事，有智慧也有情商的人才。我们需要的是那种拥有一颗平常心、专注做事、能够做出不平常的事业来的人才。这需要我们团队文化强大到足以影响人的思维和观念。

本着忽略已经取得的成就，努力攀登还未登顶的高峰的精神，我们开始思考

属于自己的团队文化：善学文化。

善学文化脱胎于我们的“好学不倦、与人为善”的教育理念。培养富有积极向上的求学精神，与人为善的团结协作理念、始终阳光乐观的学生。“不能输在起跑线上”的观念可能已经深入人心，这本身没有错，只是怕我们关注眼前而采取太急功近利的教育方式，忽略了长远的发展；因此我们增加了“赢在终点”的要素。起点低不是我们的错，不客观认识清楚，又不继续努力超越过去的自己，那就是我们的责任了。

信心需要我们的积淀，需要我们在前进道路上不断地战胜困难，然后通过反思总结，获得对自身的认可。赢在终点，就是期待着下一次的挑战，这不是对我们的打击，反而是给予了我们机会。终点肯定不是这一次考试，甚至不会是中考、高考。人生就是一个不断改进自己的过程，至于延长到什么阶段，那就和我们的心智修为有关了，借用古语就是：活到老，学到老。

三人行必有我师，如果更超前地说，如果我们有机会见识更多的名师，听更多的名师甚或仅仅是在某一方面有专长的老师的讲座，也是一种不错的选择。可惜我们的现实状况是，这种选择的自由太少了。

跟对人，听懂话，多么重要！营造一种善学文化的氛围，就是我们发展的未来。

我们都在修行的路上，脚步不能停！

导读：看远一点，能够帮助学生不断进步，或者避免了某种失败，其实就已经很成功的了。善于发现小事件中的积极因素，去激发学生的行动，就是一个相当好的老师了。

远眺

认识到世界的广大，才能认识到自己的渺小，才能弱化自己的痛苦，才能包容世界。

——林清玄

有些错误是因为我们逃避了思考

读到林清玄的这句话，才知道，走出自己的世界，才能发现这个世界，也才能真正读懂自己的世界。

就如我们教师，如果每天都战斗在分数之中，都挣扎在作业里面，每天和一帮人横眉冷对，结果会怎么样呢？自然感觉到累，感觉到烦，感觉到人生没有生趣。到头来，发现自己生活的一切，其实都与自己的幸福无关。

所谓当局者迷，旁观者清，也许可以用在这里。我们原本以为每天的辛苦，是有意义的，是高尚的，是伟大的，是无私奉献的，其结果呢？

战斗到最后，毕业了，我们与学生才发现，我们的敌人竟然都不是对方！这些年来，我们都找错了对手，拼错了刺刀，找不到胜利者！

别高估我们的奉献价值

教育，是鼓舞、激励，是帮助学生找到自我，发现自我，成就自我的过程，哪里是教师与学生之间的无休止的战争？

当我们以为是我们把知识给予了学生的时候，其实不知道，那是学生自己学习到的，我们只不过是一个启发者而已。实际上，很多的人，只不过是一个监督者、一个牧羊人而已，羊群的壮大，是自己吃草、自己消化吸收的结果。

知识是我们创造的吗？显然太高估我们自己。何不把我们自己放低调一点点？我们无法给予学生未来的美好生活，但是我们可以帮助他们更有利地追求个体的未来美好生活。

教育，其实质就是帮助别人获得成功

特别喜欢有一句话：“社交就是帮助别人成功。”

其实教育也是帮助别人获得成功。如果我们抱着帮助别人的心态，把别人的成功看作是别人自己努力的结果，其幸福感也应该是他自己去感受的，那么也许我们就不会紧张于别人的懒惰了。

因为，你努力，你承受；你不努力，也是你承受。我们作为身边的旁观者，何不多站在别人的立场上来想想？我仅仅是提供帮助的人，不是最终的执行者。我们所思考的、所希望的、所能够做的，就是激发别人去努力，鼓动别人去奋斗。当我们自己太紧张的时候，你发现这个压力就转移到我们的身上来了，变成了我们在奋斗，我们在努力，而学生呢？学生自然不需要努力了，他们需要的就是看你的努力，看你的焦躁不安，看你的声色俱厉，看你的无计可施。

当学生成为旁观者的时候，我们的努力有什么意义呢？只不过徒增烦恼而已，我们忙死了，学生还觉得你不努力，说不定会反过来说，老师，你怎么这样不用心啊？

“老师，你怎么这样不用心啊？”你介意这样的质问吗？

帮助学生通过自己的努力去获得荣誉，但是我们绝对不施舍荣誉

记得，我曾经对学生说，抱歉，我没有什么本事，好多的事情还需要你们自己来完成。比如说，我不喜欢体育运动，所以体育比赛，就只有你们自己去组织，我可以提供精神支持。比如，我不擅长艺术类活动的组织，五音不全，肢体僵硬，这类活动就由班级中最有才华的人来做吧，我一定做个最忠实的观众。

说到底，各位，我没有本事，任何事情都要依靠你们自己。

于是，我们班级的体育活动组织就是他们自己的事情。我可以提供精神上的支持，可以提点小建议，听听他们的想法，说说自己的看法。篮球队、足球队、女子排球队，我们都建立起来了，而且和别的班级也进行了多次的比赛了。每到体育锻炼的时间，好多的人都是玩得浑身冒汗，尽兴而归。

于是，我们班级的文娱活动。从初一文娱委员建议每天小班会唱歌以来，坚持到了现在。我们的歌声一直飞扬着，这成为我们班级最美丽的风景。在已经过去的两次歌咏比赛中，我们都获得了二等奖，这个可是开创了我班主任生涯以来的最好历史记录啊！记得以往，我们都是第一的，倒数。

我们班级的常规管理，班干部们积极主动，做了很多的事情。昨天年级表彰大会上，有个同学说，评优是有潜规则的，所以自己就没有评上。我问：什么潜规则？答曰："你看，都是那些做班干部的，他们操行分可以加分嘛。"

是的，班干部可以加分，那是人家为班级做了那么多的事情，为什么不能够评为优秀？而你呢？做了什么？

是不是所有的都和操行分有关？你觉得你非常厉害、非常的优秀，那不属于操行分的"年级学习标兵"（年级前十名）、"拼搏明星"（班级进步最大的5名）等等，你为什么不争取？公平，就是付出有所收获。对你来说不公平的，正是对这些为班级服务的同学最最公平的。

抱怨产生不了正能量，只会产生无限的哀怨，只会让我们的士气低落。如果你觉得不公平，想想，你是否有能力去改变这个不公平呢？或者说，是不是你有这个能力，去公平地争取自己的成就呢？

规则在那里，我们按照规则来进行。如果你觉得不努力、不付出，只要根据人际关系就能获得荣誉，那才是最大的潜规则，才是最大的不公平。

我们帮助学生认识到这一点，我们也帮助学生通过自己的努力去获得荣誉，但是我们绝对不施舍荣誉。

关注事件背后所具有的潜质

远眺，就是放眼未来，就是把该给谁的压力给谁，绝对不越俎代庖。我们认清了自己的角色，也就容易找到我们该做的事情，也就可以以较为轻松的心态，来面对每天的生活。

阅读历史，阅读不同的人对同一阶段历史的不同叙述、不同看法，可以让你看得更清楚，让你学会站在不同的角度来思考问题。

站在人生的长河来看待这短短的学生生涯，你也就会更关注他们的心灵，关注他们的行为所可能产生的积极意义，也就更关注事件背后所具有的潜质。

君子成人之美，诚如斯哉。

导读：处理班级任何事情，都要给予学生较高的“自尊期待”，也是对我们自己的一份尊重。激发出学生的学习热情和对未来的希望，是作为老师的重要责任。

静待花开

没有冲突的组织是没有活力的组织。

——读书笔记

好奇心，让我们不断地尝试新东西，感受新乐趣

一直在思考，那些快乐的时光是怎么到来的，是怎么度过的，还有没有办法让这些快乐更多地出现。那些发呆的日子，为什么总是让我回味不已？

人生就是一趟旅行，快乐与否在于我们的心境。原来，当我怀着对新世界的好奇、对新环境的探索与接受的意愿，那么就可以更多地适应陌生的未来了。抱怨、不满，是破坏我们心境的最大杀手。

人生这趟旅程是否快乐，还真的不是你获取多少，而是你放下了多少。只要你努力，总是会有收获的——无论多少，即使是草盛豆苗稀，也是一种乐趣——但使愿无违。抓住你最核心的需求，满足了你最核心的渴望，那么还有什么值得忧虑的呢？孔夫子说“饭疏食饮水，曲肱而枕之”就是一种快乐；颜回“一箪食，一瓢饮，在陋巷”也“不改其乐”，同样逍遥自在。

激发出学生的学习热情和对未来的希望

对于学生每次考试发试卷，我也是无力吐槽的了！不过，总是在进步，总是与以往有了变化，至少也值得庆幸。于是，如果你有着静待花开的心态，有着“个人发展得越好，班级也会取得更多的成就”这样的心态，努力去培养这些呆萌的学生们，总会有那么一些惊喜在里边。

我们说，管理境界的高低、管理效果的好坏，很多时候取决于主要管理者的理念。我们的理念就是，激发出学生的学习热情和对未来的希望。我不知道，做教师是不是一定要吝惜自己的笑容？是不是一定要老气横秋、一副凛然不可侵犯的样子？反正，那不是山人的生活理想，既然选择了微笑着面对世界，那就不要掩饰自己对生活的热爱！

阅读课，新的历程开始了

今天和大家开始了第一次阅读课，有三个学生没有准备好阅读书籍，其余的同学都安静地开始了阅读。2008级，我们开始编辑第一期《雨虹》，坚持到了如今；2014级，我们每天唱歌，坚持到如今；从这一届开始，我们将把阅读作为三年坚持的方向。我们想做的事情不多，只想把这一件事情做好。当然，在这样的阅读课上，我们也很快就发现了哪些人是经常阅读的，哪些人缺少阅读方面的系统训练，哪些人不太喜欢看书。阅读的好处，自不必多言，我们的重点是，培养学生静得下心来，坐得住，看得进。要求随时都有一本书在身边，而且不是那种快餐文化的书籍，而是有点分量的书籍。别担心什么时候才看得完，只需要保持着有时间就一页一页地阅读就可以了。

“手不释卷”，是保持阅读的感觉，保持和文字的亲近，保持着对文字的敏感，能够坐得下来，如果有一天需要拾起书本赶考，也还来得及和这些文字如老朋友般见面！人生的航船，不是说要等到开拔的时候，才晓得应该去补漏，而是应该随时都可以远航！

为学生的发展创造良好的成长支持环境

班主任重要的工作就是协调各种关系。从教育管理学生这方面来讲，会协调的老师，不仅教给学生良好的人际关系理念，还会告诉学生自己处理矛盾的技巧，更会在班级建立良好的矛盾协调机制。

最近班级中出现了几起同学之间的纠纷，也给我们带来许多值得思考的地方，当然也显示出我们的教育还必须有着不断的跟进。根据美国心理学家布朗芬布伦纳的“发展心理学生态系统理论”的观点，发展是人和环境相互作用的结果，学生的发展受到微系统、中系统、外系统和宏系统的直接和间接的影响，其中家庭、学校是影响学生发展的微系统，对学生的发展影响最大。班级中，学生如何发展，班主任营造的环境不可忽略。我们的教育就是为学生的发展创造良好的成长支持环境。

这个支持环境，如果是一种沉重压抑的氛围，估计学生也很难有阳光开朗向上的性格。完整的人格是通过遗传和经验的相互作用而塑造起来的。遗传的东西是天生的，那么成长过程中的经验积累，我们作为教师是可以起到那么一点作用的——多给予学生机会，让他们多尝试，多实践，多反思，多展望未来。教师能不能给予学生阳光，不仅仅是学生能不能得到良好的育人环境，更重要的是，我们自己能不能享受这一工作与生活的乐趣。

处理事情时给予学生较高的“自尊期待”

学生之间发生矛盾，甚至受到批评教育直至处罚，对他们都是一种考验，一种面对错误、挫折的考验。我们必须清楚，适度的挫折可以帮助学生形成抗挫折的能力，也能够让学生树立面对困难积极应对的理念。但过度的挫折，则会使学生失去自信，怀疑自己，常常觉得无助和绝望。特别是当一个学生遭受一连串的失败，而没有得到团队的支持、没有得到关爱的时候，很容易产生难以自拔的挫败感、无助感。久而久之，就养成一种“习得性无助”，面对任何问题都不再努力，而“坦然”接受失败——因为不努力，所以永远失败。

教育的过程中，我们也注意给予学生较高的“自尊期待”，也就是要善于给学生面子。心理学研究表明，自尊对学生一生的发展有重要影响作用。与自尊水平不高的学生相比，自尊水平高的学生未来的生活品质更高，发展前景更好，心理更健康，问题行为更少。我们在刚刚接手学生才两个月的时间里，尤其应该给学生一个以新面目出现的机会。我们既不能期待老师妙手回春，短时间就能化腐朽为神奇，也不能盲目等待，无所作为。

当然，如果我们有着良好的心态，那么，这一段旅程将是充满乐趣的、是愉悦的、难以忘怀的！

那样，我们就可以呆呆地享受生活的乐趣！

导读：认真，形成一种自动自发的状态。为建立一种恒久的和谐而满足的人际关系而积极行动，你所投入的一切都是值得的。

停不下来

找出解决方案，比承认错误更重要。

——读书笔记

对于大多数人来讲，“认真”二字还是很有意义的

那天批评一个小伙伴，在迎检的关键时刻，竟然还像平常一样撒娇，准备偷懒。面对着关键时刻这种状况，自然遭到山人声色俱厉的批评：“平时偷懒也就罢了，怎么这形成了习惯，停不下来了？”

默默观察了许久，就拿跑步来说，有的同学几乎从来不缺席，虽然不是飞毛腿，但是那份毅力、那份坚持、那份停不下来的执著，总是让人感动——成功的路上并不拥挤，因为坚持下来的人并不多。站在不远不近的地方，静静地守望这些茁壮成长中的祖国的花朵，至于其未来的发展我不敢妄测，但是这三年来的成长经历，却无不和其个性相关。

试想，认真说来，初中三年的科目知识，至少有那么一些是你喜欢的且并不难的——其实都比较初级。好吧，说起成绩来，其实都是泪。你会发现，成绩好的学生，有点“做什么都很好”的现象，难道真的是因为他们多才多艺？还是因为他们习惯了“认真”，于是这些事情都能够比那些马马虎虎敷衍了事的人做得好？比如跑步，其实有些人就是偷懒而已。由此，你会发现，那些请假的人，也就是“那几个人”，学习上的用心、毅力也是不足的。成功者停不下来跑步前进的节奏；失败者停不下来后退的节奏？

优秀是一种习惯，其实我们都知道。虽然，我们也知道，聪明才智和努力工作，并不一定和职业的成功有多少关系。不过，对于大多数人来讲，“认真”二字还是很有意义的，如果你不是个“靠谱的人”，受到的尊重显然是不大的——所谓的“世故圆滑”，其实也是在某些方面“比较靠谱”的表现。

过去的言行可以预测未来的言行

比如前面提到的小伙伴，在三令五申的情况下，仍然没有意识到是“关键时

刻”，仍然如平时般懒散，这就不是聪明的表现。一个人，如果对事情的轻重缓急有一个清醒的认识，当真正关键的事情来临时，就会立即调整并重新安排事情的主次关系，也就会取得关键性的胜利。话又说回来，就是因为平时被宽容太多了，养成了坏习惯，停不下来了！

我们平时做出的决策和行动，在很大程度上，都会受到我们过往的经历、个性缺陷、个人缺点以及心理倾向等因素的影响。有时候极端一点来说，就是过去的言行可以预测未来的言行——性格和品行一般都是不容易改变的事物。所以，看着他们的表现和他们这三年来取得的效果，山人总是在思考这二者之间的联系。

一种积极向上的心态，一种把找出解决方案看得比简单的承认错误更重要的认识，都能够让一个人由弱变强。老师以阳光的心态来看待学生，则学生就会向着阳光生长，就会同样回报以阳光般的成长。作为班主任，学生的起点素质低不是你的责任，但是三年来你都不能提高学生的素质，那就是你的失误了。

如何提高学生的素质？不是你廉价的表扬和鼓励，而是实实在在的行动——赛马而不是相马。给予学生展示的空间，给予一个发展的平台，在赛马的过程中，再给予指点。多帮助寻找解决问题的方法，也就是在培养一种思维方式，一种做事风格。

终极目标，是要建立一种恒久的和谐而满足的人际关系

当然，“管理无定式，目标无止境——适合的才是最好的，发展才是根本目的。”（海尔集团董事长张瑞敏语）每个人（管理者）都是根据自己的习惯来进行管理的，然而不得不说，管理者的管理方式，也必须根据形势的发展进行变换，而不能墨守成规。

比如对于培养目标的选择上，我们总是有自己的固有思维，有些目标对象我们始终不愿意给予机会——鉴于过往我们看到的状况作出的推断——也许不仅仅是这个学生的表现，还有以前曾经的类似学生的发展结果。用假设代替确凿的事实无疑是对正确决策方式的损害，尤其是当我们要对某个人作出重大判断的时候。长期做班主任的人，对于一个学生的性格、价值观以及动机的假设，往往依据的是我们固有的刻板印象。这是相当危险的，对于此，山人采取的方式是——比如让科任老师来推荐培养目标、让学生干部来推荐适合的人选等等，并且一定要给予这些被推荐的人选以锻炼的机会——赛马呗！

是的，这三年来，我们都在努力着，我们无法让学生的思想都统一为一种，但是，我们可以统一一个共同的目标——那就是“好学不倦，与人为善”。

如果，我们的人生终极目标是要建立一种恒久的和谐而满足的人际关系，就不要害怕花时间去经历这个发展过程，最终，你投入的一切努力都是值得的。

毕业季的这些日子，无论多么艰辛，多么不易，我们都会一起，风雨不变、互相支持着，我们且行且珍惜！

哈，我们的优秀也就停不下来啦！

导读：花言巧语，不如朴实到底。有着最美的期待，做着踏实的事，积极创造机会，一定会让最美的果实呈现！

最美的期待

你离我多远呢，果实呀？
我藏在你心里呀，花呀。

——泰戈尔《飞鸟集》

花与果实，也许是这个世界上最虐心的相恋，心中有你却永远不能相见。然而，又是最美的相恋，因为果实离不开花儿，而花儿的心里蕴藏着果实。

我们所期待的美好生活，不是在某一时刻，而是在我们奋斗的过程中。尤其是，当我们在逆境中跋涉、在艰难中挣扎的时候，何尝不是花儿孕育果实的时候？即使是雨打花飘零的时候，又何尝不是离果实最近的时候？

积极做事，却又不执著于每一次的交流效果

期待，不是等待，而是在行动中去创造，是享受这过程中的美好。花儿的灿烂，其实果实一直见证了；果实的美好，其实也有花儿的芬芳。

前段时间有同事说："为什么我都谈了两个小时，这个学生过两天还是不交作业？"山人笑了："这算不错的啦！还有刚刚谈了，晚上还是不交作业的呢！"山人的建议是，把这两个小时的唠叨，变成4次方法技巧与目标的谈话，每次短一点，多来几次，也许效果会不一样。这也是山人的家校谈话，每个学生谈话时间都不长的原因。少量多次，更能够起到督促的作用，每次谈一个方面，有改变就是进步。你要让一个人什么都一次性改掉，怎么可能！目标简单一点，实际行动起来更容易，而每巩固了一个好习惯，再来下一项，双方都能够看到进步，也能够感受到成就感。

既要给学生以期待，又要给自己以期待，更要有合理运用心理学知识的力量，掌握好每次谈话的节奏。在教育的道路上，任何想毕其功于一役的念头，都是不切实际的，是会伤了自己的上进心的！教师在教育辅导上的洒脱，就是积极做事，却又不执念于每一次的交流效果。

积极创造机会来实现最美的结果

很多事，是不可能一蹴而就的，因此需要有一段时间来发酵变化，最终达到某种效果，我们应该有这个心理准备。

有时候，我们免不了焦虑，生怕自己“输在起跑线上”了，实际上我们不是输在起跑线，而是输在思维方式上了。适当的焦虑，能够让我们的拖延症得到改善，但是过度的焦虑，却会大大降低我们的行动效率。我们的焦点是结果的好坏，还是在行动过程的准确与迅速？这就是思维方式。山人常常在考试前，对学生严格管理和要求，在活动之前的准备中，“大呼小叫”甚至严肃批评，让人“吃不消”，但是当成果出来的时候，却比较淡定。尤其是，结果不太如人意的时候，还能够看到我们在活动中的收获，看到我们的成长，而不是怨天尤人。当然，当我们努力了，往往是会取得好的效果的。

在你期待最美的结果前，你做了怎样的努力？你是“静静等待”，还是积极创造机会来实现？就如山人常常自嘲的那样：我也期待能够中五百万大奖！可是，我总得先买一张彩票啊！

活在自己追求梦想的过程中

很羡慕自己的学生还拥有那么多的人生机会，还可以享受不断改变自己的过程。当人生到了一定的阶段，尤其是在职场上拼搏了一些年之后，在别人的眼中，你就应该如此继续下去了。稍微的转变都是离经叛道。抛开自身养成的“路径依赖”不说，真正的转变肯定会遇到很多困难，甚至是无可挽回的失败。这样的代价能够承受吗？这样的转变有充分的理由和足够的勇气吗？

然而，人生最让人后悔的，绝对不是曾经做过了什么，而是曾经的梦想竟然没有勇敢地去试一试。你不去拼搏一下，怎么知道自己做不成这样的事情？山人常常告诫学生，尝试，就是让你知道自己能力的边界，尤其是竭尽全力的付出，才可能获得理想的回报。笑对人生的人，往往就是那些敢于全力以赴做事情的人。

少年得志自然令人羡慕，而大器晚成更让人敬佩。大器晚成的人，往往是那些有信仰的人，他们执著坚定，从不放弃，心中有期待，脚下从不停止前进。会有多少风风雨雨，在其一生中不断袭来？而又有多少的遗憾与不平，也曾经萦绕于心？最终是“困于心，衡于虑，而后作”。

最美的期待，往往会意味着你不是活在别人的评论中，而是活在自己追求梦想的过程中。当每个人都认为这是一条金光大道的时候，估计也没有你行进的位置了。有些成功，总是在很多人都不看好的情况，才是“蓝海”，才是一个最好的机会，才是最美的期待。

明朗化的做事风格

山人最近跟友人常常谈论，感叹自己“脾气越来越大”。是的，有时候看到工作中的低效率，总是会忍不住有点小脾气。记得前年山人曾经写过一篇小文章，说的就是团队的高效率，绝对不是一个人的高效就能够完成的，必须是每个人都能够高效地配合，才能够达到衔接流畅，行动迅速，全面思考，协同前进。一台高质量的手术，不仅仅是主刀医生的功劳，还有麻醉师、护士等等密切配合者的功劳。

班级管理也是如此，良好班风的形成，不仅仅是班主任管理严格有方，更离不开科任老师们的全力协助，还包括家长们的大力支持。当然，学校的整体风气、学生的积极配合，也是必不可少的因素。而作为班主任，就是有效整合各种资源，为我所用，让班级发展在自己的有效调控之下，最终形成自己期待的班级风格。作为班主任，也要有勇气来提要求，对于自己班级的发展方向，要敢于坚定信念，要相信在不断引导之下，是可以达到的。

最怕的是，没有长远目标，学生也不知道自己班级的方向，不知道自己要成为什么样的人，才能够在班级中找到适合自己的位置。山人第一天就给所有学生明确，想要获得尊重，应该做什么样的人：“好学不倦，与人为善。”

积极向上、乐于奉献、与人友善的学生，就是容易得到认可的学生，就是老师喜欢的学生。山人喜欢这种明朗化的做事风格，什么事情做到什么样的程度，怎样的实施过程，一清二楚。到达目的地的道路有千万条，我们选择最适合的那条，随机应变，只要能实现目标，就是可以的。“变通”，是我们固执地完成任务必须具备的思维方式。

花言巧语，不如朴实到底。最美好的期待，就在我们坚定而执著的步伐里。

导读：微笑，就是你们；微笑，就是山人；微笑，就是我们。三年，成为我们美好的记忆。

那一首歌的时光与距离

如果我们重来，答案会不会更改？

——读书笔记

没有最好，只有更好

他们在惊呼，“00后”即将占领校园，好恐怖！你们，只差一首歌的距离。

他们常常纠结地问：我们是不是你最好的一届？仿佛在争宠一般。山人想说，每一届我都是张开双臂欢迎的。

其实，无论你们是否是最优秀的，只要你们自己内心认可自己，相信自己，就足够了。三年，我能够给予你们的就这么多了。也许给予你们的比以往的学长们多一些，那也许就是在不断地学习提高自己，懂得了更多一点的缘故吧！这是不能苛求的，因为山人还将继续学习，努力去懂得更多，让后来者可以感受到更富有经验与激情的老师，过更丰富多彩的校园生活——其实也是山人自己的校园生活。

心态：不抱怨

曾经也抱怨过“没有优生”或者“优生太少”，后来想想，就算全部是优生，你能够让他们个个都优秀起来吗？然后感受到这平行班参差不齐的好处：因为不知道谁是优生，所以可以努力去发掘他们的才干，努力去让他们做得更好，只要发展得更好，不就是成功吗？不抱怨，是接受新年级时候最应该具有的心态。所以，你们到来的时候，受到的是期待奇迹的眼光和真心欢迎的态度。

“素质差不是你的责任，不能提高他们的素质就是你的不对了。”一直对这句话充满敬意。有的班级赢在起点，而山人希望，你们能够赢在终点。山人不能决定组成自己班级的人员——当然你们当中也许有人能够选择班级——但是山人总能够选择自己的心态吧？

英雄不问出处，其实你们到了这个班上，你们的起点就是一样的了，而后的事情，就是你们自己去修行了，山人总是站在门背后那小玻璃窗前。

当你来的时候，做好了这样的心态吗？既来之，则安之。是不是因为看到班主任的长相，立即对自己三年的初中生涯充满了失望甚至绝望之情？山人想，一定有同学因此失去了学习的热情——不然，这三年来你怎么一直如此颓唐？

不过，山人相信，多半是因为你自己不够自信吧？因为你每天照镜子的时间，一定多于看山人的时间。字如其人，习惯造就人，心态也成就人，你是因为自己而成就自己！改变，只能从你的心态开始，山人长得不好看，你就看书吧！山人说得不好听，你就看书吧！这是可以选择的啊！

也许你曾经在寝室里，面对着山人的相片，倾吐着你熟悉的每一个词语，狠狠地——嗯，太解气了！不过，你知道吗，那时候山人并不知道你的言行，可是你的言行也在深刻地影响着你的发展——你的心理、你的思维、你的习惯。其实你是在对自己的现状不满意，你在与自己斗气，因为你的心态。

现状，是我们过去的言行造就的；将来，是我们现在的状态来控制的。所以，山人接手你们的时候，就充满着期待，充满着渴望，充满着欣喜。因为你们与以往的学生都不一样，你们可以创造奇迹——只要你们愿意。微笑，就是你们；微笑，就是山人；微笑，就是我们。

因为没有苛求，因为没有成见，所以我们可以比较快乐和谐地度过这三年，而你们，却在这里创造了奇迹。这就是心态，这就是我们的过去。

角度：万事万物有着自己的成长和发展方式

开放的思想观念才能理解千变万化的你们，才能对你们毫无预兆的言行充满抵抗力。不是美国队长给了山人盾牌，而是，当你知道万事万物有着自己的成长和发展方式，你就不会纠结于那与众不同的言行了。

整齐划一的思维模式其实不适合性格各异的学生成长。同样的言行，令人厌恶，在山人眼里，也许就觉得非常正常了。“秀逗”的你们，“中二”病的你们，何尝不是同样的你们？你们在自己的年代里，享受着自己的生活，感受着青春岁月里的种种快乐。

学习，是我们开阔眼界的方式，是我们适应这个不断发展的社会的极好帮助。山人的快乐，来自书本，又不止步于书本。只是，在从不同角度来看待我们的生活，在用不同思维方式来思考我们应有的人生。

山人没有把你们当作山人求取功名的工具，也不想成为你们成绩的牵绊者。山人想，和你们一样地学习，或者陪着你们学习，看着你们成长，可以把自己的生活感悟与你们分享，也可以和你们一起默默地看书。

也许山人曾经忽略过你，也曾经不小心“看扁”了你，也曾经故意表扬了你——总之，都是过去的事情了。其实，山人很欣赏你们，欣赏你们做事情的激情，欣赏你们敢于创新的胆量，欣赏你们乐于奉献的精神，欣赏你们团结一致的决心，欣赏你们俏皮活泼、快乐生活的状态。

你们就是你们，不是老师要求的沉默寡言，一副老气横秋、成熟老练的样子。岁月流逝，每一届的学生都有着自己鲜明的时代特色，“00后”有着他们色彩，“90后”的孩子也有自己的别样人生。而山人不愿意把自己的价值观强加给别人，不过，也愿意让你们了解我们那个时代的思想意识。

士别三日，即更刮目相待。时隔三年，面对的学生，当然也要以新的眼光、新的角度来审视，所幸山人还不老，紧赶慢赶，还能够追上时代的脚步。

仰望苍穹，远眺地平线，俯视这人生，我们，一同前行。

距离：不因为走得太远，而忘记了当初为什么出发

这一首歌的距离，时空交错，我们不禁被迷惑，也被感动。

有些东西不在山人的计划之列，也不在山人的能力之内。然而，你们实现了，你们用歌声记录了这三年来的欢笑与泪水。因为相信，所以支持；因为相信，所以陪你们走过。

每一届应该都有自己的特色，而你们记住了这歌声的力量。什么叫作创新？怎样才能创新？其实，支持你们有意义的行动，就是创新。

班主任不能以个人好恶就否定学生的创新意识，更不能因为自己“能”而要求学生也能。每一届的学生都有着每一届的特色，顺其自然，顺应时代发展，才能够让班级永远充满活力，让自己的职业生涯不是简单的重复，更不是无聊的人生。因为新鲜，所以充满乐趣，充满前进的力量。

当然，你们常常兴趣多变，耐心不足，恒心不够，山人常常需要督促你们，需要提醒你们，让你们努力坚持下去，最终有所成就。我们从同一个起点出发，不因为走得太远，而忘记当初为什么出发。于是乎，我们只做了几件事情，却成为我们永久的值得骄傲的记忆。

赢在终点，才是我们的追求，在旅途之中，我们永不放弃。旅途之中，我们时而找到捷径，那是我们智慧的表现；时而不小心走了弯路，却意外地见到了别样的风景，丰富了我们的心灵。

心中有标准，则无论方圆变化，我们始终如一。让生活充满歌声，我们做到了；让更多的同学优秀起来，我们做到了；让班级优秀起来，我们也做到了！不为取悦别人，只为提升我们自己。

其实，这不仅仅是时光的距离，更是我们做人的距离。

后记

编辑整理完毕《班主任心法》的书稿，仿佛把自己的班主任生涯重温了一遍，那一段长长的岁月，那么多的人物、故事逐渐鲜活起来。也许是因为“回忆总是美好的”吧，原本已觉腻烦的工作，竟然有些许不舍。

爱了爱了，那一段“青葱岁月”，那一段且教且阅读的岁月。虽然本书的体系越来越“不成体统”，却愈发感受到自己当年对教育的热忱。大部分作品的写作年代虽已久远，其中的精神与技巧，竟然能够适应现在的生活，想必小伙伴们也是惊呆了吧！

平心而论，本书更侧重于“心法”，趋向于工作笔录、生活感悟、教育理念和操作技巧，都是散见于不同的事例之中。其中涉及的部分事件、部分细节，也做了一定的技术处理。如若引起争议，山人深表歉意。总之，山人是抱着“与人为善”的心态来严肃修改的，更希望这也能够成为事件参与者们的温馨回忆。

珍贵的成长经历，不仅仅是对学生，更是对教师的馈赠。很幸运地认识了很多优秀的学生、真诚的学生、乐观的学生、可爱的学生，你们都怀揣梦想，积极向上，“好学不倦”，从山人的学生变成了山人的偶像！

谢谢你们！感谢人生旅途中遇到的每一位大朋友和小朋友，无论精彩与平淡，有你们的每一天都是最真实的一天，都是不可替换的一天。更感谢一路走来默默支持和陪伴山人的朋友们，因为有你们，山人更坚定了“好学不倦，与人为善”的人生信念。曾经想就这么“自娱自乐”，而今愿与人分享，遂成此书，希望能够得到更多朋友们“心有戚戚焉”的同感。

感谢职业生涯里一直帮助山人的所有领导、同事们，是他们的宽容、耐心、热情指点和保护，让山人能够一路走来，不惧风雨。

感谢出版社的各位老师，为本书的出版做了很多细致的工作，费心费力，令人感动！

晏光勇

2021年3月25日于成外教师公寓